coleção filosofia

103

A **Coleção Filosofia** se propõe reunir textos de filósofos brasileiros contemporâneos, traduções de textos clássicos e de outros filósofos da atualidade, pondo a serviço do estudioso de Filosofia instrumentos de pesquisa selecionados segundo os padrões científicos reconhecidos da produção filosófica. A Coleção é dirigida pela Faculdade Jesuíta de Filosofia e Teologia (Belo Horizonte, MG).

FACULDADE JESUÍTA DE FILOSOFIA E TEOLOGIA (FAJE)

DEPARTAMENTO DE FILOSOFIA

Av. Dr. Cristiano Guimarães, 2127
31720-300 Belo Horizonte, MG

DIRETOR:
Marcelo Fernandes de Aquino FAJE

CONSELHO EDITORIAL:
Carlos Roberto Drawin FAJE
Danilo Marcondes Filho PUC-Rio
Fernando Eduardo de Barros Rey Puente UFMG
Franklin Leopoldo e Silva USP
Marcelo Perine PUC-SP
Marco Heleno Barreto UFMG
Paulo Roberto Margutti Pinto FAJE

Bruno Loureiro Conte

A *DOXA* NO POEMA DE PARMÊNIDES
Uma investigação a partir dos testemunhos antigos

Edições Loyola

Dados Internacionais de Catalogação na Publicação (CIP)
(Câmara Brasileira do Livro, SP, Brasil)

Conte, Bruno Loureiro
   A Doxa no poema de Parmênides : uma investigação a partir dos testemunhos antigos / Bruno Loureiro Conte. -- 1. ed. -- São Paulo : Edições Loyola, 2023. -- (Coleção filosofia ; 103)

   Inclui bibliografia
   ISBN 978-65-5504-259-7

   1. Epistemologia 2. Filosofia grega antiga I. Título. II. Série.

23-148543   CDD-180

Índices para catálogo sistemático:
1. Filosofia grega antiga   180
   Eliane de Freitas Leite - Bibliotecária - CRB 8/8415

Capa: Manu Santos
Diagramação: Sowai Tam

PRÊMIO CAPES DE TESE

Prêmio Capes de Tese 2017 de melhor tese da área de Filosofia

Edições Loyola Jesuítas
Rua 1822 nº 341 — Ipiranga
04216-000 São Paulo, SP
T 55 11 3385 8500/8501, 2063 4275
editorial@loyola.com.br
vendas@loyola.com.br
www.loyola.com.br

Todos os direitos reservados. Nenhuma parte desta obra pode ser reproduzida ou transmitida por qualquer forma e/ou quaisquer meios (eletrônico ou mecânico, incluindo fotocópia e gravação) ou arquivada em qualquer sistema ou banco de dados sem permissão escrita da Editora.

ISBN 978-65-5504-259-7

© EDIÇÕES LOYOLA, São Paulo, Brasil, 2023

À J.

Sumário

Agradecimentos 11

Prefácio 13

Introdução 19

Capítulo 1
A estrutura do poema de Parmênides 25
   1.1. A reconstrução moderna do poema 25
      1.1.1. O princípio dicotômico na edição
      moderna do poema 25
      1.1.2. A interpretação "hipotética" da *Doxa* 31
   1.2. O problema diante dos testemunhos antigos 36
   1.3. O anúncio do prólogo (B1,28-32) 39

Capítulo 2
Doxa e *Diakosmêsis* 57
   2.1. A importância do testemunho de Simplício 58

2.2. O "arranjo cósmico" (*diakosmos*) e a
"ordenação cósmica" (*Diakosmêsis*) 61
2.3. O *diakosmos* na explicação da errância dos mortais 69
2.4. O testemunho de Simplício no Comentário
ao tratado *Sobre o Céu*, 556-560 73
2.5. Correspondência da *Diakosmêsis* com
o anúncio do prólogo (B1,31-32) 86
2.6. O dualismo ontológico parmenídeo segundo Simplício 90

Capítulo 3
As questões do monismo 95
3.1. O "um" no fragmento 8 103
3.2. A "doxografia" sofística 111
3.3. A *mise-en-scène* do eleatismo por Platão 115
    3.3.1. Imobilismo *versus* mobilismo no *Teeteto* 115
    3.3.2. O exame da tese eleata no *Sofista* 118
3.4. O testemunho de Aristóteles e seus problemas 129
    3.4.1. A crítica ao eleatismo na *Física* 130
    3.4.2. Os testemunhos aristotélicos sobre os princípios
    da *Doxa* (*Metafísica*, I, 5, 986 b 27-987 a 2;
    Sobre a geração e a corrupção, I, 3, 318 b 3-7) 142

Capítulo 4
A *Doxa* no Poema 153
4.1. O "escândalo" da *Doxa* 153
4.2. As opiniões de mortais 154
4.3. O segundo caminho de investigação: o não ser e o devir 158
    4.3.1. Uma análise do não ser em B8,6-21 165
    4.3.2. Consequência para a interpretação de B2 169
4.4. Distinção entre o "erro" e a "errância" dos mortais 170
4.5. A linguagem dos mortais (B8,38-41) 175
4.6. A transição entre a *Alêtheia* e a *Doxa* (B8,50-51) 178
4.7. O estatuto das formas e dos princípios na *Doxa* 180
4.8. Conclusão 195

Capítulo 5
Os testemunhos acerca da "causa eficiente" em Parmênides 201

Capítulo 6
A poética de Parmênides e sua nova imagem de mundo 219
   6.1. A poética imanente 220
   6.2. Os *sêmata* tradicionais 226
   6.3. As primeiras linhas do Proêmio (B1,1-5) 229
   6.4. A nova imagem de mundo 241
      6.4.1. O modelo esférico do universo 242
      6.4.2. "Semelhante à massa de uma esfera" (B8,43) 245

Anexo
Disposição sugerida dos fragmentos do
poema de Parmênides *Sobre a natureza* 249

Bibliografia 255
   Edições dos fragmentos de Parmênides 255
   Traduções dos fragmentos em português 256
   Edições e traduções de fontes primárias 256
   Literatura secundária 257

Índice de nomes 269

Agradecimentos

Quero agradecer, em primeiro lugar, aos professores Rachel Gazolla e Marcelo Perine, orientadores da tese de doutorado defendida em 2016 na Pontifícia Universidade Católica de São Paulo, da qual se origina este livro. Agradeço a Francis Wolff, supervisor de meu estágio na École Normale Supérieure de Paris, e aos colegas do estimulante seminário de doutorandos que ele dirigia com Jean-Baptiste Gourinat. Agradeço pelo acolhimento dos participantes do seminário Pré-Socratiques do Centre Léon Robin e, em especial, a Rossella Saetta-Cottone e a Gérard Journée. Este trabalho também deve às discussões nos encontros do seminário de jovens pesquisadores Paris-Lille-Cambridge, então coordenados por F. Wolff, J.-B. Gourinat, David Sedley, Gábor Betegh e Thomas Benatouïl, aos quais agradeço. Agradeço aos professores José Gabriel Trindade e Fernando Santoro, por abrirem caminhos. Em especial, agradeço a Nestor Cordero pelas vivas discussões e pelo seu gentil aceite em prefaciar este volume.

Lembro alguns colegas aos quais devo pelas leituras, comentários, traduções e auxílio na obtenção de material: F. Scrofani, E. Nasser,

J. L. Rego, A. Ramos, M. Brémond, A. Guimarães, G. Vella, J. C. Moreira, F. Sapaterro, I. Pereira. Este trabalho não seria possível sem o apoio de minha família, e o percurso seria mais áspero sem o carinho de Jessyca Pacheco, a quem dedico a obra.

Sou muito grato ainda ao Pe. João MacDowell (*in memoriam*), por aceitar publicar o trabalho. Agradeço, por fim, à Capes e ao CNPq pelo financiamento desta pesquisa.

Prefácio

Todos os pesquisadores que se ocupam do pensamento filosófico, tal como era praticado na Antiguidade (frase preferível ao clichê infame "filosofia antiga"), estão de acordo, algo bastante incomum, sobre um ponto: um dos pais — senão "O" pai — desse novo olhar sobre a realidade que nomeamos "filosofia" foi Parmênides. Mas essa unanimidade acaba quando se trata de confirmar essa constatação, pois, como certas bebidas alcoólicas, o que pensou e escreveu Parmênides deve ser "consumido com moderação". A filosofia de Parmênides não se dá a compreender facilmente. Todo pesquisador vê-se obrigado a reproduzir as seguintes palavras, escritas por Platão menos de um século após a morte de Parmênides: "Estive com o homem [Parmênides] quando ainda era muito moço e ele já avançado em anos, tendo-se-me revelado de rara profundidade de pensamento. Por isso, tenho receio de não compreender suas palavras e que nos escape ainda mais o sentido profundo das ideias" (*Teeteto*, 184a).

A declaração de Platão é um verdadeiro convite — mais uma incitação — a buscar naquilo que restou do texto do poema de Parmênides (dezenove citações — uma delas em latim! — que mal dariam três páginas de um livro atual) a justificativa para o diagnóstico que fez do filósofo, para Platão um indivíduo "venerável" (αἴδιος), mas, ao mesmo tempo, "temível" (δεινός) (*Teeteto*, 183e). Apenas esses dois epítetos já dariam um projeto de pesquisa. É fácil compreender que um personagem tão importante — ele teria sido o autor da "constituição" de sua πόλις, Eleia[1] — mereça ser venerado. Mas o que há para recear em suas ideias, que faria dele alguém "temível"? Platão tinha sua própria interpretação e escreveu o *Sofista* como tentativa — vã — de se desvencilhar desse "pai" que considerava inconveniente.

No entanto... teria Platão razão em temer o peso insustentável do ser que ele encontrou em Parmênides? Ou, por outro lado, deveríamos nos ater a essa certeza como ponto de partida de nossa própria pesquisa? Seja qual for a resposta, primeiro precisamos tentar reconstituir o sentido do texto de Parmênides (o que Platão parecia considerar como uma tarefa muito difícil). Sabemos que, apesar da dificuldade dessa empreitada, o grande número de trabalhos consagrados a Parmênides publicados, especialmente nas últimas décadas, abre trilhas que nos permitem uma aproximação precisa e rigorosa ao cerne de seu pensamento. Nessa aventura titânica, a excepcional obra de Bruno Conte, para a qual tenho a honra de escrever este prefácio, é uma etapa fundamental.

O trabalho de Bruno Conte dedica-se a decifrar e interpretar o pensamento de Parmênides, especificamente a noção de *doxa*, privilegiada pela maioria dos doxógrafos. Utilizei os verbos "decifrar" e "interpretar" porque é sabido que temos acesso ao que os chamados filósofos "pré-socráticos" escreveram através das citações de suas obras encontradas em autores posteriores. Ora, diante dessas citações, o pesquisador deve agir como um verdadeiro detetive: ele deve primeiro recolher essas amostras, que são, *a priori*, um verdadeiro quebra-cabeça; e, em uma segunda etapa, conforme uma interpretação daquilo que acredita ter encontrado nesses "fragmentos" autênticos, ele está autorizado

---

1. Ver PLUTARCO, *Adv. Colotem*, 32, 1126 A, e Estrabão, VI 1.

a propor uma interpretação do pensamento do filósofo, baseada numa reconstrução provável, mas justificada, do original perdido.

Ora, a ordem de leitura desses "fragmentos" pode mudar em cada pré-socrático conforme a interpretação do pesquisador, visto que raramente — quase nunca — os doxógrafos fornecem detalhes a esse respeito. Um caso sintomático é Heráclito, cujos "fragmentos" são arranjados diferentemente por H. Diels, Kahn, Marcovich, Fronterotta, Mouraviev etc.

Mas, como sabemos, a situação parece ser diferente em relação a Parmênides, porque, já na primeira obra que se ocupou exclusivamente de sua filosofia, o autor Georg G. Fülleborn[2] propôs uma organização dos "fragmentos"[3] que é respeitada como *vox docti* até os dias atuais em quase todos os trabalhos consagrados a Parmênides. Essa ordenação, evidentemente, condicionou a compreensão do pensamento de Parmênides, especialmente o lugar da *doxa*. Mas é evidente que, se lemos os fragmentos respeitando a organização proposta por alguém que já tinha sua própria interpretação da filosofia de Parmênides — como era o caso de Fülleborn —, nos tornamos vítimas do *ethos polupeiron* que o próprio Parmênides já havia condenado. Nesse caso, o detetive, que deveria ser um pesquisador, encontra como prova do delito aquilo que ele mesmo já colocou na cena do crime...

Por considerarmos que a divisão e a organização propostas por Fülleborn sejam completamente arbitrárias, já faz mais de sessenta anos (!) que sugerimos deixá-las de lado em todos os nossos trabalhos sobre Parmênides. E constatamos, graças a este livro, que Bruno Conte chegou, por si mesmo, à mesma conclusão[4]. Seguindo seu próprio caminho, utilizando seu próprio método e, sustentado por uma

---

2. *Die Fragmente des Parmenides*, Züllichau, 1795.
3. Fülleborn divide o *Poema* em duas partes, e as únicas mudanças posteriores consistiram em inverter a ordem de um ou dois "fragmentos" em cada uma das "partes", ou em mover uma citação de uma "parte" à outra.
4. "Essa representação, moderna, logo promoveu uma série de consequências para a interpretação do pensamento parmenídeo, e em particular uma desvalorização do valor teórico da seção da *Doxa*. Contudo, uma investigação das nossas fontes mostra que uma tal visão dicotômica se choca com os testemunhos, que a esse respeito permitem

bibliografia exaustiva e um conhecimento aprofundado e sutil dos doxógrafos, propôs uma interpretação da filosofia de Parmênides certamente mais próxima do original do que a versão que se tornou ortodoxa.

Podemos dizer que um novo Parmênides veio à luz, mas seu nascimento não é a consequência de uma imaginação desvairada, e sim de uma pesquisa perseverante e conscienciosa que sem dúvida ressoará entre os diversos pesquisadores que, há alguns anos, começaram a se interessar novamente pelo pensamento do grande Eleata. Na nossa opinião, há três etapas neste livro que são complementares e constituem os pilares que garantem a solidez das teses que Conte apresenta para melhor compreender a filosofia de Parmênides. Estes são os capítulos sobre "A estrutura do poema de Parmênides", a relação entre "*Doxa* e *Diakosmêsis*", e "A *Doxa* no Poema".

"A estrutura do poema de Parmênides" é um exercício metodológico notável cuja solidez não pode ser contestada uma vez que se aceite a pertinência de seus fundamentos. A fraqueza do posicionamento que sustenta a existência de uma "Segunda Parte" do *Poema*, fonte de toda uma sorte de mal-entendidos (que, com apoio dos doxógrafos, alguns pesquisadores tentam, em vão, reparar), é enfatizada vigorosamente por Conte, especialmente quando se supõe a introdução de uma "terceira via" em Parmênides, "que não encontra, porém, suporte direto nos textos" (Conte). A "via dos mortais" em Parmênides não é nada além de um fantasma criado por K. Reinhardt e popularizado pela prosa poético-demagógica de seu discípulo M. Heidegger.

Uma vez limpo o terreno com respeito à estrutura do *Poema*, Conte dedica seus esforços ao ponto mais original de sua pesquisa: a relação entre a *doxa* (ou melhor, as *doxai*) e a *Diakosmêsis*. Sua tese é a seguinte: há "uma distinção importante entre o *diakosmos* dos contrários (B8,53-59; cf. B9) e a cosmogonia". Os autores antigos (que fazem citações e/ou "doxógrafos") parecem não estar cientes dessa distinção,

---

que se estabeleça uma boa concordância entre si, como desejamos mostrar" (B. Conte, Introdução).

fonte das inúmeras contradições que encontramos em seus comentários. As seguintes palavras são um resumo da posição de Conte: "Essa constatação permite-nos localizar finalmente a *Doxa* no conjunto do poema: ela parece situar-se 'após a Verdade' (μετὰ τὰ περὶ ἀληθείας, *In phys.*, 179,27-180,2), mas antes (cf. μέλλων, *In de caelo*, 557,19-558,11) da seção sobre os sensíveis ou sobre a geração dos sensíveis, isto é, antes da cosmogonia". E a cosmogonia seria precedida pela exortação a "conhecer" (εἰδέναι) formulada pela Deusa nos fragmentos 10 e 11, que seriam uma espécie de "segundo proêmio".

Por fim, o capítulo consagrado a "A *Doxa* no Poema" é uma pequena "obra-prima" dentro deste magnífico trabalho. É nesse âmbito que nossa interpretação do pensamento de Parmênides se afasta consideravelmente da de Conte, mas o objetivo do nosso modesto prefácio não é aprovar e menos ainda criticar os argumentos do autor, e, consequentemente, somos obrigados a reconhecer que Conte sustenta sua pesquisa e descobertas com justificativas tão sólidas e coerentes que uma potencial refutação de seu ponto de vista demandaria uma nova tese, que desempenharia o papel de "antítese". Admitimos não sermos capazes de assumir essa tarefa[5].

Como não temos vocação para interpretar o papel de "advogado do diabo" e nos colocarmos na pele de Conte para defender sua tese, convidamos o leitor a seguir com atenção as etapas de sua abordagem, que é impecável. Após uma interpretação muito particular do enigmático fragmento 2 e de uma análise do fragmento 6, é no fragmento 8 que se dá o "combate entre Gigantes" entre *Alêtheia* e a *Doxa*. Uma análise específica dos primeiros versos do fragmento 8 nos permitiria encontrar já em Parmênides, de acordo com Conte, a maior descoberta do *Sofista* de Platão: a de um não ser relativo, noção fundamental para

---

5. Não obstante, se tivéssemos a impertinência de levar a termo essa iniciativa, expressaríamos nossas reservas em relação a dois pontos: a) o enfraquecimento da crítica feroz e implacável de Parmênides aos "fabricadores" de princípios da cosmologia, e b) a prudência da tradução de ἀπατηλόν por "ordem ilusória" (8.52). A ordem não é "ilusória", mas francamente enganosa (mesmo que uma ilusão possa enganar...). Mas, certamente, Conte poderá responder a essas duas objeções.

explicar o alcance do "segundo caminho de investigação" apresentado no fragmento 2. Graças a esta descoberta, a Deusa teria à sua disposição os argumentos necessários para criticar as opiniões dos mortais.

No que diz respeito à importância da *Doxa*, ela vai além do domínio meramente físico, e, segundo Conte, não podemos negar que ela poderia representar para Parmênides o esboço de certa filosofia da linguagem, com consequências "crítico-epistemológicas". No conjunto da interpretação "contiana" da *Doxa*, portanto, esta ganha uma nova faceta: ela não é nem uma ficção caricatural da maneira de conceber o mundo pelos "mortais", nem um resumo de uma "física" parmenídea; ela fornece os princípios da *Diakosmêsis*, e as *morphai* que ela estabelece estão intimamente relacionadas com a linguagem.

Dois estudos complementares enriquecem a obra. O primeiro se ocupa de uma questão secundária em relação ao tema central do livro (daí seu caráter complementar), mas que não foi objeto de tratamento especial em outras obras consagradas ao pensamento de Parmênides: os testemunhos sobre uma "causa eficiente" em sua filosofia. Graças a uma cuidadosa utilização dos testemunhos, Conte encontra diferenças entre a interpretação de Aristóteles e de Simplício. Um outro anexo se dedica à poética de Parmênides e sua nova imagem do mundo, em que o estudo dos primeiros versos do fragmento 1 ocupa um lugar de destaque. Por último, um anexo propõe uma ordem de leitura dos fragmentos de acordo com a interpretação de Conte, conforme as etapas que espraiam o raciocínio de Parmênides.

Estamos certos de que a obra de Conte encontrará um lugar de destaque entre os estudos parmenídeos, pois é ao mesmo tempo original, muito bem argumentada, com bastante frequência convincente (!) e, sobretudo, apaixonada. O que mais se poderia pedir?

Nestor-Luis Cordero
Dezembro de 2021

Introdução

O pensamento de Parmênides coloca em questão a relação entre os domínios que viríamos a chamar de ontologia e de cosmologia, de lógica (ou metafísica) e de física. O estatuto dessa relação para a interpretação de sua obra resta, porém, objeto permanente de debate entre os estudiosos, sem que se tenha a esse respeito chegado a consensos muito bem estabelecidos. Se isso é assim, parece-nos que a razão não provém de outro lugar senão da própria obra parmenídea: o Eleata está ao mesmo tempo aquém da clara distinção entre tais disciplinas, e na origem da reflexão que virá a constituí-las em saberes autônomos. Essa situação produz, em decorrência, uma frequente ambivalência dos relatos através dos quais o Poema nos foi fragmentariamente transmitido, e impõe singular dificuldade para o esclarecimento da dialética de texto e contexto. Seguir os fios da tradição e procurar desfazer alguns dos embaraços em que ela nos enreda é o que nos propomos a fazer neste trabalho. A exposição passa, assim, necessariamente pelas tortuosidades dos documentos doxográficos, pela escavação das fontes e dos ensaios de explicitação daquilo que está em jogo em cada momento da recepção.

Nossa pesquisa se concentra sobre o problema da *Doxa*, o conjunto de versos ou a "seção" do Poema em que Parmênides, através de sua deusa, tem algo a dizer acerca da opinião. Tem havido tendências, nos últimos decênios da investigação da obra e do pensamento do Eleata, de procurar uma reabilitação da Cosmogonia (ou da cosmologia), que mais geralmente supõe-se ter sido transmitida em uma Segunda Parte do Poema. Ora, a sua identificação à Opinião coloca para os intérpretes o problema de justificar a sua eventual legitimidade diante das críticas às "opiniões dos mortais" (*doxai brotôn*) postuladas pela Deusa parmenídea na Primeira Parte do Poema (a *Alêtheia* ou Verdade).

A presente investigação procura contribuir para a compreensão da cosmologia ou *Diakosmêsis* parmenídea, mas traz ao debate um problema que não parece ter merecido a devida atenção dos estudiosos. Desde o final do século XVIII, a partir de uma decisão editorial que podemos datar com o trabalho de Fülleborn em 1795, foi-nos transmitida a configuração de uma obra dividida nessas duas partes, assim intituladas Verdade e Opinião, adotando-se um princípio dicotômico para a disposição das citações fragmentárias do Poema que chegaram até nós. Essa representação, moderna, logo promoveu uma série de consequências para a interpretação do pensamento parmenídeo, e em particular uma desvalorização do valor teórico da seção da *Doxa*. Contudo, uma investigação das nossas fontes mostra que uma tal visão dicotômica se choca com os testemunhos, que a esse respeito permitem que se estabeleça uma boa concordância entre elas, como desejamos mostrar.

Diante disso, podemos resumir nossa questão à seguinte: qual o "lugar" da *Doxa* no poema de Parmênides, tanto do ponto de vista de sua reconstrução textual quanto do estatuto teórico que devemos ou não lhe conferir?

Assim, no Capítulo 1, indicaremos as decisões editoriais modernas, datadas dos séculos XVIII e XIX, que nos transmitiram a configuração de uma obra dividida em Verdade (*Alêtheia*) e Opinião (*Doxa*) e apontaremos algumas razões para colocar reservas a ela. No Capítulo 2, a partir sobretudo do testemunho de Simplício (que, embora posterior em um milênio ao pensador Eleata, é uma fonte privilegiada, pois, dentre outros motivos, nos comunica dispor de uma cópia do Poema),

Introdução

acreditamos ser possível demonstrar que os versos a que os antigos fazem referência com a expressão τὰ πρὸς δόξαν, designando o que é "relativo à opinião" — ou, simplesmente, a seção da *Doxa* —, em vez de abranger a totalidade de uma "Segunda Parte" do Poema, à maneira como supõem os editores, diz mais propriamente respeito ao que nos chegou como os versos 51-61 do fragmento 8, em conjunto com o fragmento 9 (na edição Diels-Kranz). Juntamente com o trabalho de investigação das fontes, será inevitável antecipar alguns esclarecimentos interpretativos: mostraremos que o núcleo positivo da mencionada seção, uma vez circunscrita, é a descrição, pela deusa parmenídea, do "arranjo cósmico" (διάκοσμος, B8,60) dos contrários, na qual a tradição posterior — apoiada em Aristóteles — viu a postulação de dois princípios (ἀρχαί) para a explicação do universo em devir. Por essa razão, sugerimos que talvez seja mais adequado entender a Segunda Parte do Poema como uma *Diakosmêsis*, que inclui a *Doxa* como postulação de princípios, seguida de um discurso cosmogônico que narra, a partir deles, a origem de "todas as coisas" (πάντα), incluindo o homem e suas faculdades cognitivas.

Tendo estabelecido esses pontos, estaremos em melhores condições de avaliar alguns testemunhos que são pouco claros sem uma adequada contextualização. Perseguimos, no Capítulo 3, alguns aspectos do problema do chamado "monismo" parmenídeo (associado ao "imobilismo"), tributário da imagem que do Eleata nos transmite Platão, ao apresentar sua doutrina em confronto com "pluralistas" e "mobilistas". Veremos que a representação que faz Platão de Parmênides não se compreende sem a reconstituição de um debate — sobre o qual o material documental é, todavia, bastante escasso — com a apropriação sofística das doutrinas cosmológicas dos pré-socráticos, bem como com a prática, que lhe é correlata, de classificação dessas doutrinas segundo o critério do número das "coisas que são" (ὄντα). De outro lado, constataremos que a recepção do ἐόν parmenídeo, seja por Platão, seja por Aristóteles, passa por críticas severas, mas em âmbitos distintos, visando cada um a seu modo livrar-se das restrições impostas pela deusa parmenídea com a delimitação do significado ontológico do "ser" na Verdade. Em especial, o esclarecimento do âmbito e do alcance da crítica no livro I da *Física* de Aristóteles permitir-nos-á recuperar os testemunhos, na *Metafísica* e no *Sobre a geração e a corrupção*, onde o Estagirita nos informa acerca dos princípios da *Doxa* parmenídea, e que estão na origem da principal tradição de testemunhos a seu respeito. Uma vez tendo clara a diferença de perspectiva entre as notícias, pretendemos mostrar que a interpretação de Aristóteles, a despeito de inserir-se estrategicamente em seus próprios objetivos argumentativos, não é completamente desprovida de fundamento, e que suas bases podem ser parcialmente encontradas no próprio texto do Poema.

Partindo dos resultados obtidos com a avaliação dos testemunhos doxográficos nos capítulos precedentes, o Capítulo 4 procura, finalmente, desenvolver uma interpretação da *Doxa* parmenídea, considerando o seu valor teórico positivo. Pretendemos mostrar que Parmênides, além de uma teoria física, propõe ali algo como uma filosofia da linguagem e do conhecimento. Para que esses aspectos positivos se tornem manifestos, é preciso, contudo, esclarecer alguns pontos: proporemos uma distinção entre o "erro" denunciado na primeira parte do poema, constituído pela mistura ou confusão de ser e não ser, e a "errância" dos mortais, condição existencial com respeito à qual a seção da *Doxa* procura dar um esclarecimento. Nessa chave, oferecemos uma interpretação das "formas" (μορφαί, B8,53) da *Doxa* e sua relação com os princípios cósmicos, bem como uma elucidação de alguns termos fundamentais para a compreensão da relação entre essa seção e a narrativa cosmogônica que lhe sucede no Poema, tais como ἀπατηλός (B8,52), "ilusório", e ἐοικός (B8,60), geralmente traduzido por "verossímil", que dizem ambos do estatuto dos princípios e da cosmogonia que sobre eles se constrói, mas cujo sentido em Parmênides é, como pretendemos mostrar, menos trivial do que parece à primeira vista.

À parte os desenvolvimentos desses capítulos, que formam um conjunto em torno da hipótese acerca da seção da *Doxa*, o leitor encontra ainda dois estudos complementares: um acerca dos testemunhos do que a tradição doxográfica identificou no Poema como a descrição de uma "causa eficiente" (Capítulo 5), e outro sobre o problema da inserção do Proêmio nos contextos culturais da época de Parmênides (Capítulo 6). Por fim, no Anexo é exibida uma provável disposição dos

Introdução

fragmentos do poema, segundo divisões temáticas relatadas pelos testemunhos (a tradução parcial dos fragmentos reproduz as propostas discutidas ao longo do trabalho). Todas as traduções apresentadas são, salvo explícita indicação em contrário, de nossa própria autoria. O leitor encontra uma compilação das notícias doxográficas sobre Parmênides, junto com sua tradução para o inglês, na edição de Coxon[1]. Os textos gregos para as passagens de Simplício são aqueles estabelecidos por Diels e Heiberg[2]. O texto grego do poema de Parmênides é fundamentalmente aquele estabelecido na edição Diels-Kranz[3], em conformidade à qual mantemos a numeração dos fragmentos. O aparato crítico utilizado foi, porém, aquele atualizado por Cordero[4].

---

1. Cf. COXON; MCKIRAHAN (2009 [1986]). O trabalho fundador para o recolhimento das notícias doxográficas é DIELS (1879). Para a investigação dos contextos das citações parmenídeas, foi também instrumento valioso a base de dados em linha, mantida por G. Journée, disponível em: <http://www.placita.org>.
2. DIELS (1882); HEIBERG (1894). Uma tradução parcial desta última obra é MUELLER (2009).
3. Sendo a última edição DIELS (1956).
4. Última atualização na edição brasileira CORDERO (2011).

CAPÍTULO 1
A estrutura do poema de Parmênides

1.1. A reconstrução moderna do poema

1.1.1. *O princípio dicotômico na edição moderna do poema*

Em uma obra decisiva para a pesquisa sobre Parmênides no século XX, Reinhardt apontava como questão fundamental para a interpretação do Poema o esclarecimento acerca da relação entre as suas duas "partes" principais, de modo a revelar o sentido de sua unidade[1]. Esse problema continua a mobilizar as investigações sobre Parmênides, que se interrogam sobre os motivos pelos quais o pensador, após expor em uma "primeira parte" do poema a doutrina da Verdade, expressamente contraposta às "opiniões dos mortais" (βροτῶν δόξας), apresentadas ao final do proêmio pela deusa como desprovidas de confiança (πίστις ἀληθής, B1,30), dedicaria então toda uma "segunda parte" de sua obra à Opinião, colocando ainda na boca de sua deusa

---

1. REINHARDT (1985 [1916]), 5.

a injunção de conhecer ou apreender algo acerca — mas o quê, exatamente? — das "opiniões dos mortais"[2]. Somando-se a esse aparente paradoxo da desvalorização das opiniões, seguida da afirmação da relevância e da necessidade de um saber a respeito das mesmas, encontramos uma quantidade de fragmentos reportando saberes cosmogônicos ou cosmológicos[3], teogônicos[4] e fisiológicos[5], apoiados pelas notícias de antigos doxógrafos, que em nada parecem desabonar tais conteúdos[6]. Depois de um período de relativo desinteresse — em favor das questões "ontológicas" concentradas no fragmento 8[7] —, tais questões voltam, atualmente, a chamar a atenção dos intérpretes[8]. Como, usualmente, se entende pertencerem essas doutrinas à mencionada seção da *Doxa* ("Opinião")[9], articula-se ao problema da relação entre as partes do poema também o de determinar o estatuto epistemológico e a finalidade pedagógica da proposição de tais conteúdos[10].

No presente capítulo, gostaríamos de atacar dois pressupostos que nos parecem carentes de uma revisão adequada: primeiro, o da divisão

---

2. Mais recentemente, vejam-se Sisko; Weiss (2015), Tor (2015) e Cosgrove (2014).
3. B10, B11, B12, B14, B15.
4. B13.
5. B16, B17, B18.
6. As notícias doxográficas sobre Parmênides em edição bilíngue grego-inglês podem ser encontradas em Coxon; McKirahan (2009 [1986]).
7. G. E. L. Owen, por exemplo, em um artigo seminal para as interpretações de vertente analítica, expressamente definiu a originalidade de Parmênides pelo afastamento das questões cosmológicas: "*He wrote as a philosophical pioneer of the first water, and any attempt to put him back into the tradition that he aimed to demolish is a surrender to the diadoche-writers, a failure to take him at his word and 'judge by reasoning that much-contested proof'*" (Owen, 1960, 19).
8. Além de Coxon, anteriormente citado, destaca-se por exemplo o artigo de Bollack (1990) e, mais recentemente, um trabalho como o de Thanassas (2007), que procuram, por maneiras diversas, dar um sentido à cosmologia parmenídea.
9. Constitui exceção a interpretação de Cordero (Cordero, 2010, 2011a), que situa a maior parte de tais fragmentos e notícias na seção da Verdade.
10. No artigo recente de S. Tor, que traz o estado do problema, a pergunta "aitiológica" é trazida para o centro da discussão: "*If knowledge of the unshaken heart of reality is available to Parmenides, then why is it right for him and incumbent upon him* (χρεὼ δέ σε, B1.28) *to learn also these pejoratively-framed mortal beliefs (B1.29-30)?*" (Tor, 2015, 7).

do poema em duas partes ou seções principais, nomeadas Verdade e Opinião. Em segundo, o pressuposto de uma identificação *tout court* dos conteúdos cosmológicos à segunda dessas seções (que por sua vez dá ensejo ao problema, que revelaremos ser mal apresentado, do estatuto "opinativo" da cosmologia ou da cosmogonia presente no poema).

Observemos, para começar, que essa maneira de dispor os fragmentos — em uma ou em outra das duas supostas seções principais — tem origens históricas localizáveis, caracterizando o esforço moderno de reconstrução do poema de Parmênides, tendo ficado assentada na edição *standard* das citações e testemunhos dos pré-socráticos por Diels e Kranz. Uma obra como os *Fragmente der Vorsokratiker* consolida um trabalho de investigação crítica dos textos primários com certo viés científico-ideológico: procurou-se o máximo possível uma aproximação das obras originais, formulando hipóteses a respeito das fontes comuns a partir das quais nos chegaram os testemunhos, privilegiando, deles, a extração de citações diretas (os "fragmentos"), em detrimento dos contextos em que elas aparecem; estes foram lidos, pelos estudiosos modernos, com a suspeita de comportarem erros de interpretação e falseamentos, tendo sido por isso considerado mais desejável ignorar os comentários antigos, desenvolvendo uma interpretação a partir dos textos originais dos pensadores pré-socráticos que se puderam recuperar. A abordagem dos editores modernos, que não cuidaram em seguir as notícias que acompanham as citações diretas e os testemunhos indiretos, hoje, dá ares de esgotamento[11]. Acabaram por ignorar, ou simplesmente desprezar, indicações da doxografia que, muitas vezes, podem nos fornecer pistas a respeito da posição e da articulação dos fragmentos. Torna-se

---

11. Esse trabalho com as fontes vem sendo revisado, em particular com os trabalhos de Mansfeld e Runia (MANSFELD; RUNIA, 2008). Sua abordagem contrasta com a orientação geral da edição Diels-Kranz, em proveito dos contextos de transmissão: "*One could therefore say that in Diels-Kranz the foundations of the hypothesis and the original sources have become hidden from view, while most quoted passages have been taken out of context. The current view of fragment editions is quite different: instead of treating them like precious stones to be excavated from their environment, the original context receives considerable attention. This is one of the reasons why doubts have been voiced as to whether a new edition of Diels-Kranz would be conceivable today*" (BALTUSSEN, 2005, 6).

pertinente, portanto, uma revisão da história do texto parmenídeo bem como uma investigação mais minuciosa de nossas fontes. Fica, assim, posto um primeiro problema, no âmbito textual e filológico. Vejamos, brevemente, como nos chega o texto reconstituído do Poema a cujo estudo nos dedicaremos. O primeiro esforço de recolhimento das citações de Parmênides, com vistas a tentar restabelecer a obra original, pode ser localizado entre humanistas do século XVI[12]. Em 1573, Henri Estienne publica o volume *Poesis Philosophica* (Gênova), consagrado ao recolhimento de textos filosóficos a partir de fontes manuscritas. Não se preocupando em fazer um levantamento completo (deixa de citar, por exemplo, o testemunho de Simplício), recolhe 70 versos a partir de Sexto Empírico, Clemente de Alexandria, Plutarco, Proclo e Teofrasto. Em apêndice, são adicionadas correções do filólogo francês Joseph J. Scaliger (muitas delas desde então se imporiam, como as conjecturas περίφοιτα, B10,4, e νυκτιφαές, B14,4). Em 1600, o mesmo Scaliger dedicar-se-ia a uma reconstrução do poema que chega a somar 148 versos (faltando apenas 12 em comparação com a restituição de que dispomos atualmente: B3,1, B5,1-2 e as passagens citadas exclusivamente por Simplício no comentário do *De caelo*, B1,31-32; B11,1-4; B19,1-3). O recolhimento, porém, nunca chega a ser publicado, produzindo um curioso incidente na história do texto de Parmênides: os trabalhos dedicados à reconstituição do poema até o início do século XIX, de G. Fülleborn (1795), de A. Peyron (*Empedoclis et Parmenidis fragmenta*. Lipsiae, 1810), de C. A. Brandis (*Commentationum Eleaticarum pars prima: Xenophantis, Parmenidis et Melisii doctrina*. Altona, 1813) e de Th. Gaisford (*Poetae minores graeci*, vol. 5II. Oxford, 1816, XLIV-XLVI), viriam a ignorar a versão estabelecida por Scaliger no apagar das luzes do século XVI, que será reencontrada apenas duzentos anos depois por S. Karsten, recebendo-a das mãos de J. Geel, bibliotecário da Universidade de Leiden.

Da história das edições da obra de Parmênides, um momento é particularmente importante para o problema de que pretendemos

---

12. Para o que segue cf. CORDERO (1982a); CORDERO (1987), 8-15.

tratar: a compilação de 1795 por G. Fülleborn, *Fragmente des Parmenides* (Zullichau), marca a data de nascimento do modelo dicotômico a servir de princípio para a disposição dos fragmentos do poema, repartindo-os em duas seções principais: *Alêtheia* e *Doxa*. Já Brandis, em 1813, adota essa divisão. A edição de Karsten (*Parmenidis eleatae carminis reliquiae*. Amsterdam, 1835), ao completar os esforços de reconstituição dos fragmentos do Poema, representa o recolhimento definitivo dos versos de que dispomos até hoje. Influenciado por Fülleborn, que cita abundantemente, Karsten consolida, assim, o esquema de edição do texto parmenídeo, em sua divisão em duas partes principais, seguidas ao proêmio[13].

A partir de fórmulas que se pretendem extraídas das fontes doxográficas, Fülleborn atribui às duas seções os títulos, em grego, que Karsten reproduzirá em sua edição bilíngue greco-latina: Τὰ πρός ἀλήθειαν (*De Veritate*), Τὰ πρὸς δόξαν (*De Visis*). Salvo por uma pequena nota de Brandis ao momento da transição — correspondente ao que hoje consideramos o v. 51 do fragmento 8 DK —, advertindo para não considerar que o próprio livro de Parmênides estivesse dividido em duas partes identificadas por títulos, o que seria imaginar algo em contradição com os costumes da época[14], o princípio dicotômico proposto por

---

13. Após o proêmio, inicia-se, reproduzindo a divisão da edição de Fülleborn de 1795, uma seção Τὰ πρός ἀληθείαν, com B2 seguido de B3, B5, B6, B7/B8,1-21, B8,22-33, B4, B8,34-49 e, encerrando a seção, B8,50-52. Fülleborn colocava, à sequência de B2, B6 (sendo B6,3a interpolado com B7,2b), B7,2, B8,1b-B8,15a/B8,16-52 — sem conhecer os fragmentos B3 e B5, — e igualmente divide o poema em uma segunda seção intitulada Τὰ πρός τήν δόξαν, iniciada por B8,53-61 e B9, onde serão incluídos os demais fragmentos por ele conhecidos; ambos os editores trazem, para esta seção, B12, B13 e B10; Fülleborn inclui uma passagem de Estobeu, hoje considerada inautêntica, e, em seguida, B15, B14, B4, B16, B18. Karsten, por vez, que considera B4 pertencente à primeira parte, acrescenta, à segunda, B11 e o conjunto que será adotado pela edição Diels-Kranz, de B14 a B19.

14. "*Sequuntur, quae ex altera Parmenideae philosophiae parte reliqua sunt. Caveamus autem, ne ipsum librum duas in partes divisum fuisse, quarum prima περὶ τοῦ νοητοῦ s. τὰ πρὸς ἀληθείαν inscripta fuerit, altera τὰ πρὸς δόξαν, contra illorum temporum morem nobis fingamus*" (Brandis, 1813, 121-122). Mesmo assim, considera Brandis, depois de citar, nesta ordem, B7,2-6b/B8,1-2a, B2, B6, B7,1-2, B8,1-15a, B4, B8,16-51a, que todos os demais versos — ele dispõe de B8,51b-59, B8,60-61, B9, B10-B16, B18 e

Fülleborn é aceito com unanimidade, sem maiores questionamentos, sendo ainda reproduzido nas edições de Mullach (1845, 1860), que formam a base para os trabalhos de Diels no *Parmenides Lehrgedicht* de 1897. Impõe-se, em definitivo, com a publicação dos *Fragmente der Vorsokratiker* (1ª ed. 1903, 6ª e última ed., por Kranz, em 1952), doravante a obra de referência para os estudos de Parmênides (e dos pré-socráticos de maneira geral). À exceção do fragmento 4 — a respeito de cuja posição hesitam os editores —, estão definidos os versos, seguidos ao Proêmio, que compõem o que se entende, de um lado, como a seção sobre a "Verdade" na obra parmenídea — isto é, B2,1 a B8,1-52 DK —, e, de outro, todo um "restante" de fragmentos, a serem colados entre B8,53-61 e B19,1-4, que recebem em conjunto o título de *Doxa*, entendidos como pertencentes a uma "Segunda Parte" do poema.

Mas em que se sustenta Fülleborn ao estabelecer a divisão do poema em Verdade e Opinião, com os resultados que acabamos de descrever? Ao argumentar pela divisão que obteria incontestável sucesso nos dois séculos seguintes — e esse é um detalhe digno de nota —, o filólogo não se apoia em nada além de uma passagem de Diógenes Laércio que não pretende dizer explicitamente da estrutura da *obra* parmenídea, mas apenas da concepção que teria exposto o Eleata acerca da *filosofia*, que comportaria um duplo registro, "segundo a verdade" (κατὰ ἀληθείαν) e "segundo a opinião" (κατὰ δόξαν)[15]. De uma divisão sistemática da filosofia parmenídea inferiu-se, sem mediação, a repartição do poema em dois momentos, colocando o problema da disposição dos fragmentos que nos chegaram em termos de situá-los em uma ou outra de suas "partes" principais. Veremos que essa decisão se choca com as notícias que nos oferecem, de maneira neste ponto bastante

---

de *spuria* do Suida e de Estobeu — devem ser agrupados como um conjunto de fragmentos remanescentes, pertencentes "ao que ainda resta da outra parte da filosofia de Parmênides". Dessa maneira, sua ressalva resume-se, na história do estabelecimento do texto de Parmênides, a uma breve hesitação que em nada prejudicaria o triunfo do esquema estabelecido por Fülleborn.

15. Dióg. Laércio, IX, 3, 2: δισσήν τε ἔφη τὴν φιλοσοφίαν· τὴν μέν, κατὰ ἀληθείαν· τὴν δὲ, κατὰ δόξαν. Cf. Fülleborn (1795), 22.

coerentes, os relatos da maioria dos doxógrafos. Antes de exibir essas evidências, permita-se que façamos aqui uma breve descrição do efeito da disposição dicotômica para a interpretação do estatuto da Doxa e da cosmogonia, já ao final do século XIX, o que resultou em uma maneira de compreender e de apresentar as questões acerca do poema que teria um efeito duradouro na discussão entre os estudiosos[16].

1.1.2. A interpretação "hipotética" da Doxa

Essa disposição dos fragmentos do poema segundo um recorte dicotômico, junto com o propósito metodológico de instar a uma leitura direta do "texto" parmenídeo em detrimento dos comentários que contextualizam as citações a partir dos quais ele pôde ser fragmentariamente recuperado, abriu a possibilidade para que, ao final do século

---

16. A título de confirmação da influência do esquema dicotômico para a interpretação do pensamento de Parmênides, podemos citar o primeiro volume do manual de história da filosofia de Tiedemann, anterior de uns poucos anos à edição de Fülleborn. Sem ter por pressuposto uma clara divisão do poema em duas seções, entende serem os doxógrafos os responsáveis pela representação da divisão do "sistema" (e não da obra) de Parmênides em duas partes: se uma delas é a teoria fundamental da unidade do "todo" ou do "universo" (164), a outra corresponde ao que está à medida dos homens, e nela se compreende a cosmogonia: "...os antigos dividem o sistema de Parmênides em duas partes principais, das quais a primeira contém o verdadeiro e incontestável, a última o puro aparente, à medida dos prejuízos humanos. A última encerra em si toda a cosmogonia, e com ela tudo que é recitado a respeito da matéria, dos elementos, dos corpos, do mundo, sua proveniência e seu perecimento (*theilen die Alten Parmenides System in zwey Haupt-Theile, deren erster das wahre, und unumstößlich, der letzte daß bloß scheinbare, um menschlichen Vorurtheilen angemessene, enthalt. Letzterer schliest in sich die ganze Cosmogonie, nebst allem von Materie, Elementen, Körpern, Welt, und deren Entstehung und Vergehung vorgetragenem)*" (TIEDEMANN, 1791, 188-189). Muito embora reconhecendo que o que provém dos sentidos seja "errôneo" *(falsch,* 187), Parmênides, segundo Tiedemann, não se furtaria a desenvolver uma "filosofia das aparências" que, a partir dos fundamentos primários da Terra e do Fogo e suas interconexões, apreenderia a regularidade daquilo que aparece aos homens e que estes consideram como "realidade", permitindo-lhes orientar-se na vida prática (193). Essa doutrina dos elementos, segundo a qual a "legalidade dos fenômenos" é apreendida, e em que vê o intérprete o que há de particularmente original na cosmogonia parmenídea a que dedica cinco páginas de sua exposição (cf. 181-185), jamais é por ele nomeada, enquanto tal, uma *doxa* ou um conjunto de *doxai*.

XIX, fosse consagrada uma interpretação a estabelecer tenaz influência na pesquisa sobre Parmênides: Zeller propõe que as doutrinas expostas sob o título de *Doxa* deveriam ser entendidas como "hipotéticas", opiniões estranhas a Parmênides, por ele sistematicamente reconstruídas sobre a base de um dualismo fundamentalmente falso, expostas com a finalidade "polêmica" de refutá-las. Esse procedimento de reconstrução, sem ser ainda "dialético" (tornar-se-ia, segundo Zeller, com Zenão e Melisso), anteciparia aquele encontrado em Platão e Tucídides, que expõem as perspectivas alheias de uma maneira não necessariamente literal, mas "dramática", adaptada aos pontos de vista próprios do escritor:

> A visão de mundo errônea não é assim, notoriamente, apresentada da maneira como os antecessores efetivamente a exprimiram, e sim como seriam pronunciadas segundo as suas próprias opiniões. Igualmente o fazem outros escritores antigos: também Platão melhora os pontos de vista com os quais disputa, não raramente tanto no conteúdo quanto na elaboração; Tucídides coloca na boca das pessoas atuantes não o que elas efetivamente disseram, mas o que ele mesmo no lugar delas teria dito. Do mesmo modo dramático procede Parmênides: ele apresenta a visão de mundo habitual da maneira como ele mesmo a assumiria, se adotasse a mesma perspectiva; sua intenção não é a exposição de suas próprias opiniões, mas a de opiniões alheias. Sua teoria física tem um significado meramente hipotético[17] (ZELLER, 1869, 491).

Diels reforçaria tal interpretação, julgando, a partir das notícias de Aristóteles que fazem de Zenão o inventor da dialética[18], e recuando até Xenófanes, que a atitude polêmica e o exercício da refutação — como representado no *Parmênides* de Platão (cf. γυμνασία, 135 d 7, 136 a 2) — identificar-se-iam à essência do eleatismo, que se constituiria em uma "escola" em disputa com os pitagóricos e com o prestígio deles:

---

17. Tradução nossa.
18. *Sophistici Elenchi*, 10, 170 b 19 = DK 29 A 14.

Considero, assim, o poema de Parmênides como um catecismo da doutrina verdadeira e da falsa, resultante das necessidades diárias da escola. A *Alêtheia* estabelece o cânon ao qual tudo é referido, com respeito ao qual o ser e o não ser são testados. A *Doxa* assemelha-se ao córico, ao saco de pancadas com que os jovens atletas da Antiguidade fortaleciam-se — aprendiam eles um método, devendo prepararem-se para o verdadeiro *agôn*[19] (DIELS, 1887, 250).

Diels supõe a existência de uma Escola Eleática histórica, algo sobre o que temos poucos testemunhos confiáveis (a denominação de "eleatas" devendo-se muito mais provavelmente às reconstruções doutrinárias de Platão e Aristóteles, havendo dificuldades em encontrar traços positivos que apontem para uma efetiva institucionalização das relações de ensino[20]). Ao assim figurar a escola e carregando nas tintas de sua rigorosa disciplina (*Zucht*) — o que reflete, ademais, as posições do filólogo alemão com respeito ao modelo de corporação universitária, tal como ele próprio o encarna[21] —, sua interpretação redunda em uma visão fortemente negativa das "opiniões", tanto mais desvalorizadas quanto mais se exaltam as virtudes metodológicas, assim entendidas, do ensinamento do poema.

Uma posição atenuada é, por vez, encontrada em um artigo de Wilamowitz, que entenderá serem tais doutrinas expostas não com um objetivo "erístico", mas com a pretensão científica de, embora não se podendo encontrar a verdade absoluta no domínio das aparências, esclarecer a respeito do mundo através de uma hipótese "provável" (*probehaltige*), o que seria indicado pelo adjetivo ἐοικότα (B8,60) a introduzir a cosmologia[22].

Essa discussão entre os filólogos ao final do século XIX traçou as linhas gerais do debate sobre as relações entre as partes do poema: primeiro, as doutrinas cosmológicas são assimiladas a uma "Segunda

---

19. Tradução nossa.
20. Cf. CORDERO (1991); LAKS (2010).
21. LAKS (2010), 19.
22. WILAMOWITZ-MÖLLENDORFF (1899), 204-205.

Parte", sem que isso não mais se discuta[23]; em segundo, marca-se o contraste dessa Parte com a discurso da Verdade, suposto encerrado em B8,50 (cf. παύω), de maneira a colocá-la sob o signo do "ilusório" (ἀπατηλός, B8,52), adjetivo que a introduziria. Estará, assim, aberta a trilha para a desvalorização da cosmologia parmenídea, identificada à *Doxa*.

Nesse contexto, o livro de Reinhardt de 1916 dá um passo decisivo, contestando a leitura então estabelecida, ao apontar a ausência de qualquer "polêmica" contra outros filósofos, além do tom e do estilo de uma revelação profunda, que afastaria a ironia e a erística, ademais, segundo ele, anacrônicas[24]. Contra a consideração da *Doxa* como "hipótese", realça o caráter apodítico com que ela é apresentada (B8,50ss), introduzindo para a interpretação do texto parmenídeo a importante distinção entre aquilo "sobre o quê" (*worüber*) diz a deusa quando trata do pensamento errante dos mortais, e "o quê" (*was*) ela ensina ao fazê-lo, que não comporta nenhuma falsidade, sendo a verdade a respeito da ilusão[25]. Sem desconsiderar a enorme relevância de sua obra, de singular pregnância para os estudos sobre Parmênides, é preciso, contudo, destacar como Reinhardt mantém-se preso aos dados do debate tal qual os recebe: para ele se coloca o problema de reabilitar a *Doxa* como Segunda Parte do poema, o que persegue a partir do que se identificaria como uma "terceira via" ao lado do caminho do ser (afirmado como vinculado à Verdade) e do não ser (recusado como incognoscível e inexprimível, B2,7-8). Tal via é descrita como afirmação de ambas as possibilidades, do ser e do não ser, o que não encontra, porém, suporte direto nos textos[26].

---

23. Para Susemihl (1899), 205, por exemplo, o pressuposto da identificação de "cosmologia" e "segunda parte" é um dado adquirido (e o problema é apenas conciliar os fragmentos com os testemunhos doxográficos).
24. Reinhardt (1985 [1916]), 26-28.
25. Reinhardt (1985 [1916]), 25.
26. Reinhardt infere as três alternativas a partir do tratado de Górgias *Sobre o não ser*, reportado por Sexto Empírico, *Adversus mathematicus*, VII, 66 (fr. 3 Diels): ὅτι μὲν οὖν οὐδέν ἔστιν, ἐπιλογίζεται τὸν τρόπον τοῦτον· εἰ γὰρ ἔστι <τι>, ἤτοι τὸ ὂν ἔστιν ἢ τὸ μὴ ὄν, ἢ καὶ καὶ τὸ ὂν ἔστι καὶ τὸ μὴ ὄν (Reinhardt, 1985 [1916], 36). Na ver-

Ainda mais grave, a interpretação de três vias apoia-se no preenchimento da lacuna do fragmento 6 adotado por Diels, fazendo entender que a deusa, logo após afirmar o ser e negar o não ser (ἔστι γὰρ εἶναι, μηδὲν δ' οὐκ ἔστιν, B6,1-2), diria "afastar" o jovem de um, depois de outro, dos caminhos de investigação (<εἴργω> B6,3, cf. εἶργε νόημα B7,2), para posteriormente conduzir a investigação que partiria do único caminho restante: a afirmação exclusiva do ser (μόνος δ' ἔτι μῦθος ὁδοῖο, λείπεται ὡς ἔστιν, B8,1-2). A completa dependência desse esquema interpretativo com relação à aceitação da conjectura de B6 foi suficientemente argumentada por Cordero em sua obra originalmente publicada em 1984 — que mostra não haver nenhuma base material para emendar um texto que nos foi transmitido incompleto[27] —, argumentando ainda, de maneira a nosso ver persuasiva, que se apresentam nos fragmentos do poema apenas dois "caminhos de investigação" (ὁδοι διζήσιος, B2,2; B6,3; B7,2; e tb. B8,1: μῦθος ὁδοῖο cf. διζήσεαι, B8,6).

Embora proponha-se a resgatar a unidade da obra de Parmênides e formulando o problema em termos da relação das "duas partes do poema", Reinhardt acaba, no fim das contas, por constituir a segunda parte como uma derivação lógica da primeira, em dependência da agora questionável interpretação de três caminhos de investigação: "Apenas a partir do todo pode cada parte ser entendida, a cosmogonia apenas a partir da doutrina do ser"[28]. Afirmar-se-ia a primazia da ontologia exposta na "primeira parte", em detrimento da cosmogonia, que apareceria como um anexo ou em subordinação a ela[29]. Essa leitura dá origem

---

dade, como veremos no Capítulo 4, quando a deusa menciona em conjunção ser e não ser (οἷς τὸ πέλειν τε καὶ οὐκ εἶναι ταὐτὸν νενόμισται, B6,8; εἶναί τε καὶ οὐχί, B8,40) ela o faz sempre em perspectiva da crítica das opiniões dos mortais, sem que nada autorize a identificar nessa conjunção uma via de investigação.

27. Diels oficializa a conjectura proposta desde a edição de Alde Manuce do comentário de Simplício à *Física* (Veneza, 1526), não havendo outra base para preencher a lacuna senão hipóteses estritamente interpretativas (CORDERO, 1997, 132-143).
28. REINHARDT (1985 [1916]), 17.
29. Esse ponto é bem observado por THANASSAS (2007), 20. A visão "ontologizante" de Parmênides propugnada por Reinhardt seria saudada, como se sabe, por Heidegger em *Sein und Zeit* (HEIDEGGER, 2001, 222-223).

a uma outra matriz de interpretação, segundo a qual se apresenta o problema de fundar as *doxai* na ontologia, supondo-se que o seu conteúdo seja explicitado na "segunda parte" do poema (supostamente a *Doxa*). No entanto, como pretendemos mostrar no que segue, há indícios para colocar em questão a sobreposição, promovida pelas edições modernas da obra de Parmênides, da distinção entre Verdade e Opinião como seções, conjuntos de versos do poema, de um lado, e, do outro, da duplicidade de seu "sistema" de pensamento, ao discriminar a verdade — a respeito de "o que é" — das opiniões — acerca do mundo da contingência. A partir de tais evidências, será preciso colocar reservas ao princípio dicotômico que tem comandado as reconstituições do poema desde o final do século XVIII, o que nos permitirá rever sob nova luz algumas dessas questões interpretativas fundamentais.

1.2. O problema diante dos testemunhos antigos

Os títulos utilizados pelos editores do poema que aceitaram, desde Fülleborn, a distribuição dicotômica dos fragmentos, basearam-se, pois, em fórmulas utilizadas pelos doxógrafos antigos cujo sentido não é totalmente inequívoco. As expressões ἐν τοῖς πρὸς δόξαν e ἐν τοῖς πρὸς ἀλήθειαν, empregando o dativo neutro plural, são talvez as menos ambíguas para designar passagens do poema em que Parmênides teria tratado a *Doxa* distinguindo-a da *Alêtheia*, entendidas como designações de seções do poema: podemos traduzir as fórmulas, respectivamente, por "nos versos concernentes à opinião" e "nos versos concernentes à verdade". Frequentes na doxografia tardia, as fórmulas que designam uma seção do poema relativa à Opinião são usadas notadamente por Filopônio[30], enquanto Simplício, por vezes, varia as expressões, falando não apenas em ἐν τοῖς πρὸς δόξαν[31], onde a alusão é clara, mas também em πρός δόξαν[32] e em ἐπί δόξαν[33], cujo sentido já não é forçosamente o de apontar para

---
30. Cf. citações *infra*.
31. SIMPLÍCIO, *In phys.*, 25,16.
32. SIMPLÍCIO, *In de caelo*, 556,12-14.
33. SIMPLÍCIO, *In phys.*, 30-16.

um preciso conjunto de versos na obra parmenídea. Ainda, em outras passagens, o filósofo da Cilícia nomeia no plural, segundo critérios onto-epistemológicos provenientes do platonismo, os objetos da sensação e da opinião (em distinção ao inteligível): assim, encontramos uma vez ἐν τοῖς δοξαστοῖς[34], que poderia ser traduzido por "na seção das coisas opináveis", e também περὶ τῶν δοξαστῶν[35], "sobre as coisas opináveis".

É preciso ter o cuidado de diferenciar nas passagens, em cada caso, aquelas expressões que nomeiam um aspecto ontológico — comportando eventualmente uma interpretação de fundo platonizante —, e que dizem mais do registro de uma compreensão sistemática (à semelhança da fórmula de Diógenes Laércio há pouco citada, marcada pela preposição *kata*: "segundo" a opinião), em oposição àquelas que nos oferecem uma indicação mais clara e segura de veicularem referências a versos determinados do Poema (de maneira que possamos legitimamente falar, nessas ocasiões, de alusões a uma "seção" intitulada *Doxa* pela tradição antiga)[36].

Isso posto, destaquemos ainda este outro ponto, que não parece ter recebido até agora a devida atenção nos estudos sobre Parmênides: qual o *conteúdo* noticiado nos comentários antigos, quando fazem menção ao que é "relativo", "concernente a" (*pros*) — e não "segundo" (*kata*) — a Opinião, isto é, quando encontramos alusões a uma "seção" do poema? Trata-se eminentemente, com efeito, de notícias a respeito de uma doutrina da dualidade de elementos opostos — nomeados Fogo e Terra, Luz e Escuridão, Quente e Frio —, e não tanto do relato cosmológico propriamente. É de notar, portanto, uma patente diferença em comparação à suposição dos estudiosos dos séculos XVIII/XIX, ao incluírem estes na seção denominada *Doxa* não apenas a doutrina dos elementos, mas *todos* os conteúdos cosmogônicos e cosmológicos, toda a doutrina "física"

---

34. SIMPLÍCIO, *In phys.*, 147,28.
35. SIMPLÍCIO, *In phys.*, 146,29.
36. *Pace* KURFESS (2012), 139, n. 13, que toma todas as expressões mencionadas por equivalentes. Cf. nota *infra* para as passagens que nos parecem preencher os requisitos de bons testemunhos acerca da *Doxa*.

parmenídea[37]. Adicionalmente, dessa passagem a respeito dos elementos, jamais dizem os antigos — também à diferença do que fazem majoritariamente as interpretações modernas, que seguem a matriz Zeller-Diels — que seria alheia a Parmênides ou por ele considerada falsa, enquanto tal[38]. Já Aristóteles dá testemunho da importância do que lê como uma espécie de teoria parmenídea dos elementos[39], de maneira que, mesmo quando dependem direta ou indiretamente da epítome perdida de Teofrasto sobre *As opiniões físicas* (e suas eventuais esquematizações), as notícias dos comentadores tardios vêm, assim, confirmar uma tradição que identifica a seção do poema "concernente à Opinião" a versos que são interpretados em termos da postulação de causas (αἰτίαι), de princípios (ἀρχαί) ou de elementos (στοιχεῖα) opostos[40] — revelando que veem neles fundamentos cosmológicos, verdadeiros —, mas não

---

37. Isto é, não apenas (como veremos) os vv. 53-59 do fragmento 8, em conjunto com o fragmento 9, mas também aqueles compreendidos entre os fragmentos B10 a B19 da edição Diels-Kranz.
38. Encontramos até mesmo uma afirmação explícita de que o que se encontra na seção "relativa à opinião" não são opiniões vulgares diferentes daquelas do próprio Parmênides, e que o que este ali diz, tanto quanto na seção "relativa à verdade", deve ser considerado expressão de sua própria doutrina: οὐ νομιστέον δὲ ὅτι ἐν τοῖς πρὸς δόξαν οὐ τὰ αὐτῷ δοκοῦντα ἔλεγεν, ἀλλὰ τὰ τοῖς πολλοῖς, ἐν δὲ τοῖς πρὸς ἀλήθειαν τὰ αὐτῷ δοκοῦντα (καὶ γὰρ καὶ ἐν τοῖς πρὸς δόξαν τὰ αὐτῷ δοκοῦντα ἔγραφεν) (FILOPÔNIO, *In phys.*, 22,4-7).
39. ARISTÓTELES, *Metafísica*, I, 3, 984 b 4: δύο πως τίθησιν αἰτίας εἶναι. ARISTÓTELES, *Física*, I, 5, 188 a 19: Πάντες δὴ τἀναντία ἀρχὰς ποιοῦσιν οἵ τε λέγοντες ὅτι ἓν τὸ πᾶν καὶ μὴ κινούμενον (καὶ γὰρ Παρμενίδης θερμὸν καὶ ψυχρὸν ἀρχὰς ποιεῖ, ταῦτα δὲ προσαγορεύει πῦρ καὶ γῆν). Esses importantes testemunhos são geralmente obscurecidos pelo peso conferido ao "monismo" em Parmênides (e um certo entendimento a seu respeito), como teremos ocasião de discutir no Capítulo 3.
40. É o que depreendemos de um levantamento exaustivo das passagens onde, de acordo com a metodologia ora proposta, seguramente há indicação de tratar-se de referência a uma seção do poema que se pode intitular *Doxa*: TEOFRASTO, *Physic. op.*, 3,2 (*Dox.*, 477 = SIMPLÍCIO, *In phys.*, 25,14): καὶ τῶν πεπερασμένας [τῶν δὲ πλείους λεγόντων... ἔθεντο τῷ πλήθει τὰς ἀρχὰς] οἱ μὲν δύο ὡς Παρμενίδης ἐν τοῖς πρός δόξαν πῦρ καὶ γῆν (ἢ μᾶλλον φῶς καὶ σκότος). ALEXANDRE, *In Met.*, 670,21: Παρμενίδης δὲ ἐν τοῖς πρὸς δόξαν πῦρ καὶ γῆν [οὐσίαν καὶ ἀρχὴν ἐτίθετο]. TEMÍSTIO, *In phys.*, V, 2, 17,29: καὶ γὰρ ὁ Παρμενίδης ἐν τοῖς πρὸς δόξαν τὸ θερμὸν ποιεῖ καὶ τὸ ψυχρὸν ἀρχάς. FILOPÔNIO, *In phys.*, 22,2: ὅτι ὁ Παρμενίδης ἐν τοῖς πρὸς δόξαν πῦρ καὶ γῆν ἔλεγεν εἶναι τὴν ἀρχὴν τῶν πάντων. Ibid., 126,1: ἐν τοῖς πρὸς δόξαν δύο λέγειν τὰς ἀρχάς, ἐν τοῖς πρὸς ἀλήθειαν ἓν εἶναι λέγοντα (cf. ainda 110,2 e 116,18, onde os elementos são no-

incluem, aparentemente, nada do próprio relato cosmogônico. Dessa maneira, colocar-se-á, ao longo deste trabalho, a questão de saber como se articula a cosmogonia parmenídea com a dita seção sobre a Opinião. Mas o que pretendemos destacar, por ora, é a concordância geral entre os testemunhos a respeito de uma tal distinção — e algum acordo da doxografia com o que nos foi legado do texto de Parmênides.

1.3. O anúncio do prólogo (B1,28-32)

Os indícios nas fontes secundárias — que, ao noticiarem a respeito de uma seção sobre a Opinião, referem-se substancialmente à postulação de elementos ou princípios, sem, no entanto, incluírem a integralidade das doutrinas cosmológicas — apontam para que, sem negarmos a dualidade de verdade e opinião como um aspecto fundamental do pensamento parmenídeo, é possível questionar se o desenvolvimento do argumento ao longo do poema se estrutura e se permite adequadamente representar segundo a divisão simplesmente em duas partes principais, intituladas Verdade e Opinião. Essa indagação seria ociosa se não pudéssemos primeiro ancorá-la em pistas concretas nos fragmentos disponíveis, permitindo esclarecer acerca de sua interpretação. Mas o fato é que uma análise das linhas do texto parmenídeo disponível também sugere a insuficiência do esquema dicotômico, e isso já ao final do proêmio, quando a deusa oferece uma antecipação dos conteúdos a serem explicitados ao longo do restante do poema. Assim, vejamos os versos "programáticos" do fragmento 1, onde encontramos, sem dúvida, as bases para uma duplicidade (verdade/opiniões):

B1,28b-30:
χρεὼ δέ σε πάντα πυθέσθαι, / ἠμὲν Ἀληθείης εὐκυκλέος ἀτρεμὲς ἦτορ, / ἠδὲ βροτῶν δόξας, ταῖς οὐκ ἔνι πίστις ἀληθής.

---

meados "o quente e o frio", τὸ θερμὸν καὶ τὸ ψυχρόν). SIMPLÍCIO, *In phys.*, 146,27: περὶ τῶν δοξαστῶν διαλέγεται ἄλλας ἀρχὰς ἐν ἐκείνοις ὑποτιθέμενος.

É preciso de tudo te instruíres, / tanto do coração inabalável da verdade bem redonda, / quanto de opiniões de mortais, em que não há fé verdadeira.

Segundo a notícia de Sexto Empírico (*Adv. math.*, VII, 111ss), a quem devemos a preservação do proêmio, essas linhas são seguidas pelos vv. 2-6 do fragmento B7 Diels-Kranz: ἀλλὰ σὺ τῆσδ' ἀφ' ὁδοῦ διζήσιος εἶργε νόημα κτλ. ("afasta, todavia, teu pensamento desse caminho de investigação..."). Se dispuséssemos apenas dessa fonte — e esse era o caso para Fülleborn, quando propõe pela primeira vez a disposição dicotômica dos fragmentos —, o recorte do poema em duas seções, Verdade e Opinião, seria talvez inquestionável e, além disso, as *doxai*, desvalorizadas, seriam imediatamente identificáveis a um dos dois únicos "caminhos de investigação" (διζήσιος ὁδοὶ) de B2, que ali estão associados a ser e a não ser. Dispomos, porém, de uma passagem do comentário de Simplício ao *De caelo* (III, 1, 557,19ss) em que os versos são colados a uma sequência diferente. Ela é revelada pela primeira vez por Peyron, em seu recolhimento das citações parmenídeas[41], sendo essa a versão que termina por se incorporar à edição Diels-Kranz[42]:

B1,31-32:
ἀλλ' ἔμπης καὶ ταῦτα μαθήσεαι, ὡς τὰ δοκοῦντα / χρῆν δοκίμως εἶναι διὰ παντὸς πάντα †περ† ὄντα
Mas, ainda, isto apreenderás: de que maneira as coisas opinadas / deviam validamente ser, tudo por tudo (...?).

A passagem — bem como o comentário de Simplício que a acompanha, e que abordaremos mais tarde com o devido cuidado — merece uma atenção especial, pois define o quadro para a compreensão da doutrina de Parmênides, nas diferentes etapas de seu desenvolvimento.

---

41. PEYRON (1810).
42. No *Parmenides Lehrgedicht* de 1897, Diels interpõe os versos de Simplício após 1,30 e continua o texto do fragmento 1 com as seis últimas da sequência de trinta e cinco linhas apresentadas por Sexto Empírico. A transposição dessas linhas antecedendo o fragmento 8, isto é, compondo o atual fragmento 7, é de responsabilidade de Kranz.

Resta precisar, no entanto, quais são essas etapas, a partir de uma análise detida do prólogo.

ἀλλ' ἔμπης, v. 31] Diels considerava que os versos noticiados apenas por Simplício seriam simplesmente uma "paráfrase" de B1,30, o que explicaria sua omissão por Sexto Empírico[43]. Mesmo sem aceitar o texto de Sexto, considerando que o de Simplício representa a versão mais completa do prólogo[44], essa interpretação fica de certo modo implícita ao atribuir-se, como é a regra entre a maioria dos comentadores, valor concessivo a ἀλλ' ἔμπης[45]. Casertano, no entanto, defende que o caráter de "necessidade" que enquadraria a injunção (cf. khreôn) melhor sugeriria um sentido reforçativo, sendo preferível traduzir ἔμπης, seguido a αλλά, por "ainda", "ademais", antes que por "todavia"[46]. Se se admite que as linhas assim introduzidas não são apenas redundantes, mas acrescentam algo novo[47], é também coerente aceitar que os vv. 28-32 não se limitem a enunciar uma diferença entre verdade e opinião, mas, considerando que antecipam os desenvolvimentos que se seguem

---

43. A ausência dos versos, dessa maneira, em nada prejudicaria a intenção do filósofo cético de apresentar a integralidade do proêmio em seus pontos principais: "*Sextus will offenbar keine Excerpte, keine willkürlich gewählte Folge der Verse, sondern das ganze Pröomium geben. Das Auslassen der Verse fällt lediglich den Abschreibern zur Last, die von ἀλλ' (31) auf ἀλλά (33) übersprangen. Die Paraphrase beweist für diesen Sachverhalt nichts. Denn sie wird gegen Ende recht kurz, um auf die Hauptsache, das Kriterium, zu kommen (35-37). Die inhaltlich mit 30 zusammenfallenden Verse konnten darum wie viele andere unberücksichtigt bleiben*" (DIELS, 1897, 57). Diels utiliza, nesta passagem, uma numeração de versos que não corresponde à das posteriores edições Diels-Kranz.
44. KURFESS (2012) defendeu recentemente uma reabilitação do texto de Sexto Empírico. Seus argumentos, contudo, não nos parecem decisivos.
45. "*Doch wirst Du trotzdem auch das erfahren*" (DIELS, 1897), "*Nevertheless you shall learn these (opinions) also*" (TARÁN, 1965), "No entanto, também isto aprenderás" (CAVALCANTE, 1978), "*Mais, cependant, tu dois apprendre aussi cela*" (CORDERO, 1997), "Contudo, também isto aprenderás" (SANTORO, 2011). Mesmo Bollack, que defende uma visão positiva da *doxa*, dá significado concessivo à conjunção: "*Pourtant, de cela aussi…*" (BOLLACK, 2006).
46. Cf. CASERTANO (1989), 56, n. 30, que assim traduz o verso: "*Ma ad ogni costo anche questo apprenderai*". Nessa direção (se lemos a conjunção com valor adversativo fraco): "Mas também isso aprenderás" (TRINDADE SANTOS, 2009).
47. FALUS (1960), 282.

ao longo do poema, pareçam sinalizar adicionalmente um terceiro tema na composição do *curriculum* proposto pela deusa sob a forma de uma revelação. Essa leitura marcaria de maneira ainda mais acentuada uma transição, apontando para o lugar da cosmogonia no conjunto do ensinamento da deusa. Pois a deusa não promete *apenas* um saber a respeito das opiniões, mas também uma explicação cujo alcance cosmológico é sinalizado pela indicação "através de tudo" ou "por toda parte" (διὰ παντὸς), embora ainda fique pendente uma reconstrução completa dessas difíceis e problemáticas linhas.

Com efeito, alguns estudiosos observaram que as linhas preservadas por Simplício dão indicação de uma etapa adicional prevista pela deusa em seu anúncio, para além da oposição entre a verdade e as opiniões de mortais. Schwabl, por exemplo, destaca-se na proposição de que o prólogo anunciasse três pontos, correspondentes a três etapas da apresentação da deusa: a Verdade (v. 29), uma exposição das opiniões errôneas dos mortais, com viés crítico (v. 30), e uma cosmogonia de caráter tradicional, que também poderia ser entendida como uma seção da *Doxa* "positiva" (vv. 31-32)[48]. Sua interpretação, de importância ainda para a recusa da vertente hipotético-polêmica, introduz uma distinção entre uma parte "negativa" (ou crítica), correspondente aos versos de B8,55-59, e uma parte "positiva" da *Doxa*, identificada à cosmogonia. No entanto, não encontra apoio nos testemunhos que, ao citarem as linhas do fragmento 8 em questão, referindo-se a elas como uma seção a respeito da *Doxa*, eminentemente ressaltam a expressão positiva de ἀρχαί–, e não, ou não apenas, uma perspectiva derrisória. Apesar da elegância da solução que faz corresponder certas linhas precisas do prólogo a três "etapas" que seriam assim discerníveis ao longo da exposição da deusa, é preciso ter em mente que o tema das opiniões já é sempre tratado na primeira seção (a Verdade), que elabora o discurso sobre "o que é" em contraste com o teor das *doxai*, o que aponta para certa dissimetria na enunciação dos três temas indicados pela deusa.

---

48. Schwabl (1968 [1953]), 399-402.

ἠμὲν... ἠδὲ] Vejamos, pois. A deusa convoca o discípulo a instruir-se de "tudo". A designação πάντα (v. 28) poderia indicar o amplo alcance do saber desejado por um homem que busca o conhecimento, como é caracterizado o protagonista nas primeiras linhas do Poema (ele é um "homem que sabe", εἰδώv φῶς, B1,3). Poderia estar em sintonia com o tipo de investigação acerca de "todas as coisas", que é a marca das especulações jônias e milésias sobre a natureza[49]. Mas, imediatamente, ela especifica o significado de "tudo", em um sentido inusitado e inédito: a coordenação entre o "âmago inabalável da verdade bem-redonda" e as "opiniões dos mortais", que diretamente lhe fazem contraste, porque desprovidas de *pistis* verdadeira. Neste ponto, é importante relevar a construção ἠμὲν... ἠδὲ. Seu valor é de uma dupla afirmação forte, de um "e" enfático. Segundo Denniston, o sentido dessas partículas, introdutórias de uma combinação, poderia ser captado em algo como *"verily on the one hand... verily on the other"*[50]. Não basta, portanto, traduzir "...e..." (Cavalcante, Trindade Santos); mais precisa é a solução de Vieira Pinto (apoiando-se em Mullach: *"autem... et... et..."*), seguida por Santoro: "tanto... quanto...". Assim, a instrução a respeito de um, bem como do outro objeto, é anunciada como essencial pela deusa, e ambos parecem nos versos 29 e 30 formar mais uma unidade do que permitir o recorte de duas "etapas" distintas. Mas, se os versos devem ser lidos em conjunto, que interesse haveria em se instruir de opiniões de antemão reputadas indignas de confiança? A deusa não pode ali estar, de maneira muito trivial, referindo-se ao mero conteúdo das opiniões, o que seria contraditório com a força afirmativa pela qual o tema do aprendizado no que se refere às *doxai* é anunciado. A resolução, parece-nos, encontra-se em compreender que o assunto proposto como primeiro momento do ensinamento da deusa tenha a ver com a apreensão conjunta e complementar de dois aspectos, em um nível mais formal do que material: ao seguir o seu "discurso fiável" (*pistos logos*, B8,50), o discípulo deve descobrir, *eo ipso*, as razões para compreender

---

49. Long (1999).
50. Denniston (1954), 280, 287.

que — mas, como veremos, ainda não *por que* — as opiniões de mortais carecem de *pistis alethês*. Trata-se de obter uma perspectiva *crítica* sobre as opiniões dos mortais, em consonância com a imagética da narrativa principal do poema, que insiste no distanciamento da senda dos mortais (ἀπ' ἀνθρώπων ἐκτὸς πάτου, B1,27).

A oposição, assim, na primeira etapa do ensinamento oferecido pela deusa, não é necessariamente entre o verdadeiro e o falso simplesmente, mas entre o estável e firme, associados à verdade, e a ausência de estabilidade, associada às opiniões. Ao longo dos versos da Verdade, esse contraste está constantemente em jogo: os mortais são errantes (πλάττονται), possuem duplas-cabeças (δίκρανοι, B6,5). À sua incapacidade de julgar — eles são ἄκριτα φῦλα, B6,7 — opõe-se a discriminação de ser e não ser recomendada pela deusa (κρίσις, B8,15; cf. κρῖναι B7,5), condição para trilhar o caminho autêntico (ἐτήτυμος, B8,18) que afirma sempre uma só e a mesma coisa: "É" (ὡς ἐστιν, B8,2; cf. B2,3). Aquilo que é, *to eon*, repousa em si mesmo, idêntico a si mesmo (ταὐτόν τ' ἐν ταὐτῷ τε μένον καθ' ἑαυτό τε κεῖται, B8,29), permanece inteiramente sem movimento (οὖλον ἀκίνητόν τ' ἔμεναι, B8,38). Seu modo de conhecimento ou sua capacidade cognitiva correlata deve ser análoga a um coração imperturbado (ἀτρεμὲς ἦτορ, B1,29), enquanto aquela dos mortais é um intelecto errante (πλακτὸν νόον, B6,6)[51]. A oposição entre o *logos* da deusa e as opiniões dos mortais, no sentido da crítica que lhes dirige na primeira parte do poema, dá-se entre o que é "digno de fé", o que tem "crédito", e o que é dele desprovido.

ὡς... εἶναι] O princípio metodológico da deusa, ao longo do fragmento 8, é um dualismo cerrado: "É ou não é" (B8,16). No entanto, esse emprego contextualizado do verbo ser — e que deve ser articulado aos *sêmata*, "inengendrado", "imperecível", "inteiro", "imóvel" etc., em uma progressiva determinação do significado ontológico que pretende o Eleata conferir-lhe — não impede Parmênides de empregá-lo,

---

51. Essa identificação, obtida através de diferentes recursos retóricos, é o tema central de ROBBIANO (2006).

em outros lugares, em um sentido deprimido, puramente existencial. Assim ele o faz nos últimos versos do prólogo (ὡς... εἶναι), que, ecoados ao fim do poema (ἔασι, B19,1), revelam a coerência entre o anúncio e a exposição da deusa. Algo é dito a respeito da "existência" das δοκοῦντα ("coisas opinadas"), supondo ser este o sujeito do infinitivo εἶναι[52]. As expressões δοκεῖν, δοκεῖ μοι, em grego transmitem o sentido de "aceitar", "aprovar", "estimar", "parecer". Quando Parmênides acopla o termo δοκιμῶς, lido como advérbio, fica claro que, trabalhando a assonância das palavras prefixadas por δοκ[53], ele pretende dizer algo acerca da origem das δοκοῦντα, de como elas vieram a existir, para os mortais, "de maneira aceitável"[54]. O particípio δοκοῦντα apresenta uma ambiguidade: pode dizer de "coisas que os mortais consideram aceitáveis", e também de "coisas *à maneira como* os mortais as reputam aceitáveis"[55]. Nesse ponto, Pulpito propôs ainda discernir entre

---

52. Alternativas foram levantadas contra essa leitura: Falus, absolutizando a distinção de "é" e "não é", rejeita que as "coisas aparentes" pudessem ter uma existência de qualquer tipo e lê na frase um acusativo com infinitivo, com (τόν) περῶντα — compreendido como particípio ativo do verbo περᾶν — em posição de sujeito, tendo por predicado δοκιμῶσ(αι) (uma conjectura proposta por DIELS, 1897, 58): a deusa exortaria a aprender "como aquele que investiga precisaria (ou precisava) tomar as coisas aparentes por efetivas". A ontologia, porém, suprimiria as múltiplas coisas (πάντα), e a linha apresentaria uma falsa tese: τὰ δοκοῦντα εἶναι (FALUS, 1960, 284-285). Essa leitura depende de uma conjectura que já fora havia muito tempo criticada: trata-se de um verbo pouco atestado, e a elisão seria pouco provável (WILAMOWITZ-MÖLLENDORFF, 1899, 205). Mais recentemente, ainda uma nova proposta foi avançada para a construção do sujeito gramatical dessas linhas, preservando, neste caso, a lição δοκίμως dos manuscritos. Marcinkowska-Rosól lê χρῆν como infinitivo e τά como pronome demonstrativo retomando δόξαι βροτῶν. χρῆν como infinitivo dependeria de δοκοῦντα, e εἶναι de χρῆν. Δοκίμως, designando χρῆν e εἶναι em comum, teria sentido de "efetivamente". Tratarse-ia de coisas que "parecem precisar efetivamente ser" (*"Dinge, die 'scheinen, wirklich sein zu müssen'"*) (MARCINKOWSKA-ROSÓL, 2007, 140-143). Essa hipótese tem a desvantagem de, além de constituir uma leitura demasiado artificial, eliminar a distinção entre δόξαι e δοκοῦντα, as "opiniões" e seus "objetos", que para a autora seriam apenas representações dos mortais, de origem "subjetiva". Observe-se, de passagem, que assumir a distinção não implica afirmar, sem qualificações, a "realidade" de tais objetos.
53. Semelhante jogo de palavras encontra-se em Heráclito, fragmento 28: δοκέοντα γαρ ὁ δοκιμώτατος γινώσκει.
54. CHALMERS (1960), 7.
55. MOURELATOS (2008), 204.

"a consideração de X como F", e o "próprio X, considerado F"[56]. Isso permite validar a cosmogonia como relato a respeito de "como as coisas existem realmente" (o próprio X), sem compromisso com a alegação de que os mortais, ao produzirem julgamentos sobre a realidade, conheçam as coisas assim objetivadas (as δοκοῦντα) tais quais elas são em sua verdadeira natureza. Mas, segundo uma interpretação que desenvolveremos ao longo de todo este livro, é preciso ainda considerar que o homem mesmo está compreendido nesse conjunto de coisas, e que, portanto, a explicação afeta os dois níveis: elucidar a natureza das coisas e igualmente a dos homens, sob um fundo comum, diz também da razão pela qual estes percebem àquelas de uma determinada maneira, inclinando-os a considerar, erroneamente, que o seu "modo de existência" (sujeito à geração a corrupção) seria o único ao qual conviria o atributo de "ser". Apresentar as coisas em sua verdadeira constituição deve, portanto, explicar também *por que* elas são consideradas de certa forma. À abordagem crítica das *doxai* na primeira parte do poema complementa-se uma intenção explicativa concretizada através do discurso cosmogônico.

A diferença entre os dois primeiros e o último ponto do ensinamento da deusa é ainda marcada por uma variação na construção do enunciado, com a presença de uma conjunção no v. 31: enquanto os dois primeiros objetos de aprendizado são expressos por um substantivo complemento de objeto direto, o terceiro o é por uma proposição, complemento de *mathêseai*. Dehon observou, acertadamente a nosso ver, que a deusa ali não convida a conhecer as δοκοῦντα. Por meio do emprego da conjunção ὡς, ela faz cair o acento, não sobre o fato de que existam as coisas opinadas, mas sobre *a maneira como* estas deveriam existir[57]. A implicação cosmogônica aparece: revelar a origem é narrar como as coisas presentes agora vieram a ser o que elas são. Mas Parmênides não as nomeia ali "coisas" ou "seres", ὄντα, e sim indica algum tipo de conexão com a maneira pela qual os homens (ou os "mortais") as reconhecem

---

56. Pulpito (2011a), 115.
57. Dehon (1988), 282. Mullach traduz a conjunção por *quomodo*.

ou as consideram ser. Esse detalhe aparentemente pequeno ilumina o texto de uma maneira decisiva: a exposição cosmogônica não se resume a uma narrativa qualquer sobre as origens, de cunho tradicional, mas se anuncia que ela possui um horizonte explicativo definido, e assim inovador, no que diz respeito ao homem — e às suas capacidades cognitivas (B16). A cosmogonia tem, assim, também uma visada que poderíamos qualificar de "epistemológica". Dizer da origem do universo e do homem esclarecerá por que as coisas se dão a conhecer e permitem o julgar ou o opinar de uma certa maneira. Essa é uma indicação de que o aspecto construtivo das "coisas opinadas" não se refere, portanto, ao mero arbitrário das convenções humanas[58], mas deve ser fundamentado, veremos, a partir de uma estrutura que o poema pretende apresentar, explicitamente e pela primeira vez, como homólogo tanto na realidade conhecida como no sujeito cognoscente, o que, ademais, confirma-se no relato de Teofrasto no *De sensu*, como indicaremos. E, evidentemente, essas expressões modernas são mais do que tudo uma comodidade para a nossa compreensão. O que entendemos em um quadro epistemológico tem para o Eleata uma acepção primariamente "física". Como bem recorda Reinhardt, à época de Parmênides a *Crítica da razão pura* ainda não havia sido escrita: para ele, a proposição de que o semelhante se conhece pelo semelhante significa que o órgão perceptivo e seu objeto "devam não apenas consistir na mesma matéria (*Stoffe*), mas que também estejam submetidos às mesmas formas e às mesmas leis"[59]. A er-

---

58. Calvo — seguindo uma indicação de Reinhardt, que vê no poema os primeiros traços de uma reflexão sobre o caráter convencional da linguagem — enfatiza o aspecto "construtivo" das δοκοῦντα. Ele entende que se trata das conjecturas sobre a origem e a constituição do universo, explicações que vão muito além do mero dado da percepção sensível (CALVO, 1977, 253-255). Destacamos acima, porém, que as δοκοῦντα devem ser entendidas "objetivamente" e que nada exclui, em princípio, que elas não possam referir-se também ao que é percebido imediatamente pelo homem do universo presente (cf. νυν ἔασι, B19,1). De todo modo, nossa hipótese é de que tais coisas têm sua origem "reconstruída" através da narrativa cosmogônica da deusa, que, portanto, esclarece acerca de sua constituição profunda, de sua *physis*.

59. REINHARDT (1985 [1916]), 29.

rância dos mortais possui um fundamento cosmológico, e sua exibição constitui o horizonte da etapa cosmogônica do poema.

χρῆν, v. 32] Reinhardt apontava ainda que uma importante decisão interpretativa se coloca na leitura da "palavrinha *khrên*"[60]. Diels, que propunha ler no texto uma elipse, δοκιμωσ(αι), e corrigia a lição corrompida dos manuscritos por περῶντα (lido como particípio ativo), via no imperfeito um sentido fraco, como expressão desiderativa ou fórmula de polidez: "Aprenderás como, para toda e cada uma das coisas que parecem ser, seria preciso colocá-las à prova (*auf die Probe stellen sollte*)"[61]. Ele lê, assim, um presente virtual. Mas o imperfeito também pode ser lido mais enfaticamente em sentido de irrealidade, o qual podemos traduzir por "seria necessário". Essa leitura é preferida por interpretações que não reconhecem na *Doxa* algum tipo de teoria positiva dos princípios. Para Verdenius, por exemplo, a deusa pretenderia mostrar como, a partir de um começo equivocado, os mortais teriam procurado explicar em detalhe a realidade de uma maneira que lhes fosse satisfatória[62]. De outro lado, para Pulpito, que aceita algum tipo de teoria dos princípios na *Doxa*, o sentido seria de que a deusa pretenderia apresentar de que modo os objetos da opinião deveriam ser, em lugar daquilo que os mortais estabeleceram; o irreal exprimiria que os mortais não teriam considerado as coisas na perspectiva justa, e a deusa indicaria o que eles deveriam ter dito, mas não o disseram[63]. O problema dessa interpretação é que, ao vislumbrar uma possibilidade de "correção" das opiniões enquanto tais, aproximamo-nos, como admite o próprio Pulpito[64], de uma noção quase platônica de "opinião verdadeira", δόξα ἀληθής, algo não apenas textualmente ausente em Parmênides, como contrário a todas as evidências que nos indicam o desejo do Eleata de discriminar e manter separados os termos-chave, "verdade" e "opinião". Se a deusa tem algo de verdadeiro a dizer sobre o

---

60. REINHARDT (1985 [1916]), 7ss.
61. DIELS (1897), 58-60.
62. VERDENIUS (1964 [1942]), 49-50.
63. PULPITO (2011a), 118.
64. Ibid., 119.

cosmo — mesmo que a esse discurso se atribua um valor epistemológico em algum sentido menor do que aquele da doutrina do ser —, é bastante improvável que ela fosse nomear esse saber uma mera "opinião".

Mourelatos, outro defensor da leitura contrafatual, afirma que "χρῆν não poderia albergar o sentido de uma simples obrigação passada sem ao mesmo tempo conceder muito às δόξαι mortais". Mourelatos aponta que, embora intérpretes como Tarán e Mansfeld insistam, em princípio, na ideia de "necessidade", ou de "obrigação passada", expressada por χρῆν, ela acaba por desaparecer na interpretação: tais leituras se limitam ao "mero 'como' de um relato histórico", e a necessidade ali expressada seria apenas aquela de um *fait accompli*[65]. Desse ponto de vista, a compreensão de χρῆν, no sentido do imperfeito, dizendo simplesmente de um "passado histórico", isto é, do passado do universo, tornar-se-ia totalmente ociosa.

Considerando tais dificuldades, a esse dossiê gostaríamos de acrescentar uma sugestão que não parece ter sido aventada pelos intérpretes, a qual consiste em, mantendo-se a leitura de *khrên* como imperfeito, fazê-lo no enquadre narrativo no poema, juntamente com uma precisão sobre o estatuto da fala da deusa ao final do proêmio. É notável que não apenas *khrê, khrên* e *khreôn* apareçam frequentemente ao longo de todo o seu discurso — em oito ocorrências: "É preciso (*khreô*) que de tudo te instruas", B1,28; "era necessário (*khrên*) validamente ser", B1,32; "que é preciso (*khreôn*) não ser", B2,5; "isto é preciso (*khrê*): inteligir ser o que é", B6,1; "qual necessidade (*khreos*) teria impelido", B8,9s; "é preciso (*khreôn*) ser completamente ou de jamais", B8,11; "nem maior nem menor é necessário (*khreon*) ser aqui ou ali", B8,45; "das quais nenhuma é necessária (*ou khreôn*)", B8,54 — como também que ela empregue repetidamente a forma verbal do futuro ("aprenderás", B1,31; "encontrarás", B8,36; "que nunca te ultrapasse", B8,61; "saberás", B10,1)[66]. Esses marcadores são de ordinário entendi-

---

65. MOURELATOS (2008), 208, n. 43.
66. Em vista dessas ocorrências do futuro, bem como da interpretação que daremos a seguir, proporíamos uma conjectura para a lacuna em B6,3, com base em B10,1:

dos pelos intérpretes como indicativos de um mero aspecto programático, sem contextualizarem a fala da deusa a partir dos dados culturais da época de Parmênides. Embora não se recuse a intenção do Eleata de compor sua narrativa como o evento de uma revelação divina, e por vezes se reconheça até mesmo que o discurso proferido pela deusa tenha um caráter "mais oracular do que persuasivo"[67], os intérpretes não chegam a assumir que tal emprego verbal tenha o propósito, como nos parece, de configurar o discurso da deusa de uma maneira mais específica, a saber: como uma *fala encantatória, profético-oracular*.

As expressões τὸ χρῆν e τὸ χρή, atestadas posteriormente em Eurípedes, dizem do destino[68], ligado também ao "dever" proferido por um oráculo[69]. Ao discípulo que recebe o *mythos* da deusa (cf. κόμισαι δὲ σὺ μῦθον ἀκούσας, B2,1), palavra autorizada que produz efeitos de poder[70], promete-se uma revelação, uma iluminação que o distingue da cegueira (B6,7; B7,6) e da intuição errante (πλακτὸς νόος, B6,6) dos não iniciados. Ao interiorizar pela reflexão o *logos* da deusa que salva da errância (cf. κρῖναι λόγῳ, B7,5), através da exclusão do não ser, o iniciado descobre a permanência e a estabilidade de "o que é", condição para a inteleção verdadeira — pois, diz a deusa, "sem o que é... não descobrirás o pensar" (B8,35-36). Ao projetar a "salvação" ou a "purificação"[71], a fala da deusa assemelha-se à do médico-adivinho, o

---

"conhecerás", εἴση. No entanto, não nos ocuparemos, nos limites deste trabalho, de desenvolver um argumento justificando-a pelas consequências interpretativas.
67. BOLLACK (1965), 309.
68. *Hércules*, 827-829: πρὶν μὲν γὰρ ἄθλους ἐκτελευτῆσαι πικρούς, τὸ χρή νιν ἐξέσωιζεν οὐδ' εἴα πατὴρ Ζεύς νιν κακῶς δρᾶν οὔτ' ἔμ' οὔθ' Ἥραν ποτέ.
69. Cf. EURÍPEDES, *Hécuba*, 260-261: πότερα τὸ χρή σφ' ἐπήγαγ' ἀνθρωποσφαγεῖν πρὸς τύμβον, ἔνθα βουθυτεῖν μᾶλλον πρέπει.
70. Essa é a nuance do sentido arcaico de μῦθος que, quando não significa ordinariamente a "palavra", em sinonímia com λόγος, tem a marca de um discurso autorizado, que produz ou confirma efeitos de poder (MARTIN, 1989; LINCOLN, 1996).
71. Mondolfo e Zeller sugeriam que Parmênides aproximasse a revelação de seu poema a um meio de purificação (*apud* VERDENIUS, 1949, 116, n. 2). Sabemos que em Empédocles a sabedoria o era de fato: lemos em seus fragmentos que é preciso escutar as palavras do mestre (μύθων), pois o aprendizado interiorizado pelo discípulo "aumenta o pensamento das membranas" (μάθη γάρ τοι φρένας αὔξει, B31,14). A *theōria* é, para o filósofo de Agrigento, a "serena experiência" do homem sagrado que do-

iatromantis, que, pela força de seu oráculo profético, faz produzir o futuro desejado. A característica saliente desses oráculos de cura é a projeção do estado salutar no porvir, de maneira que o próprio ato de fala que o antecipa constitui o meio mágico de sua realização: "As profecias ou augúrios são forças potenciais; a ocupação do mântico não é menos dizer ao cliente o que vai acontecer do que dirigir o futuro e trazê-lo à realização"[72].

Se a fala da deusa se configura à maneira de uma profecia, nos termos descritos, é do ponto de vista interno de sua temporalidade narrativa específica que as formas verbais devem ser interpretadas. A condução do protagonista pelas Helíades à morada da deusa é análoga a um transporte para o Além onde se reúnem o passado, o presente e o futuro[73]. A narrativa exprime, miticamente, o lugar de onde é possível enunciar um discurso a respeito de "o que é". Marca-se, portanto, um "antes" e um "depois" do encontro do discípulo com a deusa, segundo, respectivamente, os eixos da narrativa principal do poema e da antecipação da sabedoria propiciada pelo oráculo divino. A sua denominação, desde o início do poema, pelo particípio presente, εἰδὼν φῶς (B1,3), "homem que sabe", pode ser lida no contexto dessa antecipação: antes de receber o *logos* da deusa, o protagonista — com quem o leitor/ouvinte do poema também se identifica — está na condição de errância como outro qualquer dos mortais, ao passo que, ao adentrar na

---

mina suas φρενές ou πράπιδες; o saber é posse das membranas divinas (PEREIRA, 2006, 152-155).
72. HALLIDAY (1913), 40-53. Dodds localiza o surgimento dos ἰατρόμαντεῖς ao final da Era Arcaica, no contato dos gregos com povos de cultura xamânica na Cítia e na Trácia (DODDS, 2002, 144).
73. Uma alusão ao Além é propiciada pela presença de uma Justiça Vingadora (δίκη πολύποινος, B1,14). O epíteto é encontrado em um fragmento órfico (OF 223). Em uma passagem apontada como proveniente das *Rapsódias*, Platão refere-se ao deus "que, como diz também o texto antigo, tem o princípio, o fim e o centro de todos os seres (ἀρχήν τε καὶ τελευτὴν καὶ μέσα τῶν ὄντων ἁπάντων ἔχων), encaminha-se diretamente até o seu fim seguindo as revoluções da natureza; acompanha-o a Justiça, vingadora das infrações da lei divina" (*Leis*, IV, 715e-716a = OF 31-32). Bernabé observa que Parmênides situa sua Dikê em uma porta que tem "muito em comum com uma entrada no Além", o lugar onde "unem-se passado, presente e futuro, o lugar onde se conhecem todas as coisas" (BERNABÉ, 2008, 1149s).

narrativa do poema — no ato mesmo da leitura ou da escuta[74] —, já se está sob a condução divina e se é transportado, participando do mesmo destino. "Antes" da iniciação, e para todos aqueles que não têm o privilégio de escutar as palavras da deusa, "era necessário" — *khrên*, no sentido do imperfeito — que as coisas opinadas fossem aceitas como tais, percebidas como realmente existentes (χρῆν... εἶναι, B1,32), isto é, enquanto o que é efetivamente reputado "existir" e "ser". A perspectiva que atribui realidade, ser, às coisas opinadas é dos mortais; mas a necessidade de que isso seja assim é enunciada de um ponto de vista externo às opiniões.

A cosmogonia possui um caráter explicativo: justifica por que ou "como" (ὡς) as coisas conhecidas e nomeadas vêm a ter o estatuto que têm, de ordinário, para os mortais. Esse caráter explicativo da cosmogonia proferida pela deusa se faz ver, como apontamos e desenvolveremos melhor no que segue, se considerarmos que ela não se limita a um relato qualquer sobre a origem, mas ao mesmo tempo identifica a estrutura fundamental permanente, presente em todas as coisas do universo. Dessa forma, "depois" do encontro com a deusa e da iniciação, o discípulo saberá do verdadeiro estatuto da realidade e será capaz de reconhecer os princípios cósmicos em cada uma das coisas que se lhe apresentam, o que lhe serve de modelo para organizar racionalmente a experiência que faz delas[75], a fim de que nenhuma perspectiva de mor-

---

74. ROBBIANO (2006).
75. Casertano diz, acertadamente, que se trata de *"dare alle esperienze, tramite il νόος, il loro giusto valore, di integrarle, analizzarle, approfondirle, unificarle"*. No entanto, não é preciso acompanhá-lo na leitura de ὡς... εἶναι, no prólogo, quando vê ali o intérprete a indicação *"di dare un giusto valore, una giusta collocazione a τὰ δοκοῦντα"* (CASERTANO, 1989, 134-135). Estas, pois, não são ὄντα; seu modo de "existência" deve ser compreendido em contraste com τὸ ἐόν. Isso significa que, ao mesmo tempo em que Parmênides exorta ao conhecimento de todas as coisas, πάντα, ele também postula os limites humanos dessa possibilidade (é este, como veremos, o duplo aspecto da teoria das duas forças de Luz e Noite). De outro lado, a nosso ver é sobretudo a "reconstrução" do objeto e do sujeito da experiência humana através de um relato cosmo-antropogônico que se anuncia na citada fórmula, e não imediatamente a injunção ao conhecimento racional da experiência, sem prejuízo de que a intenção desse relato seja com efeito mostrar a racionalidade presente no universo, desempenhando papel de pa-

tais venha a "ultrapassá-lo" (B8,61). Ora, deixar a perspectiva dos mortais é libertar-se de uma necessidade que rege a sua visão limitante de mundo, aquela do vir-a-ser e deixar-de-ser. O jugo dessa condição, que constitui a errância dos mortais, pode ser exprimida por χρῆν (B1,32) — e ela é efetivamente personificada, no poema, por uma *outra* divindade, distinta daquela que fala e revela, e de quem se fala no fragmento 12, que chega a ser identificada pelos antigos como Necessidade (Ἀναγκῆ) ou Justiça (Δίκη)[76].

De outro lado, a dimensão ontológica da Verdade não está completamente ausente do relato cosmogônico, na medida que este, ao remontar às origens, também "demonstra", através da reconstrução a partir dos princípios, a sua permanência ontem, hoje e sempre. A referência ao tempo passado, na perspectiva da narrativa e da fala oracular, produto virtual da dicção poética parmenídea, tem uma visada "real", embora não literal: dá a possibilidade de reconstruir desde a origem, através da linguagem, o estado presente do universo (cf. νῦν, B19,1), objeto dos juízos e das conjecturas humanas, bem como do aparato cognitivo de que é dotado o homem. Mas a reconstrução cosmogônica, apoiada em princípios — cuja positividade atesta a doxografia —, tem um valor mais lógico do que histórico. Falar a respeito dos fundamentos — tanto do ponto de vista ontológico do ser, quanto na perspectiva cosmológica das forças primordiais de Luz e de Noite — só é possível porque deusa e discípulo encontram-se em uma situação especial, em que as coordenadas usuais da temporalidade — e portanto do devir (cf. B8,27-28) — estão por assim dizer suspensas, e a revelação se traduz em aprendizado sobre as condições e as estruturas *a priori* do conhecimento humano. É assim que os meios expressivos do mito — longe de serem um recurso meramente "literário" ou retórico, ou o produto de uma confusão da mentalidade arcaica[77] — permitem a

---

radigma para a instrução do discípulo — cf. πάντα ἐοικότα B8,60, no que se refere aos princípios, expressão que lemos em um sentido eminentemente positivo.
76. Ver Capítulo 5.
77. Cf., por exemplo, Verdenius que justifica a necessidade no passado, expressa por *khrên*, como uma confusão entre narração e descrição: *"The reason is that at this*

Parmênides discriminar esses saberes de ordem hierárquica superior à experiência humana e à linguagem que lhe corresponde.

μαθήσεαι] Patricia Curd observou que as linhas da fala da deusa no prólogo, ao introduzirem os objetos de seu discurso segundo as etapas de seu ensinamento, marcam um contraste entre dois verbos: *pynthanomai* sugere o mero "informar-se", ou o aprendizado pela experiência; já *manthanô* apresenta um significado mais forte, que segundo a autora "sugere um aprendizado e uma compreensão adquiridas com a realização de um ato de julgamento"[78]. Sua luminosa interpretação do contraste entre os dois verbos é, no entanto, prejudicada pela suposição — na linha da interpretação contemporânea dominante, segundo a variante dielsseniana da finalidade polêmica — de que a "segunda parte" do poema se constituiria em uma apresentação de opiniões falsas, sobre as quais o discípulo, instruído pela deusa, seria convidado a exercitar o seu juízo, corrigindo os falsos pressupostos de que elas seriam a expressão.

A importância do que podemos denominar, a partir dessa consideração de Curd, um "juízo crítico" é sem dúvida componente essencial do pensamento parmenídeo, desde a injunção da deusa de "julgar pelo raciocínio" (κρῖναι δὲ λόγῳ, B7,5), e pelas seguidas reiterações ao longo do poema do verbo *krinô* e do substantivo de ação *krisis* (B8,15-16; B8,55). A caracterização dos "mortais" na primeira parte do poema como "gente sem capacidade de julgar" (ἄκριτα φῦλα, B6,7) aponta que o problema com as "opiniões" está intimamente ligado à carência de um tal "juízo crítico". E, no entanto, a hipótese moderna (que não encontra amparo nos textos doxográficos) concede ora demasiada ora muito pouca importância a esses mortais: muita quando supõe-se tratar de opiniões de sábios que teriam estabelecido certos princípios cosmológicos (apesar de sua inaptidão para "julgar"), e que seriam, no

---

early period the mind finds it hard to distinguish between the analysis of a present state and that of its origin, thereby mixing descriptive and narrative exposition" (VERDENIUS, 1964 [1942], 51).

78. CURD (1992), 21.

entanto, equivocados; muito pouca, porém, quando se acredita necessário interpretar Parmênides como fazendo simplesmente *tabula rasa* das investigações dos predecessores ou da importância da linguagem humana para o conhecimento. Como veremos no Capítulo 4, o que diferencia de uma opinião "acrítica" um saber sobre o cosmo criticamente consciente de seus próprios limites é a referência aos princípios duais (portanto, em algum sentido verdadeiros, embora não pertençam ao escopo da Verdade), que estão forçosamente presentes em todas as coisas e na linguagem humana que as nomeia, ainda que os não iniciados não sejam capazes de estabelecer reflexivamente a relação com tais fundamentos, cuja explicitação é — como detalharemos com o apoio das notícias doxográficas — o objetivo principal da seção do poema a que propriamente se pode chamar de *Doxa*.

Ora, a diferença e a articulação entre uma postura crítica e uma postura explicativa com respeito às *doxai* dos mortais tornou-se encoberta pela abordagem dicotômica moderna, que impede ver qualquer solução de continuidade ao assimilar verdade e ser em oposição a erro/ opiniões (lidas não apenas como não verdadeiras, mas falsas simplesmente), incluindo sob esta segunda categoria o discurso cosmogônico, enquanto a tentativa de "fundar" a cosmologia na ontologia, de outro lado, não encontra nenhum apoio nem nos textos, nem nos testemunhos doxográficos. Um tipo de solução diferente parece-nos, contudo, ser discernível se insistirmos na intenção pedagógica da deusa que faz a revelação no poema, segundo duas perspectivas complementares com respeito às opiniões: uma postura crítica, a partir da distinção de ser e não ser, destrutiva das pretensões dos saberes humanos ordinários; e uma segunda, não apenas construtiva — como concedem agora estudiosos mais recentes —, mas também explicativa da situação humana e das possibilidades e limitações do conhecimento. Para que essa interpretação seja liberada, é preciso conceder a presença de certos fundamentos, com valor teórico positivo, que se proponham como explicativos a respeito da constituição — cósmica e ao mesmo tempo epistemológica — do opinar humano. Uma distinção ainda precisará se alcançar entre o "erro ontológico" (denunciado na Verdade) e uma elucidação a respeito da "errância dos mortais" (que só se completa com a *Diakosmêsis*). Ora, a tradição doxográfica reconheceu a postulação de tais ἀρχαί no poema, e uma reconstrução da ordem temática de sua Segunda Parte poderá apoiar uma tal interpretação. A partir dela, veremos que se faz necessário estabelecer nuances entre os conteúdos que ficaram simplesmente identificados a uma chamada "Segunda Parte", em particular no que diz respeito à identificação de *Doxa* e *Diakosmêsis*. Que esta distinção possa efetivamente ser extraída dos testemunhos doxográficos é o que pretendemos mostrar no próximo capítulo.

CAPÍTULO 2
Doxa e Diakosmêsis

No capítulo anterior, apontamos alguns argumentos contra a visão dominante de um Poema dividido em duas partes principais, Verdade e Opinião. Indicamos que, quando a tradição doxográfica menciona uma seção "acerca da opinião", está em questão uma teoria dos princípios que os testemunhos parecem atribuir, sem muito equívoco, a Parmênides. Vimos ainda que, desprendendo-nos do esquema dicotômico de invenção moderna, é possível uma leitura do prólogo compatível com a aceitação de um discurso cosmológico que não parece reduzir-se a meras opiniões de mortais (expressão que, no Poema, tem sempre um valor derrisório). No presente capítulo, pretendemos mostrar que, efetivamente, os testemunhos nos oferecem indícios positivos para reconhecer a presença, em algum passo importante do Poema, de uma doutrina de princípios que se destaca da (embora não deixe de ter estreita relação com a) seção cosmológica do Poema. Como veremos, o que nos informam as fontes parece tornar-se muito mais claro quando reconhecemos que, ao assinalar e assim nomear uma seção acerca da opinião, referem-se os doxográficos mais àquela doutrina de princípios, assim chamada porquanto seja em última instância explicativa de como se formam as opiniões de mortais (e não porque, enquanto teoria, estaria situada ao nível epistêmico destas). De outro lado, tal função explanatória parece desdobrar-se através do próprio discurso cosmológico, de maneira que a doutrina dos princípios é também um ponto de partida "fisicalista". Mas, para que uma tal interpretação não tenha apenas caráter especulativo, é preciso mostrar que aquela doutrina foi reconhecida e destacada pela tradição; e que ela constitui um momento importante a preceder — e fundamentar — o discurso cosmológico parmenídeo. É crucial, portanto, demonstrar a existência de uma diferença importante, em nossos testemunhos, entre a referência à seção sobre a opinião e a cosmologia propriamente dita.

2.1. A importância do testemunho de Simplício

Os testemunhos decisivos a favor do delineamento de uma distinção entre *Doxa* e *Diakosmêsis* provêm de Simplício. É importante destacar a sua importância como fonte: a despeito do intervalo de quase mil anos que o separa de Parmênides, devemos uma parte substancial dos versos do poema à frequência com que o intérprete neoplatônico faz citações ou paráfrases ao elaborar seus comentários aos tratados aristotélicos da *Física* e *Sobre o Céu*[1]. Em particular, ele nos informa que

---

1. "*His commentaries are not just sources for Simplicius' own views. More than any other ancient commentator, Simplicius quotes and paraphrases his predecessors' philosophical works. He is one of the main sources, not only about some lost commentaries of late antiquity, but also much of Presocratic philosophy, and many of Aristotle's otherwise lost works*" (TUOMINEN, 2009, 36). "*What makes Simplicius special above all else is the exceptional quality of his writings, when it comes to source access and rapportage: he differs from most doxographical sources, because he had direct access to the Presocratics and Theophrastus, and because he has a remarkable methodology in quoting, selecting and using his sources. The importance of these two characteristics cannot easily be overstated: despite the considerable chronological distance between the two authors, they provide us with an unusual link between the two extremes of the textual transmission, one which straddles almost a thousand years*" (BALTUSSEN, 2005, 17). A hipótese quanto ao acesso de Simplício às *Opiniões físicas* é, no entanto, disputada: Diels supunha que fosse de segunda mão, por intermédio de Alexandre — cf. DIELS (1879), 108ss, seguido por MCDIARMID (1953), 90.

teria acesso a uma cópia do Poema (provavelmente guardada na biblioteca da Academia), enfatizando a raridade, já à época, da obra[2]. Mas o fato de tratar-se de um texto de difícil acesso não parece ser o único motivo para as transcrições que Simplício nos oferece, sendo notável a importância que confere às palavras originais, habitualmente demarcando as citações explicitamente, com o emprego, ao introduzi-las, de verbos de dizer (*legei, phêsi*)[3], como teremos ocasião de verificar a seguir. Isso aponta para o valor das referências de que se utiliza para além de um uso simplesmente instrumental, sujeito ao arbitrário de interpretações anacrônicas: os testemunhos que aduz têm para ele a finalidade de reforçar os seus argumentos e integram um procedimento exegético, no quadro de referência do platonismo[4]. Destaca-se ainda seu interesse no Parmênides "real", não sendo esta a regra, de ordinário, entre os comentadores tardios[5]. Tais peculiaridades fazem do neoplatônico um informante a ser privilegiado: ele não apenas parece dispor do material original à sua frente (em vez de apoiar-se em epítomes ou notícias de segunda mão), como também se move pelo interesse de interpretá-lo segundo um método que favorece a reprodução da "voz" do autor através de citações diretas, balizando — e permitindo-nos em alguma medida controlar — a sua interpretação.

Simplício, não obstante, procura o acordo profundo entre filósofos e segue uma tática típica do platonismo tardio, considerando que os antigos teóricos expressam sua sabedoria por meio de expressões obscuras (*asapheiai*) ou enigmáticas (*anigmatôdes*), mas que a verdade, sendo a mesma, pode manifestar-se com mais clareza ou menos ao longo da

---

2. *In phys.*, 39,20-21.
3. Baltussen argumenta que tal procedimento possa ter sua razão filosófica em acordo com a perspectiva platônica a respeito da oralidade e da escrita e na elaboração de uma teoria da *mímêsis*: tentativa de recriação da voz viva através de *ipsissima verba*, considerando que a tradição oral, bem ou mal, consagrara-se nos textos escritos, a que se faz referência com o termo *hypomnêmata*, ecoando o *Fedro* (BALTUSSEN, 2002, 185-186).
4. BALTUSSEN (2002), 181-182.
5. Plotino, Ciriano, Proclo e Damáscio interessam-se por Parmênides, mas apenas indiretamente, a fim de interpretar o *Parmênides* de Platão (BALTUSSEN, 2008, 70).

história[6]. Uma tal visão autoriza-o (com mais liberdade do que faria um historiador moderno) a interpretar os testemunhos de Parmênides recorrendo à distinção ontológica entre sensível e inteligível — e à repartição disciplinar entre os domínios da física e da metafísica —, bem como a utilizar-se de conceitos da tradição do platonismo (é o caso, notadamente, do conceito de "opinável", *doxaston*, presente nas notícias, como já apontamos). Todavia, o emprego de tais termos e a leitura segundo um quadro conceitual determinado não devem ser condenados como um anacronismo inconsequente. Pelo contrário, trata-se para Simplício de esclarecer o texto do autor original, atribuindo-lhe conscientemente a expressão de um dualismo ontológico que melhor se explicita no idioma do platonismo, o que justifica, precisamente, o esforço exegético:

> Aqueles que investigaram filosoficamente os princípios procuraram por princípios dos seres, alguns de maneira pouco definida, sem distinguirem as coisas físicas (τὰ φυσικὰ) daquelas que estão além da natureza (τῶν ὑπὲρ φύσιν), outros fazendo essa distinção, como é o caso dos pitagóricos, de Xenófanes, de Parmênides, de Empédocles e de Anaxágoras, que passam despercebidos ao vulgo (τοὺς πολλούς) em razão de sua falta de clareza (τῇ ἀσαφείᾳ) (SIMPLÍCIO, *In phys.*, 21,16-19).

Veremos que essa distinção entre o significado profundo de uma doutrina e sua expressão aparente obscura, que provoca mal-entendidos naqueles pouco preparados filosoficamente (*hoi polloi*), terá também um papel importante em seu entendimento das notícias de Aristóteles com respeito a Parmênides e nos servirá de pista para a elucidação de seus comentários ao tratado *Sobre o Céu*, um documento decisivo para colocar em questão a visão moderna dicotômica acerca da obra parmenídea. Observemos apenas, por ora, que é nos termos de um dualismo ontológico implícito que Simplício interpreta o pensamento de Parmênides e de Melisso, bem como algumas afirmações do Estagirita a seu respeito[7].

---

6. BALTUSSEN (2008), 73.
7. SIMPLÍCIO, *In de caelo*, 557,20-22: "Esses homens hipotetizaram uma dupla realidade: uma, a inteligível, consiste no que é verdadeiramente, a outra, o sensível, no que

2.2. O "arranjo cósmico" (*diakosmos*) e a "ordenação cósmica" (*Diakosmêsis*)

A existência de uma cosmogonia parmenídea é, como mencionamos, atestada também por outras fontes, independentemente de Simplício. Plutarco, ao rebater as críticas de Colotes de que Parmênides teria eliminado "o fogo e a água, os picos e as cidades habitadas da Europa e da Ásia", afirma que o Eleata incluíra em sua composição um relato onde teria "[falado] abundantemente sobre a Terra, o Céu, o Sol, a Lua e as estrelas", e relatado "sobre a origem dos humanos"[8]. As fontes terciárias, baseadas na obra perdida de Aécio, esquematizam sua cosmologia, sem deixar de fornecer confirmações de alguns detalhes cosmogônicos[9]. As notícias confirmam, assim, que os fragmentos 10 e 11 têm um caráter programático, anunciando um relato sobre a origem dos astros, da Terra, do Sol, da Lua, bem como das regiões do Éter, do Céu, da Via Láctea.

Mas é com Simplício que descobrimos algumas pistas fundamentais sobre a organização dos temas na obra de Parmênides. Ele nos informa, no comentário ao tratado aristotélico *Sobre o Céu*, primeiro, que se encontra no poema, após o argumento sobre o ser, um ensinamento positivo sobre as coisas sensíveis: ἀλλὰ καὶ συμπληρώσας τὸν περὶ τοῦ ὄντως ὄντος λόγον καὶ μέλλων περὶ τῶν αἰσθητῶν διδάσκειν ἐπήγαγεν (558,3-7, seguindo-se a citação de B8,50-52). Note-se, de passagem, que o reporte parece novamente contradizer as modernas interpretações "polêmicas" da física parmenídea, ao afirmar, sem qualificações ou reservas, a atribuição de um tal ensinamento ao nosso filósofo. Além disso, na mesma passagem, Simplício indica que o fragmento 19 encerra uma

---

é gerado" (οἱ δὲ ἄνδρες ἐκεῖνοι διττὴν ὑπόστασιν ὑπετίθεντο, τὴν μὲν τοῦ ὄντως ὄντος τοῦ νοητοῦ, τὴν δὲ τοῦ γινομένου τοῦ αἰσθητοῦ).
8. PLUTARCO, *Adv. Colotem*, 1114b-c.
9. Por exemplo, o testemunho A39 atribui a Parmênides a afirmação de que os astros são "condensações de fogo"; A41 fala da origem do Sol e da Lua a partir da separação da Via Láctea, formados a partir de uma mistura mais rarefeita, em um caso, e uma mais densa, no outro; A37 explica o ar como separação de terra, vaporizado na condensação deste último elemento, e confirma a natureza ígnea do Sol e da Via Láctea e a composição da Lua a partir de fogo e ar (= elemento mais denso).

seção do poema. Todavia, ele não a nomeia "opinião", mas "ordenação dos sensíveis" (τὴν τῶν αἰσθητῶν διακόσμησιν, 558,8 cf. 15-16). A presença do termo *Diakosmêsis*, ali, não parece em nada incidental. Ele ecoa o *diakosmos* do verso B8,60 do poema, onde encontramos a primeira ocorrência atestada do vocábulo[10]. Contudo, há entre ambos os termos uma importante nuance de sentido: o substantivo deverbal com sufixo -*sis*, designante de ação, é certamente apropriado para nomear os processos cosmogônicos e a "ordenação" do universo. Mas o que se deve compreender por *diakosmos*? É importante notar que a estabilização do termo *kosmos* para designar o "mundo", como resultado da ação cosmogônica, é mais tardia, e fixada por Platão[11]. Em seu sentido arcaico, *kosmos* designa o "belo arranjo", ligado às operações que o produzem e à finalidade a que serve, a "boa ordem" social ou a "formação" militar[12]. Feita essa observação, uma contextualização dos versos em que o termo *diakosmos* aparece, a partir dos testemunhos doxográficos, permitirá precisar o seu significado em Parmênides.

Examinaremos primeiro uma passagem do comentário à *Física* (179,27-180,12), onde Simplício repete a fórmula que havia se tornado tradicional na interpretação do Poema para designar a seção da *Doxa* (ἐν τοῖς πρὸς δόξαν). O neoplatônico comenta, na ocasião, a declaração de Aristóteles de que todos estabeleceram os contrários como princípios: Parmênides, mesmo afirmando que o todo é um e imóvel, é colocado ao lado de cosmólogos (como Anaximandro) que postularam o raro e o denso, ou de atomistas como Demócrito, que admitem o pleno e o vazio, pois os elementos a que chama (*prosagoreuei*) Fogo e Terra

---

10. FINKELBERG (1998), 130, n. 98.
11. Para Kahn, este sentido apareceria no *Górgias* (508a), enquanto para Finkelberg ele só pode ser efetivamente reconhecido em diálogos geralmente considerados tardios, como o *Timeu* (28b3), o *Político* (269d8) e o *Filebo* (29 e 1; 59a3), ao destacar-se da sinonímia com *ouranos* (KAHN, 1960, 219ss; FINKELBERG, 1998, 127-128). Em Heráclito, por exemplo, *kosmos*, no fragmento 30 designa a "ordem" das medidas do fogo: "A ordem, a mesma para todos, nenhum deus ou homem a fez, mas ela sempre foi, é e será: fogo eterno, aceso com medida e com medida apagado". Não está ali em questão nenhuma hipótese "criacionista", mas sim a explicitação de uma ordem que não é produto do fazer técnico (KAHN, 2009 [1981], 182-185).
12. DILLER (1956).

correspondem à contrariedade do Quente e do Frio[13]. O esquema, que Aristóteles considera universal por analogia[14], consiste na postulação dos contrários primeiros, que não são um a partir do outro e, de outro lado, na elucidação dos processos de vir-a-ser e deixar-de-ser, que são sempre a partir de ou em direção a um contrário, derivado em última instância daqueles elementos originários:

> É preciso, com efeito, que os princípios nem sejam provenientes uns dos outros nem de qualquer outra coisa, e que deles provenham todas as coisas (δεῖ γὰρ τὰς ἀρχὰς μήτε ἐξ ἀλλήλων εἶναι μήτε ἐξ ἄλλων, καὶ ἐκ τούτων πάντα). É esse o caso para os primeiros contrários: por serem primeiros não são provenientes de outras coisas, por serem contrários não provêm uns dos outros (*Física*, I, 5, 188 a 28-30).

Ainda em outra passagem do comentário à *Física*, Simplício chega até mesmo a afirmar que Aristóteles teria elaborado esta formulação de uma doutrina dos contrários *a partir* de Parmênides[15]. Claro está o valor teórico positivo que o neoplatônico atribui à postulação dos contrários em Parmênides:

> Ele (Aristóteles) demonstra que os princípios, isto é o que tem aspecto de elemento para as coisas físicas, são contrários, primeiro pelo fato da concordância aproximada entre todos os físicos com essa tese, e mesmo quando discordam sobre outros pontos. Pois mesmo aqueles que declaram que "o que é" é um e imóvel, como Parmênides, também fazem contrários os princípios das coisas naturais. Pois também ele, nos versos relativos à *doxa*, faz de quente e frio princípios. A esses chama de Fogo e Terra, Luz e Noite ou, ainda, escuro. Diz, pois, após os versos sobre a Verdade: (B8,53-59). E, novamente, logo a seguir (B9,1-4) (SIMPLÍCIO, *In phys.*, 179,27-180,12).

---

13. *Física*, I, 5, 188 a 19-23: Πάντες δὴ τἀναντία ἀρχὰς ποιοῦσιν οἵ τε λέγοντες ὅτι ἓν τὸ πᾶν καὶ μὴ κινούμενον (καὶ γὰρ Παρμενίδης θερμὸν καὶ ψυχρὸν ἀρχὰς ποιεῖ, ταῦτα δὲ προσαγορεύει πῦρ καὶ γῆν) καὶ οἱ μανὸν καὶ πυκνόν, καὶ Δημόκριτος τὸ πλῆρες καὶ κενόν, ὧν τὸ μὲν ὡς ὂν τὸ δὲ ὡς οὐκ ὂν εἶναί φησιν.
14. Cf. 188 b 35-189 a 1.
15. *In. phys.*, 30,20: "Assim também Aristóteles seguiu-o (*sc.* Parmênides) ao estabelecer que os opostos são princípios" (ᾧπερ καὶ Ἀριστοτέλης ἀκολουθῶν ἀρχὰς ἔθετο τὰ ἐναντία).

Simplício nos faz saber dos versos de Parmênides que estariam na base da afirmação de Aristóteles que inclui o Eleata entre aqueles que teriam enunciado teorias de princípios postulados como contrários (ὅτι ἐναντίαι αἱ ἀρχαί), e que representam o conteúdo a que eminentemente é feita referência quando se trata da seção "relativa à *Doxa*", citando-os. Que esses versos sejam subsequentes a uma primeira parte do poema, referente à Verdade, fica claro pela indicação μετὰ τὰ περὶ ἀληθείας. É, no entanto, notável que, nesse contexto, ele junte o segmento B8,53-59 ao fragmento 9, indicando explicitamente que eles não compõem uma sequência contínua de versos no poema, embora estejam próximos (cf. μετ' ὀλίγα). Além disso, a indicação πάλιν é também chamativa: Simplício não se contenta com a citação das linhas do fragmento 8 em que a deusa enuncia que os mortais "estabeleceram formas" (μορφὰς κατέθεντο κτλ.) tais como Fogo e Noite. Parece-lhe necessário acrescentar também os versos do fragmento 9, onde a referência é a Luz e Noite. Essa escolha contrasta com a da citação dos mesmos versos 53-59 do fragmento 8 em *In phys.*, 30,20-31,10, que trata de explicar o que significa a "errância" dos mortais, e onde não encontramos a adição das linhas do fragmento 9. É como se, para obter a doutrina da oposição dos princípios físicos, a passagem sobre as μορφαί precisasse complementar-se pela explícita indicação de Luz e Noite, como identificações mais claras das *arkhai*. É a estes últimos versos, provavelmente, que Simplício também faz referência quando fala de uma doutrina dos dois elementos, demarcando sua função cosmológica em conexão com a da divindade cósmica de B12 (que ele interpreta, a partir de Aristóteles, como uma "causa eficiente": μετ' ὀλίγα δὲ πάλιν περὶ τῶν δυεῖν στοιχείων εἰπὼν ἐπάγει καὶ τὸ ποιητικὸν, *In phys.*, 39,12)[16].

Essas pistas, que podemos obter do contraste entre os dois contextos de citação, são indicativas da dupla função dos "dois princípios" que o comentador encontra em Parmênides: são os *fundamentos cósmicos* do universo formado — em distinção ao que diz respeito ao processo

---

16. Ver Capítulo 5.

de formação do universo — e também os *fundamentos gnosiológicos* do conhecimento humano (ou das opiniões errantes dos mortais). É nesse sentido que os antigos nomeiam a passagem do poema onde as *arkhai* são enunciadas como uma seção sobre a *Doxa*: pois trata-se dos elementos pelos quais há percepção e sua objetivação em coisas opinadas, *dokounta*, bem como dos constituintes do universo formado que em primeiro lugar se apresenta para as opiniões (embora a elucidação de sua natureza ultrapasse as meras *doxai*).

Encontramos ainda na doxografia dois testemunhos que indicam explicitamente, a título de corroboração, a articulação entre os fundamentos, postos como contrários, e o relato cosmogônico. São as notícias que lemos em Plutarco e em Asclépio:

> Pois ele (Parmênides), tendo composto (poeticamente?) um arranjo cósmico e combinado, como elementos, claro e escuro, produz a partir deles e através deles a totalidade dos aparecimentos[17] (PLUTARCO, *Adv. Colotem*, 1114 b 7-9).
>
> Assim dizemos que, nos versos a respeito da opinião, na medida em que (Parmênides) discutia os sensíveis, postulou serem dois os elementos, Fogo e Terra (entendendo-se com eles os intermediários), e postulou a partir deles a totalidade dos sensíveis[18] (ASCLÉPIO, *In Met.*, 42,26).

Ambos os comentadores distinguem dois momentos: o da posição dos elementos, primeiro, e depois a constituição do todo (πάντα) aparente ou sensível. Ora, os termos "princípios" ou "elementos" são estranhos a Parmênides e correspondem a uma interpretação. Plutarco parece mais fiel ao texto quando, em lugar dessa terminologia, menciona o termo empregado por Parmênides: διάκοσμος (B8,60).

Voltemo-nos agora ao poema. Se considerarmos que *diakosmos* em B8,60 se refere ao universo formado, como fazem a maioria dos

---

17. ὅς γε καὶ διάκοσμον πεποίηται καὶ στοιχεῖα μιγνύς τὸ λαμπρὸν καὶ σκοτεινόν, ἐκ τούτων τὰ φαινόμενα πάντα καὶ διὰ τούτων ἀποτελεῖ.
18. λέγομεν οὖν ὅτι ἐν τοῖς περὶ δόξης, ἐπειδὴ περὶ αἰσθητῶν διελέγετο, ὑπετίθετο δύο εἶναι τὰ στοιχεῖα, πῦρ καὶ γῆν (καὶ τὰ μεταξὺ συνεπινοεῖται) καὶ ἐκ τούτων τὰ αἰσθητὰ πάντα ὑπετίθετο.

intérpretes[19], ou ainda, como fazem outros, de maneira mais sutil, referindo-o ao "sistema" ou ao "discurso" cosmogônico[20], nada poderíamos extrair da frase para inferir uma distinção de duas etapas marcadamente distintas. Contudo, como já se propôs[21], o "arranjo cósmico" (*diakosmos*) pode referir-se mais precisamente aos versos B8,53-59, que tratam dos contrários[22], e não à cosmogonia enquanto tal. O caráter poético com que Parmênides apresenta a oposição de Fogo e Noite, nessas linhas, justifica entender o verbo *poieô*, na frase de Plutarco, no sentido de "compor poeticamente" — o que não seria fortuito, já que a própria deusa insiste que o jovem preste atenção à "sequência de palavras" (κόσμον ἐπέων, B8,52)[23] dos vv. 53-59, onde é exibido o contraste (e sugerida a alternância) dos predicados "brilhante", "suave" e "leve", de um lado, e então "obscuro", "denso" e "pesado", de outro. Se assim for, o *diakosmos*, "arranjo" dos elementos opostos, não se confunde com a *Diakosmêsis*, "ordenação" do universo (que envolve, de alguma maneira, aqueles elementos).

Asclépio interpreta a dualidade como de Fogo e Terra e de intermediários deles derivados, reproduzindo o que diz Aristóteles[24]. Seria essa apenas uma interpretação adaptada ao quadro da cosmologia aristotélica? Há certo embaraço, pois no texto parmenídeo disponível encontramos apenas a oposição de Fogo e Noite (em B8,53-59), ou então de Luz e Noite (em B9), e são apenas esses os versos que Simplício

---

19. Ver, dentre os mais recentes: MARCINKOWSKA-ROSÓL (2007), 140-143, BREDLOW (2010), 276; PULPITO (2011b), 204-205.
20. Cf. VERDENIUS (1964 [1942]), 50; GUTHRIE (1965), 51; FINKELBERG (1999), 236-237.
21. CORNFORD (1933), 108; LONG (1963), 104.
22. Isto é, entendendo que τόν διάκοσμον em B8,60 refira-se, não à cosmogonia que se inicia após essa linha, mas aos versos que antecedem a expressão.
23. Como observou Diller, ἐπη não se refere propriamente aos versos, mas à sequência de palavras reguladas pelo metro (DILLER, 1956, 47).
24. A interpretação dos contrários em Parmênides em termos das propriedades do frio e do quente tem origem em Aristóteles: uma vez na passagem já citada de *Fís.*, I, 5, 188 a 20 (καὶ γὰρ Παρμενίδης θερμὸν καὶ ψυχρὸν ἀρχὰς ποιεῖ, ταῦτα δὲ προσαγορεύει πῦρ καὶ γῆν), e também em *Metafísica*, I, 5, 986 b 30: θερμὸν καὶ ψυχρόν, οἷον πῦρ καὶ γῆν λέγων. Essa redução corresponde à concepção aristotélica dos elementos físico-cosmológicos.

tem a nos oferecer quando procura identificar a oposição dos elementos a partir das palavras do próprio Eleata. De outro lado, Simplício, tanto quanto Aristóteles[25], parecem afirmar que efetivamente a Terra, γῆ, fosse mencionada por Parmênides em um contexto cosmológico importante: ambos empregam *prosagoreuei*, o que — em contraste, por exemplo, com o mais ambíguo *legei*, que poderia exprimir apenas uma interpretação — indica assertivamente que a Terra tenha sido nomeada pelo autor citado: "Parmênides chama (ao quente e ao frio) Fogo e Terra". Não é impossível que a Terra pudesse ter sido mencionada por Parmênides em uma etapa tardia do relato cosmogônico (de maneira que a Noite deveria ser vista como uma entidade cosmológica mais primordial, que a antecederia)[26]. Que, em qualquer hipótese, existissem tais versos veiculando uma explicação sobre a origem do astro, isso podemos inferir a partir das fontes terciárias, que citam a partir de Aécio[27], além do anúncio que encontramos no fragmento 11, parte do "segundo proêmio" em que se introduz o tema do surgimento da Terra e de outras entidades cosmológicas. Ora, parece-nos que a situação se resolve se admitirmos que a seção da *Doxa*, onde são enunciados os princípios enquanto contrários, diferencia-se no poema de sua parte dedicada à cosmogonia propriamente e que, por esse motivo, Simplício não se autorize a ali citar os versos que anunciam ou descrevem o surgimento da Terra (embora os conheça e cite o fragmento 11 em outra ocasião[28]). A conclusão inescapável é, pois, que eles pertencessem a um contexto diferente daquele das linhas utilizadas na passagem do comentário à *Física* em tela, B8,53-59 e B9,1-4. Se, por seu turno, o Estagirita prescinde desses detalhamentos, é porque ele não está preocupado em citar, e apenas extrai a interpretação que serve aos seus argumentos, onde relevante é encontrar a oposição do Frio ao Quente estabilizada nos

---

25. Cf. nota anterior.
26. David Sedley sugeriu-nos ainda que, nessa hipótese, tendo em conta o diálogo de Parmênides com os relatos teogônicos tradicionais, o Eleata estaria provavelmente obrigado a fornecer alguma explicação para surgimento da Terra, apontando sua origem a partir de outras entidades divinas ou cosmológicas.
27. Ver os testemunhos anteriormente citados.
28. *In de caelo*, 560,8ss.

elementos que haviam então se tornado "canônicos", Fogo e Terra — estando fundamentada sua leitura, em todo caso, na derivação cosmogônica de Terra a partir, em última instância, de Noite[29].

Com esses esclarecimentos em mente, podemos admitir as notícias de Plutarco e Asclépio, compreendendo que apresentam dois momentos articulados: a postulação, primeiro, da dualidade de elementos, e então a "produção" do mundo sensível, esta surgindo a partir do fundamentado daquela. Essas fontes atestam assim, de um lado, a importância e a veracidade dos princípios ou causas. Mas também, de outro lado, insistem na distinção dos dois momentos: Plutarco diferencia o tema do "arranjo cósmico" (διάκοσμον) da etapa ulterior de sua mistura (cf. στοιχεῖα μιγνύς, que dá origem ao mundo aparente. Ele explicita, sem dúvida, o papel cosmológico material dos contrários (o universo é, pois, deles proveniente, cf. ἐκ τούτων), mas talvez também que eles são o fundamento cognitivo da percepção humana, se διὰ τούτων πάντα (τὰ φαινόμενα ἀποτελεῖν) for um eco de B1,32: διὰ παντὸς πάντα (τὰ δοκοῦντα εἶναι). Já Asclépio marca os diferentes momentos com dois ὑπετίθετο ("postulou"): no limite, é mesmo difícil afirmar com certeza se a segunda oração regida pelo verbo, iniciada por καὶ ἐκ τούτων, que menciona a cosmogonia ("e postulou a partir deles a totalidade dos sensíveis"), deve ser entendida com a primeira, que trata dos dois elementos, ou se ele não indica, através dessa construção, com a repetição do verbo, a distinção de duas etapas e a exclusão do tema cosmogônico do escopo da seção "a respeito da opinião" (ἐν τοῖς περὶ δόξης). Em todo caso, é no sentido de uma compreensão da seção da *Doxa* (ἐν τοῖς πρὸς δόξαν) tendo por tema os fundamentos cosmológicos que Filopônio afirma que Parmênides, segundo Aristóteles e seus comentadores, diz ali que Fogo e Terra são o princípio de todas as coisas (ἀρχή τῶν πάντων)[30].

O recolhimento das notícias — que a este respeito são razoavelmente coerentes entre si — autoriza-nos a acenar para duas possibilidades: uma é considerar que a seção da *Doxa* — entendida no sentido

---

29. Para mais sobre a leitura de Aristóteles, cf. *infra* § 3.4.2.
30. FILOPÔNIO, *In phys.*, 22,2-3.

próprio que pretendem os nossos informantes quando a ela se referem — limite-se aos versos B8,53-59, em conjunto com os versos de B9. Teríamos, assim, uma seção da *Doxa* comportando um conjunto de versos bastante reduzido, muitíssimo menor do que se supôs ao identificá-la a uma Segunda Parte do poema. Alternativamente, uma posição consistiria em assumir que a seção apresenta duas etapas: a postulação dos princípios, identificada aos versos mencionados, seguida do relato cosmogônico do qual dispomos de alguns fragmentos (de maneira que a *Diakosmêsis* estaria contida na *Doxa*). É de notar, em qualquer caso, dois pontos: (a) que os antigos doxógrafos fazem referência eminentemente à postulação dos "princípios" (uma interpretação daquilo que Parmênides nomeia διάκοσμος) quando tratam da *Doxa*, insistindo tratar-se de uma teoria verdadeira; (b) que, em decorrência, mesmo na hipótese da inclusão da cosmogonia na seção "a respeito da opinião", isso não nos força a considerar que esse relato tenha o caráter de uma "opinião de mortais", sujeito aos mesmos ataques que a deusa lhes dirige na primeira parte do poema (cf. B1,30; B6,4-9; B7,3-5). E, no entanto, veremos que dispomos, a partir de Simplício, de alguns indícios adicionais — e ainda mais claros — que nos inclinam a assumir a hipótese deflacionária a respeito da seção da *Doxa*.

2.3. O *diakosmos* na explicação da errância dos mortais

A partir dessas pistas que podemos recolher na doxografia, parece-nos legítimo afirmar, no que se convencionou entender como uma Segunda Parte do poema, a existência de uma distinção importante entre o *diakosmos* dos contrários (B8,53-59; cf. B9[31]) e a cosmogonia. Na

---

31. Deixaremos para o momento da análise dos fragmentos da *Doxa*, no Capítulo 4, as considerações importantes sobre o uso do discurso indireto livre, em algumas passagens do poema, através do qual a deusa reproduz o ponto de vista dos mortais (das *doxai*), explicitando criticamente seus pressupostos. A título de antecipação de nossa interpretação, diga-se que em B8,53-59 trata-se da reprodução dessa perspectiva, em que os predicados de Fogo e Noite são interligados e separados (claro/escuro, suave/denso, leve/pesado) — isso é o *diakosmos*, conquanto sejam dele inconscientes os mortais — no aparecer e desaparecer das "formas" sensíveis nomeadas pelos homens (as μορφαί

base da cosmogonia, os contrários compõem a estrutura fundamental — embora isso não signifique que estejam os mortais dela conscientes — do mundo das *doxai*, o relato cosmogônico sendo elaborado a partir daquela estrutura de princípios duais — proclamada verdadeira por todos os doxógrafos — e que se completa na exposição do universo sensível atual (cf. νυν ἔασι, B19,1). A *Diakosmêsis* inclui ou depende de uma importante seção sobre a natureza dos contrários antes de iniciar-se a seção cosmogônica propriamente dita. Tais versos correspondem à injunção e ao anúncio programático da deusa, com respeito ao aprendizado sobre *doxai* (δόξας δ' ἀπὸ τοῦδε βροτείας μάνθανε, B8,51; cf. πυθέσθαι... βροτῶν δόξας, B1,28b-30): tratam do que diz respeito à estrutura fundamental ou ao "arranjo cósmico" em que discurso cosmogônico tem o seu ponto de partida (para ter por acabamento e capítulo final, possivelmente, o conhecimento humano). Aos versos que expõem tal fundamento os comentadores antigos parecem referir-se eminentemente através do título de *Doxa*.

Nesse sentido, Fränkel viu bem que na *Doxa* estão em questão as mesmas opiniões criticadas na primeira parte do poema: trata-se, nela, de compreender a partir de seus fundamentos o mundo do "hábito multiexperiente" (πολύπειρος ἤθος, B7,3); nela se apresentam, pela primeira vez, as categorias fundamentais através das quais a natureza humana mal constituída é desde sempre forçada a operar, sem que os mortais o saibam[32]. Exceto que, à luz dos testemunhos dos antigos, é preciso nuançar sua afirmação de que tais categorias, enquanto tais, constituiriam o "erro originário" (*Grundfehler*) em que se apoiaria todo

---

de B8,53, que, a nosso entender, não são as *arkhai* a que se refere Simplício senão em sentido impróprio, o que explicaremos posteriormente). Por isso, Simplício é obrigado a citar também os versos do fragmento 9, indicando a descontinuidade da citação (cf. καὶ μετ᾽ ὀλίγα πάλιν, no contexto de *Fís.*, 179,27-180,12), pois é nesta passagem que há efetivamente algo como um "postular" (cf. ποιεῖ) de Luz e Noite enunciado pela deusa em discurso direto, por assim dizer, enquanto "princípios" unificadores daqueles predicados e da contrariedade em geral. O salto na citação de Simplício se justifica, pois a passagem pertence ao contexto mais propriamente cosmológico da *Diakosmêsis*, sendo até mesmo possível que houvesse interpolação pelo "segundo proêmio" que a introduz (B10/B11, cerca de uma dezena de versos).

32. FRÄNKEL (1962), 410.

o sistema cosmogônico. Muito mais, o *diakosmos* dos contrários, lido por nossas fontes, como procuramos mostrar, estando também na base da cosmogonia, não é falso em si mesmo, mas é o que permite entender e avaliar o erro. Esta passagem de Simplício, outra fonte de B8,53-59, completa o dossiê das notícias sobre a *Doxa*, destacando o seu significado para a elucidação da "errância" dos mortais:

> E ele (Parmênides) também estabeleceu como princípios elementares das coisas geradas uma antítese primária, a que chama Luz e Escuridão, Fogo e Terra, ou denso e raro, ou mesmo e outro, dizendo... em versos: (B8,53-59). E, entre os versos, uma passagem em prosa é inserida, como se fosse do próprio Parmênides. "Em adição a isto estão o raro, o quente, o claro, o suave e o leve; com o denso nomeia-se (também) o frio, o escuro, duro e pesado, pois estes correspondem-se reciprocamente". Ele claramente apreendeu, assim, os dois elementos em oposição (οὕτω σαφῶς ἀντίθετα δύο στοιχεῖα ἔλαβε). Isso porque anteriormente determinou que "o que é" é um (διὸ πρότερον ἓν τὸ ὂν διέγνω[33]), e diz estarem em estado de errância aqueles que não compreendem a oposição dos elementos que se combinam na geração ou não os revelam de maneira clara. Assim também Aristóteles seguiu-o ao estabelecer que os opostos são princípios (SIMPLÍCIO, *In phys.*, 30,20-31,10).

Como esclarece Simplício, não é à postulação dos dois elementos que se identifica o erro: apenas a partir da doutrina da unidade do ser a oposição entre os dois elementos pode ser percebida enquanto tal (cf. διὸ, referido a σαφῶς ἔλαβε), e o comentador precisa que o estado de errância é caracterizado pela falta de discriminação da oposição. O escólio aos versos B8,53-59, encontrado pelo comentador neoplatônico em sua cópia do poema, indica que neles Fogo e Noite são instanciações de uma oposição elementar generalizável. O reconhecimento do valor positivo dessa teoria expressada na *Doxa* não poderia ser mais enfático[34]: Simplício parece noticiar que Parmênides seria o autor mais proeminente a corresponder à doutrina dos contrários reconstruída por

---

33. Cf. lição dos manuscritos. Diels corrige por δύ' ἔγνω.
34. Cf. também *In phys.*, 34,14: τήν στοιχειώδη ἀντίθεσιν.

Aristóteles em sua *Física*, o que significa ver naquela teoria uma espécie de prefiguração dos conceitos de matéria e privação, de ato e potência. Essas distinções, é claro, não foram vistas de maneira adequada pelos filósofos anteriores a Aristóteles, e providenciariam, segundo o Estagirita, uma solução alternativa à recusa eleática da realidade da geração e da corrupção[35].

Na base da cosmogonia, os elementos contrários também devem exercer um papel importante na descrição da natureza humana. Sem, por ora, entrarmos nos detalhes e dificuldades de interpretação do fragmento B16, onde algo semelhante a uma teoria do conhecimento se elabora, notemos apenas que Teofrasto oferece um claro testemunho a respeito da homologia entre as estruturas da constituição humana e o mundo, tal qual se revela à percepção. Segundo seu relato no *De sensu* (1 = A46), Parmênides teria pensado que o ato do conhecimento (γνῶσις) dá-se por semelhança (τῷ ὁμοίῳ), esclarecendo operar a sensação por uma relação de contrários (τῳ ἐναντίῳ καθ᾽ αὐτὸ ποιεῖ τὴν αἴσθησιν). Como não reconhecer ali a presença do *diakosmos*, bem como na indicação de que o morto, à diferença do vivo, segundo teria afirmado o Eleata, não tem sensação da luz, do quente e da voz, mas do escuro, do frio e do silêncio? O "arranjo cósmico" articula uma descrição do universo, da natureza humana e de suas capacidades perceptivo-cognitivas.

Para recuperar o nosso argumento, lembremos que os vv. 31-32 do fragmento 1 referem-se, como nos parece, à seção cosmogônica do poema e que tal seção — a que poderemos intitular, seguindo indicações dos antigos, em conjunto com a descrição do "arranjo cósmico", *Diakosmêsis* —, longe de ser um apêndice da Verdade, ou mesmo de derivar-se logicamente dela, possui uma finalidade específica no conjunto total da obra parmenídea: ela aporta uma justificativa

---

35. ARISTÓTELES, *Física*, I, 8, 191 b 27-34. Como pretendemos esclarecer ao longo deste trabalho, e particularmente ao examinar a recepção posterior do pensamento parmenídeo, notadamente por Aristóteles, essa recusa significa em outros termos negar a atribuição do "ser" (e o uso do termo) aos entes naturais em devir, razão pela qual o Estagirita inicia sua *Física* com uma crítica aos eleatas. Veja-se o Capítulo 3.

cosmológica para a existência daquilo que se oferece ao opinar humano (e que, no contexto do fragmento 1, nomeia-se δοκοῦντα), bem como do fenômeno das opiniões e da "errância" humana, expressão de uma fisiologia que descreve o fragmento B16. Isto é: à seção da cosmogonia não identificaremos um conjunto qualquer de "opiniões", mas uma exposição acerca das origens comuns do cosmo e dos seres humanos, de maneira que um mundo se lhes ofereça a ser conhecido segundo um modo de conhecimento — a opinião — previsto pela própria maneira como esse mundo é constituído em certa ordem, da qual participa a existência humana. Isso significa dizer que no poema de Parmênides há não apenas *crítica* das opiniões (*doxai*), mas igualmente uma explicação acerca de sua *origem* (explicação essa que tem um caráter cosmológico). É a visão desse quadro mais geral que nos oferece uma reconstrução apoiada nas notícias de Simplício, de quem falta examinar o que nos oferece no comentário ao *Sobre o Céu*.

2.4. O testemunho de Simplício no Comentário ao tratado *Sobre o Céu*, 556-560

Retornemos, depois dessas precisões, ao comentário de Simplício ao *Sobre o Céu* que citávamos antes, para agora interpretá-lo em seu contexto completo. Ao final deste exame, estaremos à altura de, compondo com as citações colhidas anteriormente, elaborar um quadro temático a partir das indicações que elas oferecem para os fins de uma reconstrução da Segunda Parte do poema. O texto do comentário ao *Sobre o Céu* não recebeu muita atenção dos intérpretes de Parmênides[36]. O desinteresse se justifica principalmente pelo incômodo de que o argumento de Simplício é muito pouco claro à primeira vista. Nas páginas que seguem, buscaremos estabelecer uma hipótese interpretativa que parece-nos permitir uma melhor compreensão do texto, que assim se nos apresenta como um testemunho decisivo sobre a estrutura temática da obra parmenídea.

---

36. Há tradução por Ian Mueller (2009), que será aqui usada como referência.

O neoplatônico faz ali uma exposição relativamente longa (cinco páginas na edição de Heiberg) para comentar uma breve afirmação de Aristóteles ao início do livro III. O Estagirita recolhe as posições a respeito da geração e da corrupção entre "os primeiros que investigaram acerca da verdade" (οἱ μὲν οὖν πρότερον φιλοσοφήσαντες περὶ τῆς ἀληθείας, III, 1, 298 b 12-13). A expressão é por si mesma interessante, pois os representantes nomeados são Parmênides e Melisso, Hesíodo e Heráclito, todos autores que anunciam de maneiras diferentes que comunicam a "verdade" em oposição às opiniões vulgares ou tradicionais (Simplício, em todo caso, a interpreta no sentido de que estes elaboram especulações teóricas que não têm conteúdo ético-político, 555,25). Aristóteles distingue respectivamente três posições: a negação da geração; a afirmação da geração para todos os seres, considerando que alguns, embora engendrados, são eternos; e a concepção de que tudo está em fluxo e devir (posição que não é diretamente atribuída a Heráclito, mas ao que "parecem querer dizer", ἐοίκασι βούλεσθαι λέγειν 298 b 32, o Efésio e outros). Nesse ponto, o Estagirita oferece *certa* interpretação da doutrina eleata:

> Pois, com efeito, alguns dentre eles anularam completamente a geração e a corrupção. Dizem eles que os entes não são gerados ou perecem, mas que apenas nos parecem ser. Tal é o caso, por exemplo, para os partidários de Melisso e de Parmênides (οἷον οἱ περὶ Μέλισσόν τε καὶ Παρμενίδην), os quais, embora tenham falado bem a respeito de outras coisas, não devem ser compreendidos como se falassem de maneira física (οὕς, εἰ καὶ τἆλλα λέγουσι καλῶς, ἀλλ' οὐ φυσικῶς γε δεῖ νομίσαι λέγειν). Com efeito, o fato de que alguns entes são inengendrados e completamente imóveis compete mais propriamente a uma investigação diferente e anterior à física. Aqueles homens, no entanto (ἐκεῖνοι δὲ), ao nada suporem existir além da substância dos sensíveis, e sendo os primeiros a pensar certas naturezas que deveriam ter aquelas características, se é para haver algum conhecimento e pensamento, desta forma transferiram à substância dos sensíveis os arrazoados pertinentes àquele campo de investigação (ARISTÓTELES, *De caelo*, III, 1, 298 b 14-23).

Simplício pretenderá, em seu comentário, explicar a afirmação de que apenas existem as substâncias sensíveis, que ele mesmo qualifica de grosseira (σκληρὸν, 557,2). Mas quem faz essa afirmação? Estamos diante de uma interpretação de Aristóteles acerca da doutrina eleata, que compreenderia o ser em um sentido estritamente físico-material? Brague assim o entende e, ao estudar o texto de Simplício, assume que este se esforçaria em opor à interpretação pelo Estagirita de um monismo aplicado aos sensíveis uma investigação acerca da doutrina real de Parmênides, a fim de livrá-lo da suspeita de monismo[37]. No entanto, notemos de partida a ambiguidade da construção sintática do texto de Aristóteles. Ele fala em certos "partidários" de Melisso e Parmênides (οἱ περὶ) além de citar esses mesmos. O pronome relativo "os quais" (οὕς) diz respeito aos primeiros ou aos últimos? Algumas linhas adiante, "aqueles homens" (ἐκεῖνοι) preserva o mesmo sujeito, ou distinguiria o Estagirita entre duas posições diferentes, aquela dos eleatas e uma apropriação de seu pensamento por epígonos anônimos?

Na hipótese de ler o relativo οὕς em referência aos pensadores nomeados, e ἐκεῖνοι, retomando οἱ περὶ, dizendo apenas dos epígonos, obtemos um comentário sobre os eleatas e uma crítica a uma posição anônima. Aristóteles diria, então, sobre os pensadores nomeados, Parmênides e Melisso, que, sem propriamente desprezar seus argumentos, cumpre qualificá-los como estranhos ao campo da física. O que eles dizem está bem dito (λέγουσι καλῶς), mas em uma outra perspectiva (τἆλλα) que não a da investigação da natureza. Veremos em pormenor, alhures[38], que uma crítica às doutrinas eleáticas com o objetivo de situá-las fora do campo da física responde ao importante interesse do Estagirita na instauração de uma disciplina científica de investigação da natureza. Por essa razão, não há estranheza, nem sinal de incoerência, nessa caracterização de Parmênides e Melisso. E, no entanto, a crítica elaborada no contexto do livro I da *Física* nada tem a ver com a afirmação de que "nada há para além da substância sensível". Esse seria um motivo, independentemente de Simplício, em favor de diferenciar no próprio Aristóteles, apesar da ambiguidade, um comentário a respeito

---

37. Brague (1987), 52.
38. Cf. § 3.4.1.

dos eleatas de uma crítica dirigida aos partidários não especificados, defensores da tese de um monismo aplicado ao sensível.

Em todo caso, essa parece ser a leitura de Simplício, quando ele mesmo declara orientar seu esforço exegético determinando-se a esclarecer que Aristóteles dirige-se contra o "sentido aparente" dos argumentos dos eleatas (πρός τὸ φαινόμενον τῶν λόγων, 557,19-20), que teria induzido a uma compreensão incorreta de suas verdadeiras doutrinas. O sentido profundo de tais doutrinas o neoplatônico pretende expor a partir da chave de uma distinção ontológica, atribuindo-a aos próprios eleatas:

> Como, então, Parmênides assume que apenas existem os sensíveis, ele que assim desenvolveu sua filosofia acerca do inteligível — essa é agora uma acusação extraordinária a se fazer! E como teria ele transportado aos sensíveis o que convém aos inteligíveis, ele que claramente expôs à parte a unidade do inteligível que é realmente, à parte a ordenação dos sensíveis, e que estima que ao sensível nem mesmo é digno chamá-lo pelo nome de "ente"?[39] (SIMPLÍCIO, In de caelo, 558,12-17).

Essa passagem, que ainda vai nos interessar por outras importantes informações que veicula, exime obviamente Parmênides da tese de que "apenas existem os sensíveis". A interpretação de Simplício assume que Parmênides teria estabelecido a diferença ontológica entre "o que é realmente" e as coisas sensíveis e geradas, em contradição com a interpretação do monismo sensível. Mas o importante a destacar — e isso não parece ter sido notado por Brague — é que o comentador atribui ao próprio Aristóteles uma compreensão das doutrinas eleatas a partir de semelhante distinção ontológica. Fazendo referência a *Metafísica*, I, 5, 986 b 27-987 a 2, onde o Estagirita distingue a postulação por Parmênides de duas causas ou princípios para explicar a multiplicidade

---

39. πῶς οὖν τὰ αἰσθητὰ μόνον εἶναι Παρμενίδης ὑπελάμβανεν ὁ περὶ τοῦ νοητοῦ τοιαῦτα φιλοσοφήσας, ἅπερ νῦν περιττόν ἐστι παραγράφειν; πῶς δὲ τὰ τοῖς νοητοῖς ἐφαρμόζοντα μετήνεγκεν ἐπὶ τὰ αἰσθητὰ ὁ χωρὶς μὲν τὴν ἕνωσιν τοῦ νοητοῦ καὶ ὄντως ὄντος παραδούς, χωρὶς δὲ τὴν τῶν αἰσθητῶν διακόσμησιν ἐναργῶς καὶ μηδὲ ἀξιῶν τῷ τοῦ ὄντος ὀνόματι τὸ αἰσθητὸν καλεῖν;

"segundo a sensação" (κατὰ τὴν αἴσθησιν), ao lado do monismo "segundo a razão" (κατὰ τὸν λόγον), Simplício entende que essa interpretação está pressuposta no texto do *De caelo* que analisa: "Deve-se considerar que Aristóteles acrescenta por completo, segundo a sua refutação do sentido aparente, aquilo que na *Metafísica* bem exprime..."[40].

A nosso entender, não resta outra alternativa, a fim de obter um sentido coerente e global para o texto, senão divisar uma crítica cujo alvo são epígonos anônimos, que, sem perceberem a distinção ontológica, compreendem a tese do monismo eleático como se ela tratasse do campo da realidade física ou sensível. Essa interpretação, ademais, é a que Simplício atribui à intenção da breve passagem do *De caelo*, entendendo-a como a rejeição de uma apropriação equivocada do eleatismo. O propósito do comentário, portanto, não é opor a doutrina real de Parmênides à leitura equivocada de Aristóteles, e sim confirmar a crítica que este já endereçaria a terceiros — ao menos assim entende Simplício —, a partir de evidências que o neoplatônico busca nas citações das obras de Parmênides e Melisso.

Se a distinção no texto aristotélico que apontamos, entre eleatas e epígonos, é sutil, motivadora de uma ambiguidade que pode levar o leitor a tomá-lo como se ali se estivesse formulando uma crítica a Parmênides e Melisso, quando não seria o caso, ao menos aos olhos de Simplício, lamentavelmente é preciso reconhecer que também ocorre o mesmo com respeito ao comentário que fornece este último da passagem, de maneira que é fácil perder o fio condutor da interpretação e manter a correta partilha entre o que se atribui aos próprios eleatas e o que se refere à posição dos epígonos anônimos, que parecem afinal constituir os alvos da crítica, ao admitirem uma interpretação equivocada (διαμαρτία, 557,1) que transfere à substância sensível aquilo que concerne ao inteligível.

Mas o texto de Simplício, apesar das dificuldades, ganha claridade quando se lê, a partir de 560,5ss, um diálogo com os eventuais

---

40. SIMPLÍCIO, *In de caelo*, 560,1-4: ὅπερ ἐν τῇ Μετὰ τὰ φυσικὰ καλῶς ὁ Ἀριστοτέλης ἀπεφθέγξατο, τὸ "Παρμενίδης δὲ ἔοικέ που βλέπειν," τοῦτο πανταχοῦ μετὰ τὸν τοῦ φαινομένου ἔλεγχον ἐπιφέρειν τὸν Ἀριστοτέλην νομιστέον.

representantes dessa leitura incorreta do eleatismo, em dois momentos, divididos, *grosso modo*, em um ataque às premissas do raciocínio, e, então, um outro dirigido à conclusão. O primeiro ponto diz respeito ao sujeito dos escritos dos eleatas, segundo a compreensão examinada acerca da tese do monismo. Com respeito a esse primeiro problema, argumenta Simplício, o título de *Sobre a natureza*, pelo qual o poema de Parmênides e o tratado de Melisso são conhecidos[41], pouco obriga a tomar o que dizem os eleatas como atinente, sem mais, ao estudo da natureza no sentido físico do termo:

> E o que impede, alguém poderia dizer, que se entenda que aqueles homens (ἐκείνους) sejam investigadores da natureza e que sejam examinados enquanto investigadores da natureza? De fato, tanto Parmênides quanto Melisso não intitularam seus tratados *Sobre a natureza*? Mas isso não quer dizer muita coisa, pois o nome "natureza" pode ter um significado genérico (κοινὸν), posto que muitos têm mesmo a ousadia de falar da natureza do divino, e nós dizemos também da natureza dos entes. Além disso, nos próprios tratados (ἐν αὐτοῖς τοῖς συγγράμμασι) discutia-se não apenas acerca das coisas hipernaturais (περὶ τῶν ὑπὲρ φύσιν), mas também a respeito das coisas naturais (περὶ τῶν φυσικῶν). Por essa razão, não declinavam do emprego do título *Sobre a natureza* (SIMPLÍCIO, *In de caelo*, 556,24-30).

Simplício oferece duas justificativas para o emprego do título das obras eleáticas: uma delas seria tomá-lo em uma acepção genérica, que serviria até mesmo para dizer da natureza do ser ou dos seres. A segunda é informativa de que, quando o comentador se refere diretamente aos eleatas, mencionando seus escritos, entende que se trata de dois sujeitos diversos, conforme a distinção ontológica que lhes atribui: trata-se não apenas do que ele chama de coisas "hipernaturais" como também das coisas naturais ou físicas. O comentário responde, portanto, a uma interpretação equivocada do título, que motivaria a aplicação da tese

---

41. Simplício assume que o título fosse empregado pelos autores originais. Todavia, é mais provável que ele o tenha sido atribuído tardiamente (ver discussão no próximo capítulo).

eleática do monismo ao campo do sensível, quando essa tese, lida a partir da distinção ontológica, não se aplica às coisas físicas.

Nas linhas acima citadas, a referência explícita aos tratados (*syngrammata*) não deixa dúvidas de que "aqueles homens" (*ekeinoi*) refira-se a Parmênides e Melisso. É uma explicação que ecoa a afirmação de Aristóteles de que, enquanto afastam a geração, os pensadores não devem ser compreendidos como se falassem de maneira física (οὐ φυσικῶς γε δεῖ νομίσαι λέγειν), o que está também em acordo com a análise do eleatismo elaborada na *Física*, conforme observado. O parágrafo não oferece, portanto, dificuldades de leitura. Mas esse nem sempre é o caso, ao longo da argumentação de Simplício, que oferece momentos onde se poderia, por sua ambiguidade, crer que ele lê Aristóteles como se este dirigisse sua crítica contra os eleatas, como abaixo:

> Mas aquilo precisamente de que Aristóteles lhes acusa (αὐτοῖς ἐγκαλεῖ) ao refutar o motivo de seu equívoco (τὴν αἰτίαν τῆς διαμαρτίας ἐξελέγχων) seria grosseiro, se fosse verdadeiro. Pois aqueles (ἐκεῖνοι), diz (Aristóteles), não admitem existir na realidade nada além da substância dos sensíveis, embora tenham sido os primeiros a intuir que há necessariamente entidades naturais (φύσεις) de tal modo inengendradas e imóveis, se há cognição científica (γνῶσις ἐπιστημονική). Pois do que está sempre em fluxo não há ciência, e assim também diz o Parmênides presente na obra de Platão, que "não se terá para onde voltar o pensamento" se não se hipotetizar existirem as Formas eternas. E assim, tendo isso compreendido, transferem às coisas sensíveis e geradas as considerações adequadas às coisas inteligíveis e sem movimento, já que, propondo-se a falar sobre a natureza, dizem coisas apropriadas aos inteligíveis (εἴ γε περὶ φύσεως προτιθέμενοι λέγειν τὰ ἐκείνοις προσήκοντα λέγουσι) (SIMPLÍCIO, *In de caelo*, 557,1-10).

Como observamos, é, contudo, impossível dar sentido coerente ao texto de Simplício se a tese de que não exista nada além da substância dos sensíveis for atribuída diretamente aos eleatas, contradizendo a afirmação explícita de que ela não deve ser atribuída, como está claro, a Parmênides. Por isso, a despeito da ambiguidade, *autoi* e *ekeinoi*, no passo, precisam ser entendidos, parece-nos, como referências aos epígonos anônimos, e não aos próprios eleatas.

Interessante é a reconstrução sistemática dessa posição, que condiciona a possibilidade do conhecimento científico à existência de seres sem movimento, uma discussão cujos traços também se apresentam em outros diálogos de Platão, como o *Teeteto* e o *Sofista*, além do *Parmênides*, mencionado no comentário. Simplício reporta, ademais, ao final do comentário à passagem (560, 5-6), que Alexandre teria formalizado o raciocínio em um silogismo:

(P1) Apenas são os sensíveis;
(P2) há ciência dos entes;
(P3) aquilo de que há conhecimento é sem movimento;

(C) portanto, os sensíveis são sem movimento.

Indicar-se-ia, assim, uma posição histórica — talvez discutida internamente na Academia — em que a exigência da inalterabilidade do objeto do conhecimento é assumida (nas premissas P2 e P3), sem, contudo, aceitar-se a distinção ontológica entre as coisas sensíveis e os inteligíveis? É um tema do qual não podemos aqui ocupar-nos em profundidade. Em todo caso, vale observar que a passagem citada por Simplício, extraída do *Parmênides* (135 b 8-c 1), aparece nesse diálogo como um contraponto, postulando a exigência epistemológica da hipótese das Formas, não obstante ter-se elencado uma série de dificuldades implicadas em assumi-la, das quais uma das mais importantes diz respeito ao estatuto de sua separação dos entes sensíveis. O problema é colocado pela primeira vez em 130 a 8-c 4, e retomado, em 132 d 2ss, precisamente com a consideração de existirem as Formas como "modelos na natureza" (παραδείγματα ἐν τῇ φύσει), o que poderia corresponder à posição mencionada por Aristóteles, ou ao menos ao entendimento que dela faz Simplício, quando este último ressalta o caráter "físico" (cf. φύσεις) conferido aos objetos do conhecimento científico.

Seja como for, o texto nos informa que tais epígonos do eleatismo entendem a tese de que "o que é é um" como se se tratasse da existência das coisas sensíveis (P1): por isso Aristóteles teria reconstruído o seu pensamento como se assumissem a premissa de que "não há nada além da substância dos sensíveis" (557,12-14). A argumentação de Simplício prossegue admitindo, de um lado, que se encontra de fato a afirmação da singularidade do que é nos textos dos eleatas (parcialmente em acordo com P3). O neoplatônico, na ocasião, faz uma longa transcrição do fragmento 6 de Melisso e traz uma variante do verso 4 do fragmento 8 de Parmênides: "Inteiro, de um só gênero, inabalável e inengendrado", οὖλον μουνογενές τε καὶ ἀτρεμὲς ἠδ'ἀγένητον (557,18). De outro lado, porém, pretende ele mostrar que, ao lado das declarações que veiculam uma tese imobilista — cita na ocasião o fragmento 8 de Melisso (558,21-559,12) e o verso 21 do fragmento 8 de Parmênides: "Assim fica extinta a geração (γένεσις) e fora de inquérito perecimento (ὄλετρος)" (559,17) —, ambos os pensadores afirmam expressamente que as coisas sensíveis são geradas. Sustentando a sua interpretação de que o eleatismo deva ser lido na chave da distinção ontológica — sobre este ponto retornaremos a seguir —, precisa o comentador que a geração é, assim, excluída do domínio daquilo "que é verdadeiramente" (καὶ γένεσιν ἀπὸ τοῦ ὄντως ὄντος ἀναιροῦσιν, 559,14-15). Para, em contraste, explicitar que as coisas sensíveis são claramente (σαφῶς, 559,18) consideradas pelos eleatas estando submetidas à geração e à corrupção — de modo a rejeitar que a conclusão do argumento combatido coincida com as doutrinas eleáticas —, extrai ele da citação de Melisso a afirmação de que o que é quente torna-se frio, de que a Terra e as pedras vêm a ser da água, e aduz as linhas de Parmênides que compõem o fragmento 11: "...como a Terra, o Sol e a Lua... foram impulsionados a surgir (ὡρμήθησαν γίγνεσθαι)" (559,20-27).

Apesar dos caminhos tortuosos do texto de Simplício, parece possível divisar o esquema geral de sua argumentação, voltada contra uma leitura equivocada do eleatismo, que consistiria portanto: (1) em um tratamento diaporemático das razões do equívoco (quanto ao título das obras e a referência à *physis*, 556,24ss, e quanto à atribuição da tese da imobilidade às coisas sensíveis, 557,10ss); (2) em recusar o sentido "aparente" da tese eleática do imobilismo, afirmando, contra a premissa equivocada dessa leitura (P1), a distinção ontológica, que ele interpreta com o vocabulário platônico da diferença entre sensível e inteligível (557,19ss), e aceitando, não obstante, as premissas gnoseológicas (P2 e P3); (3) em delimitar a recusa da geração ao campo do "verdadeiramente ente" (*ontôs on*) (559,12-18), explicitando que, quando se trata dos sensíveis, os eleatas bem admitem a geração e a corrupção (559,18-560,4) — em contradição com a conclusão (C) da leitura criticada. Em virtude deste último objetivo, é compreensível que ele escolha o fragmento 11 de Parmênides, no qual o verbo *gignomai* aparece textualmente, promovendo o contraste com a tese da imobilidade.

No detalhe da argumentação pela distinção ontológica em Parmênides é que encontramos as informações que nos interessam em especial, razão pela qual passamos a tratar dela agora:

> Mas, de um lado, Aristóteles aqui, como é seu costume, também levanta objeções contra o sentido aparente do que é dito, precavendo-se a fim de evitar que as pessoas mais superficiais raciocinem incorretamente, enquanto, de outro lado, aqueles homens hipotetizaram uma dupla realidade, a que consiste, uma, no ente verdadeiro, o inteligível, a outra no que devém, o sensível, ao qual não estimaram correto chamar de "ente", simplesmente, mas de opinadamente ente. Por isso afirma (*sc.* Parmênides) que a verdade é concernente ao que é, a opinião ao que devém. Assim diz, pois, Parmênides:

(B1,28b-32)

E ainda, tendo completado o argumento a respeito daquilo que é realmente e estando prestes a explicar os sensíveis, ele diz:

(B8,50-53)

Tendo apresentado a ordenação dos sensíveis, diz novamente: (B19,1-3)[42]

(SIMPLÍCIO, *In de caelo*, 557,19-558,11).

---

42. ἀλλ' ὁ μὲν Ἀριστοτέλης, ὡς ἔθος αὐτῷ, πρὸς τὸ φαινόμενον καὶ νῦν τῶν λόγων ὑπήντησε προνοῶν τοῦ μὴ τοὺς ἐπιπολαιοτέρους παραλογίζεσθαι, οἱ δὲ ἄνδρες ἐκεῖνοι διττὴν ὑπόστασιν ὑπετίθεντο, τὴν μὲν τοῦ ὄντως ὄντος τοῦ νοητοῦ, τὴν δὲ τοῦ γινομένου τοῦ αἰσθητοῦ, ὅπερ οὐκ ἠξίουν καλεῖν ὂν ἁπλῶς, ἀλλὰ δοκοῦν ὄν· διὸ περὶ τὸ ὂν ἀλήθειαν εἶναί φησι, περὶ δὲ τὸ γινόμενον δόξαν. λέγει γοῦν ὁ Παρμενίδης· (B1,28b-32) ἀλλὰ καὶ συμπληρώσας τὸν περὶ τοῦ ὄντως ὄντος λόγον καὶ μέλλων περὶ τῶν αἰσθητῶν διδάσκειν ἐπήγαγεν· (B8,50-53). παραδοὺς δὲ τὴν τῶν αἰσθητῶν διακόσμησιν ἐπήγαγε πάλιν· (B19,1-3).

A passagem de Simplício segue sua citação da tese do imobilismo em Parmênides, uma versão de B8,4, como mencionamos há pouco. Assim, a construção ἀλλ' ὁ μὲν... οἱ δὲ... ("mas aquele, de um lado... enquanto, de outro lado, aqueles...") contrapõe à tese criticada tanto o que percebe ser uma observação de Aristóteles contra os equívocos de uma leitura superficial, quanto o que ele mesmo pretende mostrar que se encontra efetivamente nos próprios escritos eleatas, a saber, um duplo registro ontológico que permite relativizar aquela tese. Não devemos, pois, perder de vista que o objetivo de Simplício é refutar a leitura que atribui aos eleatas a afirmação de que "apenas existem os sensíveis". Sua estratégia é mostrar que, pelo contrário, os sensíveis possuem em Parmênides um estatuto ontológico fraco.

Embora encontremos ao longo do texto de Simplício oposições de extração nitidamente platônica (*aisthêta/noêta, epistêmê/doxa*), que traem uma intenção de encontrar no pensamento eleático, como diz Brague, "a conformidade com os textos canônicos do platonismo mais cerrado"[43], é, contudo, preciso notar desde já que o comentador atribua uma discriminação de teor epistemológico, sistemático, entre "verdade" e "opinião" inequivocamente ao próprio Parmênides. Sobre essa questão, veremos mais adiante que, a despeito da intenção concordista, há certo apoio textual na obra parmenídea que não pode ser desprezado. Mas, concentrando-nos por ora no recolhimento das indicações que nos fornecem vestígios acerca da organização dos temas ao longo do poema — e em abstração às tendências platonizantes de Simplício —, observemos, de outro lado, o que vimos no texto citado anteriormente (558,12-17, situado imediatamente à sequência deste que acabamos de apresentar), a indicação de que Parmênides apresentou separadamente (χωρὶς) a "unidade do inteligível", de um lado, e a "ordenação (*Diakosmêsis*) dos sensíveis", de outro.

Ora, Simplício, nesse momento de sua argumentação, ocupa-se em esclarecer a partilha entre o "verdadeiramente ente" (*ontôs on*) e o "opinadamente ente" (*dokoun on*). De especial importância é relevar

---

43. BRAGUE (1987), 53.

que os particípios aoristos (συμπληρώσας, παραδοὺς) indicam demarcações textuais, informativas da organização do poema. Primeiro, Simplício identifica os versos que sinalizam transição entre dois discursos, situados em registros ontológicos diferentes: ela ocorre nos versos 50-53 de B8: "Aqui, para ti, chegas ao termo do raciocínio e do pensamento fidedigno acerca da verdade. A partir disto, as humanas opiniões (δόξας βροτείους) apreende...". Ele demarca, então, que tudo o que pertence ao conjunto que segue à exposição da Verdade deve ser tomado como uma descrição daquilo que está compreendido no campo *gnosiológico* da opinião (em sentido platônico). Por essa razão, do fragmento 19 interessa-lhe sobretudo a declaração de que todas as coisas assim apresentadas são "para a opinião" (κατὰ δόξαν, B19,1).

Mas o que é tratado no poema entre essas duas demarcações? A caracterização de Simplício de que a sequência após a transição, encerrada a Verdade, trata de um ensinamento "acerca dos sensíveis" (cf. καὶ μέλλων περὶ τῶν αἰσθητῶν διδάσκειν) é vaga o suficiente, precisamos conceder, para cobrir tanto a teoria dos princípios quanto o discurso cosmogônico. Digno de nota, em todo caso, é que, neste contexto do comentário ao *De caelo*, interessando apenas reconhecer a Parmênides a expressão da dualidade ontológica, o neoplatônico *não* cite em complemento os vv. 53-61, como faz em outros lugares, quando seu objetivo é a apresentação dos princípios fisiocosmológicos (*arkhai, In phys.*, 30,20; 179, 27). Algo semelhante ocorre no comentário à *Física*, quando também quer destacar a passagem "dos inteligíveis aos sensíveis", insistindo em que "verdade" e "opinião" são termos marcados na obra de Parmênides (μετελθών ἀπὸ τῶν νοητῶν ἐπὶ τὰ αἰσθητὰ ὁ Παρμενίδης, ἤτοι ἀπὸ ἀληθείας ὡς αὐτός φησιν ἐπὶ δόξαν, 30,14-16).

No entanto, quando Simplício trata de refutar a conclusão da tese objetada, mostrando que Parmênides explicitamente compreende as coisas sensíveis como geradas, temos uma nova informação com respeito às transições do poema, e que resolve a ambiguidade:

> Parmênides, tendo começado a falar sobre os sensíveis, diz:
> (B11)
> E apresenta o engendramento das coisas geradas e corruptíveis, até as partes dos animais. É ainda evidente que Parmênides não ignorava

o fato de que ele próprio fosse gerado, assim como que possuísse dois pés, ao dizer que o que é é um[44].

Simplício cita o fragmento 11, que possivelmente, acompanhado do fragmento 10, constitui algo como um "segundo proêmio" que anuncia, ele nos informa ainda, todo um desenvolvimento que se completa em uma exposição das partes dos animais. Ele, portanto, efetivamente distingue o ensinamento "sobre os sensíveis" (περὶ τῶν αἰσθητῶν, cf. *In de caelo*, 557,19-558,11), que se inicia com B11, daquele ensinamento a respeito dos contrários que, desde Teofrasto, se atribui a uma seção "a respeito da opinião", τὰ πρός δόξαν (*In phys.*, 25,14 = TEOFRASTO, *Phys. op.*, 3,2; *Dox.*, 477). Essa constatação permite-nos localizar finalmente a *Doxa* no conjunto do poema: ela parece situar-se "após a Verdade" (μετὰ τὰ περὶ ἀληθείας, *In phys.*, 179,27-180,2), mas *antes* (cf. μέλλων, *In de caelo*, 557,19-558,11) da seção sobre os sensíveis ou sobre a geração dos sensíveis, isto é, antes da cosmogonia. É o que se sugere com grande probabilidade e clareza quando dispomos todas as informações obtidas a partir das citações que trabalhamos neste capítulo em um quadro geral como o que segue:

Ἡ διακόσμησις
τὰ πρός δόξαν   (*In phys.*, 25,14)
        B8,53-59   (*In de caelo*, 557,19-558,11:
                              μέλλων περὶ
                              τῶν αἰσθητῶν)
                    (*In phys.*, 179,27-180,2: μετὰ τὰ περὶ
                              ἀληθείας)

---

44. Παρμενίδης δὲ περὶ τῶν αἰσθητῶν ἄρξασθαί φησι λέγειν, (B11) καὶ τῶν γινομένων καὶ φθειρομένων μέχρι τῶν μορίων τῶν ζῴων τὴν γένεσιν παραδίδωσι. δῆλον δέ, ὅτι οὐκ ἠγνόει Παρμενίδης, ὅτι γενητὸς αὐτὸς ἦν, ὥσπερ οὐδέ, ὅτι δύο πόδας εἶχεν, ἐν λέγων τὸ ὄν (SIMPLÍCIO, *In de caelo*, 559,20-560,1). Παραδίδωσι é a lição dos manuscritos D e E e da edição de Karsten, em lugar de παραδεδώκασι ("eles estabeleceram"), testemunho de A adotado por Heiberg. Como argumenta Ian Mueller em favor da lição, ela se justifica pelo fato de não haver nenhuma evidência de que Melisso tenha estabelecido uma cosmogonia (MUELLER, 2009, 124, n. 38).

περὶ τῶν δυεῖν στοιχείων περὶ τῶν αἰσθητῶν	B9	(Ibid.: μετ'ὀλίγα πάλιν)
	B11	(*In phys.*, 559,20-560,1: περὶ τῶν αἰσθητῶν ἄρξασθαί)
τὸ ποιητικόν	B12	(*In phys.*, 39,12: μετ'ὀλίγα δὲ πάλιν περὶ τῶν δυεῖν στροιχείων εἰπὼν ἐπάγειν καὶ τὸ ποιητικόν)
ἡ γένεσις τῶν γινομένων καὶ φθειρομένων μέχρι τῶν μορίων τῶν ζῴων		(*In de caelo*, 559,20-560,1: τὴν γένεσιν τῶν γινομένων κτλ. παραδίδωσι)
	B19	(*In de caelo*, 557,19-558,11: παραδοὺς δὲ τὴν τῶν αἰσθητῶν διακόσμησιν)

2.5. Correspondência da *Diakosmêsis* com o anúncio do prólogo (B1,31-32)

A indicação de Simplício, na última citação da seção anterior, de que o relato sobre os sensíveis culmina (cf. μέχρι, vai "até") em uma descrição das partes dos animais sugere um ponto de partida na postulação de fundamentos pré-cósmicos (Luz e Noite, fragmento 9), passando por uma cosmogonia, e desdobrando-se em uma zoogonia. Essa descrição, embora breve, nos permite extrair uma série de consequências interpretativas importantes, quando reunidas com outras notícias disponíveis, e permitem enxergar como todo o conjunto da cosmogonia responde à injunção da deusa sobre ao aprendizado de "como as coisas opinadas deviam validamente ser" (ὡς τὰ δοκοῦντα χρῆν δοκίμως εἶναι, B1,31-32). Nossas fontes terciárias, pois, atestam o interesse de Parmênides pelo problema da origem dos animais (περὶ ζῴων γενέσεως), bem como da origem dos humanos em particular, como indica a especial atenção à questão da determinação sexual, o que parece ter sido uma originalidade do pensador eleata[45]. Não é sem razão que viu-se nesse relato um "processo de evolução da matéria", em momentos sucessivos de formação do universo, inicialmente composto de Fogo e Noite, a partir dos quais se formam os astros, e a Terra que vem posteriormente a ser habitada por seres vivos — um esquema que não é, nesse aspecto, distante do que encontramos em Empédocles[46]. Mas o que é particularmente importante para confirmar a correspondência com o anúncio do proêmio é observar que, seja em algum momento do relato genético, seja depois dele (colocando-se a título de sua conclusão) sabemos que Parmênides inclui algo que é da ordem de uma teoria, de traços fisiológicos, da percepção ou da cognição: trata-se do fragmento 16, que nos descreve as condições de surgimento da inteligência entre os homens (τὼς νόος ἀνθρώποισι παρίσταται), em termos de algum tipo de mistura ou mescla de membros (κρᾶσις μελέων, B16,1-2). Tal "surgimento" designa um estado da estrutura corpórea — como sustentam alguns intérpretes[47] — ou uma etapa evolutiva no processo cosmogônico do universo, em que certa combinação é obtida na qual a capacidade cognitiva se manifesta, e pela qual se define a forma do ser vivo humano[48]? Independentemente desta questão específica, a aprofundar em outra ocasião, resta que, ao citar o fragmento, Teofrasto explicitamente o relacione à teoria dos dois elementos (δυοῖν στοιχείοιν, De sensu, 3,1), que o conjunto de nossas evidências, como vimos, indica ser extraída de versos (B8,53-59, B9) que antecedem a cosmogonia parmenídea, o que lhe confere o papel de fundamento. Essa constatação nos permite compreender que uma tal teoria — a que

---

45. MANSFELD (2015), 6-7.
46. Cf. CASERTANO (1989), 44-45, que cita o relato de CENSORINO, De nat. d., IV, 7,8 (28 A 51 DK), onde se faz a aproximação de Parmênides com a descrição de Empédocles dos membros dispersos que se unem para formar a matéria do homem completo.
47. Para VLASTOS (1946), 69-70, por exemplo, a expressão designaria a atividade do julgamento, em oposição à senso-percepção passiva.
48. Mais próximo dessa direção está HERSHBELL (1970), 12, quando associa a physis dos membros do corpo humano com o noos, no sentido de sua "constituição", do que governa o seu comportamento. O autor, no entanto, não insere claramente o surgimento da configuração humana em um quadro cosmogônico.

os doxógrafos eminentemente fazem referência quando nomeiam uma seção da *Doxa* — fornece o elo entre a cosmogonia parmenídea e sua teoria do conhecimento, de maneira que se evidencia o fio de continuidade que articula entre si as diferentes partes do poema: o problema do conhecimento, que se coloca na Verdade, tem de algum modo seu acabamento no tratamento da constituição cognitiva humana, vista como resultado de uma história da evolução do universo. A percepção humana da realidade é explicada a partir do fulcro constitutivo de todos os "seres" encontrados no universo atual, em que o ato cognitivo se efetua. A narrativa cosmogônica se desdobra desde um passado primordial para completar-se no presente em que existem os humanos e as coisas à sua volta, cognoscíveis apenas porque ambos, tanto os objetos quanto os órgãos do conhecimento, possuem uma origem comum que remonta, em última instância, à oposição elementar de Luz e de Noite. Conhecer é, de alguma maneira, reconhecer os sinais desses fundamentos em cada coisa individual (ἐπίσημον ἑκάστῳ, B19,3), e assim apreender na multiplicidade a sua permanência.

O esquema geral do relato (cosmogonia/zoogonia/antropogonia) está longe de manifestar uma originalidade da obra parmenídea: ele é encontrado em narrativas míticas de diferentes extrações, a exemplo da *Teogonia* hesiódica ou das cosmogonias órficas[49]. Ele está ainda presente no *Timeu* de Platão, cuja continuação no *Crítias*, obra inacabada, completa-o com uma politogonia. Couloubaritsis apontou que, com respeito a essa tradição, a *Física* de Aristóteles representa um ponto de ruptura, oferecendo o primeiro tratamento filosófico não mítico da realidade em devir. O esquema persiste ainda em uma obra tardia como o *De rerum natura* de Lucrécio[50]. Os mitos de origens, de uma maneira geral, oferecem algum tipo de compreensão do mundo à nossa volta, bem como de nós mesmos, seres humanos que nele habitamos, oferecendo-nos um horizonte que ultrapassa os limites da duração de nossas existências individuais: permitem obter uma perspectiva sobre o Todo, tanto no espaço quanto no tempo. Ora bem, nesse largo conjunto, o

---

49. NADDAF (2008), 9-10 e cap. 2.
50. HÖLSCHER; PARMENIDES (1986), 64-65.

poema de Parmênides introduz uma novidade que não é trivial: sua narrativa não apenas localiza o homem na ordem geral do universo, como também constrói toda a exposição a partir de ingredientes que, porque similares tanto no estofo material das coisas quanto no aparelho cognitivo humano, explicam não apenas a possibilidade do conhecimento humano da natureza — ainda que se insista no fato de que essa possibilidade seja condicionada e possua limites — como justificam a maneira pela qual esse mundo se nos apresenta.

Teofrasto nos fala, nesse contexto, da "comensurabilidade" (συμμετρία) do órgão do conhecimento e de seu objeto, de maneira a recebê-lo de maneira adequada[51]. Nesse ponto, tocamos no que a nosso ver é a própria intenção da exposição cosmogônica. Ela veicula a descrição de um universo que se oferece ao saber e à capacidade humana de investigá-lo: procura "demonstrar" a sua inteligibilidade, revelando a sua estruturação segundo dualidades derivadas da oposição fundamental, organizando a partir de princípios um saber enciclopédico sobre a natureza. Nesse contexto, a informação de Simplício de que o texto de B19 encerra a apresentação da realidade sensível nos permite articular o tema das *doxai*, presente desde o prólogo: o universo que assim se descreve desde as origens veio a ser e agora existe "para a opinião" (οὕτω τοι κατὰ δόξαν ἔφυ τάδε καί νυν ἔασι, B19,1). À diferença do tom derrogatório da primeira parte do poema, a asserção agora tem uma conotação positivadora, a partir da postulação dos princípios na *Doxa*. As traduções, que a nosso conhecimento sem exceções preferem traduzir *kata doxan* por "segundo a opinião", perdem, assim, o essencial do que ali se enuncia: a pertença do homem à estrutura cósmica, o acordo e o modo de ajuste de sua natureza que permitem, na medida em que isso é possível, conhecer a realidade que nos cerca. Em outros termos, diríamos que é a identidade do sujeito e do objeto do conhecimento que se enuncia ao longo de *todo* o poema, da *Alêtheia* à *Diakosmêsis* — elaborada uma vez no plano do fundamento lógico ou metafísico, e em sequência ao nível cosmológico, material ou físico, sem

---
51. FRÄNKEL (1955), 175.

prejuízo da lei da identidade de ser e pensar (B3; B8,34-36) —, pois o que o homem "é" condiciona o que ele pode conhecer (B16). Talvez não seja incorreto dizer que, assim, tal identidade constitua um pano de fundo geral do poema, e a intenção de demonstrá-la, o que confere unidade à obra parmenídea. Esse aspecto de unidade ficou sem dúvida obscurecido desde que o poema, a partir das reconstruções dos séculos XVIII e XIX, passou a ser lido em uma chave dicotômica. Ressalte-se que o texto do comentário ao *De caelo* de Simplício, a partir do qual acabamos de esboçar as linhas gerais que parecem permitir uma apreensão mais unitária dos fragmentos remanescentes, fora ignorado por Fülleborn, quando este propugna pelo esquema da divisão do poema em duas partes principais, sem indicação de uma solução de continuidade. É Peyron (1810) quem pela primeira vez revela o texto original de Simplício, e com ele a versão completa do prólogo, com os versos de B1,28-32.

2.6. O dualismo ontológico parmenídeo segundo Simplício

Como apontamos, Simplício interpreta o texto de Parmênides com olhos platonizantes. Esse fato, de um lado, não nos parece impedir de identificar os conteúdos temáticos que aduz por ocasião de sua defesa da distinção ontológica (em termos platônicos do sensível e do inteligível), que, ao lado de outros testemunhos, nos permite estabelecer algumas ilações relativamente seguras, embora aproximativas, quanto à sua disposição do longo da obra parmenídea. De outro lado, porém, é preciso discernir aquilo que é completamente estranho a Parmênides e a que, não obstante, o relato de Simplício força uma aproximação: nada encontramos no poema de uma distinção, à maneira platônica, entre ser e aparência, ou a afirmação de que as coisas sensíveis participam nas Formas inteligíveis, ou que sejam suas imitações etc. Nessa direção, é justa a posição de Cordero quando diz que *"[n]o hay en Parménides dos universos a explicar, uno real y uno aparente"*. No entanto, sua leitura despreza em absoluto as notícias doxográficas, quando afirma que, para além do modo de tratamento da realidade exposto da Verdade, o poema propõe apenas *"una* (outra) *manera que sólo ve en ella* *principios contradictorios que se anulan a si mismos"*⁵². Como vimos, são abundantes as informações a respeito de uma doutrina positiva dos princípios. A pergunta importante, diante dessa dificuldade, é a respeito do significado da *doxa*: de que modo seria preciso apreender sua especificidade, evitando o risco de "platonizar" Parmênides? Suspeitaríamos de uma mera assimilação, por parte do neoplatônico, se não encontrássemos no poema algumas evidências textuais em que ele se apoia. A esse respeito, entretanto, dois estudos marcam uma importante constatação a respeito do comentário de Simplício e das citações de que se utiliza. Falus parece ter sido o primeiro a notar, e então Brague, de maneira independente e muitos anos depois, que o particípio singular "opinadamente ente" (δοκοῦν ὄν, *In de caelo*, 557,20) escapa à fraseologia platônica usual (da qual fazem parte, notadamente, termos como *doxa, doxazein* ou *doxaston*), indicando que Simplício reproduziria nesse momento a linguagem do próprio Parmênides. A expressão torna a aparecer no comentário à *Física*, onde τὸ ὄν opõe-se a τὸ (εἶναι) δοκοῦν (*In phys.*, 139, 10). Ora, encontramos uma correspondência nas últimas linhas do fragmento 1 do poema, onde o particípio aparece sob a forma do plural δοκοῦντα:

B31b-32:
ὡς τὰ δοκοῦντα / χρῆν δοκίμως εἶναι διὰ παντὸς πάντα †περ† ὄντα

Essa contextualização permite uma importante informação sobre o termo: ele não se confunde com o conceito de "opinião" — não deve,

---

52. O intérprete propõe uma versão deflacionária da seção da *Doxa* (limitada aos últimos versos do fragmento 8, juntamente com o fragmento 9 e os fragmentos 12 e 19). Reconhece-se que os demais versos transmitem afirmações verdadeiras (como por exemplo que a Lua não tem luz própria, B15), situando-se assim, corretamente a nosso ver, o pensador Eleata na linha dos investigadores da natureza: *"Dentro de este panorama, Parménides es un presocrático como los demás, pero simplemente orienta su enfoque a una etapa jerárquicamente previa a la de sus antecesores. Si todos ellos pudieron formularse preguntas sobre* tà ónta, *es porque hay ser, punto. Pero* tà ónta *no son apariencias del ser, sino concretizaciones del hecho de ser"* (CORDERO, 2013). A afirmação, porém, de que o próprio Parmênides considerasse as coisas físicas "entes" (*onta*) é uma suposição não caucionada (e que se pode problematizar a partir do testemunho de Simplício, como veremos).

pois, ser traduzido por "opiniões" mas, em sua oposição a ἐόν, exprimiria algo como entidades (ἐόντα) "segundo" — ou, como achamos mais adequado traduzir — "para" a opinião (κατὰ δόξαν, B19,1). Não são opiniões mas, segundo Falus, "coisas aparentes (*scheinhafte Dinge*)"[53]. Essa leitura confirma uma possibilidade de interpretação como a de Dehon, estabelecida sem o recurso ao comentário de Simplício, para quem as δοκοῦντα são as coisas ἃ δοκεῖ, "as coisas que aparecem" ou que "parecem ser"[54] (notando-se, na primeira tradução, a neutralidade com respeito à questão da falsidade ou do erro). Brague, por vez, apoia-se na indicação de Simplício para oferecer ainda uma conjectura sagaz para um texto corrompido, tal como ele se apresenta a partir de alguns manuscritos, na última linha do fragmento 1: se Parmênides houvesse empregado a construção ἅπερ ὄντα — o relativo tendo o sentido de καθάπερ, "como" —, teríamos o sentido de que "as aparências (δοκοῦντα), sem, bem entendido, *confundirem-se* com as realidades (ὄντα), são passíveis de *serem confundidas* com elas"[55]. Ora, a realidade verdadeira tem sua identidade construída ao longo do fragmento 8, através dos *sêmata* que a designam: inteira, inengendrada, imóvel, contínua, homogênea... A pluralidade das *dokounta* deve contrastar com a singularidade daquilo que Parmênides evoca pelo nome de "o que é", τὸ ἐόν, possuindo naturezas a que não devem convir a mesma "definição" e os mesmos atributos.

Nesta primeira aproximação das difíceis linhas que encerram o fragmento 1, podemos já ensaiar uma resposta que marca uma diferença importante entre a formulação parmenídea e aquela que se consagra na tradição platônica. Parmênides em nenhum lugar indica que as *dokounta* sejam algo intermediário entre ser e não ser, como faz o Platão da *República* a respeito dos objetos da opinião. Segundo o testemunho de Simplício, àquilo que é "opinadamente ente" (*dokoun on*) não cabe ser chamado de ser "sem mais" — cf. ὅπερ οὐκ ἠξίουν καλεῖν ὂν ἁπλῶς. A expressão comporta uma qualificação ("sem mais")

---

53. Falus (1960), 283.
54. Dehon (1988), 282.
55. Brague (1987), 56-57.

em razão do esforço de tradução do pensamento parmenídeo em um idioma que lhe é estranho. Ora, conformado a um uso da tradição platônica, Simplício opõe o inteligível ao sensível, nomeando-o com o particípio do verbo *einai*, acrescido do adjetivo dele derivado — *ontôs on* —, obtendo um reforço, quase pleonástico, que traduzimos como "ente verdadeiro", "o que é realmente" etc. Mas a própria citação mostra que Parmênides emprega outros meios expressivos: ele não qualifica um particípio com um adjetivo, mas se serve de um nome, atribuindo-lhe um significado circunstanciado pela oposição com o "âmago inabalável da verdade bem redondo" — o de δοκοῦντα. Essa situação talvez seja indicativa da intenção parmenídea de impor um sentido estritíssimo ao que se nomeia "ente", "o que é", ἐόν, segundo uma disjunção que não admite intermediários, nem distinção de graus ou modos de "ser". A deusa, a esse respeito, pronuncia-se de maneira absoluta: "É ou não é" (ἔστιν ἢ οὐκ ἔστιν, B8,16). A injunção, que — em termos da filosofia da linguagem moderna — pareceria exigir tomarem-se em bloco não só o sentido existencial, mas também os sentidos identitativo e veritativo do verbo *einai*, formulada por um uso completo do verbo, combina-se com a afirmação dos predicados do fragmento 8 atribuídos sempre a um sujeito elíptico. Para além do domínio a que se referem os *sêmata*, a deusa parece, pois, vedar qualquer emprego predicativo ordinário do verbo "ser"[56]. A admissão por Platão de um estatuto ontológico próprio dos sensíveis e dos objetos da opinião retira essa inibição, ao postular o "algo" intermediário que comporta tanto o "ser..." quanto o "não ser..." segundo a leitura predicativa do verbo[57].

---

56. É notável que, no fragmento 19, que encerra, segundo a indicação de Simplício, a exposição sobre as *dokounta*, encontremos um emprego completo do verbo "ser", que consideraríamos em sentido deprimido, desprovido da identidade construída através dos *sêmata* do fragmento 8, e tendo valor apenas existencial: elas "agora são" (νυν ἔασι, B19,1).

57. Trindade Santos mostra como, reagindo às dificuldades apresentadas pelo Eleata e os equívocos de que se aproveitam os sofistas, Platão preserva a unidade semântica de *einai* no campo teorético das formas, salvando o fenômeno da mudança e de sua cognoscibilidade através da participação dos sensíveis nos inteligíveis. Essa circunstância motiva o dualismo platônico, que pode ser entendido como a aplicação da

De maneira breve: não corremos o risco de platonizar Parmênides enquanto fazemos jus à injunção da deusa, e provemos uma interpretação que respeite o caráter absoluto da disjunção de "ser" e "não ser". E é a partir dela que, ao analisar o problema do monismo no Capítulo 3, poderemos mesmo discutir se Parmênides admitiria o uso do particípio plural do verbo ser, τὰ ὄντα, para designar o que — em uma linguagem que lhe é posterior — serão compreendidas como as realidades sensíveis. No fragmento que Simplício aponta como encerrando o relato a respeito dessas realidades, onde essa designação coletiva poderia ser esperada, notamos que a letra do poema se limita ao emprego de um dêitico, "estas" (τάδε, B19,1), como se lhes recusasse o nome da realidade verdadeira, idêntica e una. O neoplatônico parece-nos, assim, fornecer a indicação decisiva: Parmênides não lhes julgava dignas de receber o nome "ente".

---

leitura existencial do verbo "em dois registros ontoepistemológicos distintos e opostos" (TRINDADE SANTOS, 2009, 47).

CAPÍTULO 3
As questões do monismo

A que se refere o "ser" (τὸ ἐόν) do poema de Parmênides? Ao fato de ser de tudo aquilo que é, ou à totalidade mesma do que existe? Na interpretação moderna, esse problema foi colocado mais precisamente como a questão de saber qual o "sujeito" das proposições encontradas nos versos 3 e 5 do fragmento 2, na base de todo o desenvolvimento da seção da Verdade: "que" ou "como é", "que não é". Podemos dividir a resposta a essa dificuldade em duas grandes linhas interpretativas: uma "física" e, outra, "ontológica".

Burnet, notadamente, propôs que o sujeito do poema seja "o que é (*what is*)", o universo material, um *plenum* corpóreo, dotado de forma esférica, não existindo vazio interno ou externo ao mundo[1]. Importante observar que, quando fala em "matéria", o estudioso inglês afirma empregar a noção de maneira bastante ampla, aquém de uma distinção entre "a existência concreta e o ser abstrato, a matéria ou o espírito", e

---

1. BURNET (1892), 190.

que tal indistinção, destaca, corresponderia a uma "verdade histórica fundamental", da qual o Poema seria um documento decisivo[2].

No que diz respeito às leituras mais recentes, seria possível seguir, como faz por exemplo Lafrance, uma taxonomia das leituras do sujeito do Poema, e opor à interpretação de Burnet, paradigmaticamente "materialista", a tese de Owen, segundo a qual a originalidade de Parmênides consistiria em romper decididamente com as tradições cosmológicas: o sujeito daquilo que é declarado "existir" em B2 seria um sujeito puramente formal, a ser preenchido por atributos, começando pela existência ali afirmada, e a partir da qual os demais seriam deduzidos (no fragmento 8)[3]. Lafrance pretende mostrar que, a partir de uma releitura da doxografia, teríamos, no entanto, mais motivos para retomar a leitura física de Burnet, que seria mais adequada à verdade histórica[4].

E, contudo, retomando as palavras do próprio Burnet, parece-nos que o problema possa ser considerado de um ângulo diferente. Para o estudioso britânico, Parmênides estaria no ponto de cruzamento entre cosmologia e lógica, ou entre física e metafísica. Mas Owen tem certamente um ponto quando percebe no "ser" parmenídeo algo de novo e original, em contraste, e talvez em confronto, com as doutrinas cosmológicas da época, ou melhor dizendo com a tradição de investigação a respeito de "todas as coisas" (πάντα). É notável que ao longo da Verdade encontremos notadamente um emprego adverbial de πᾶν, conectado ao verbo εἶναι: o que é é preciso "ser completamente" (πάμπαν πέλεναι) ou jamais (B8,11); é indivisível, se "é de todo" (πᾶν ἐστιν) homogêneo (B8,22); é também "de todo" (πᾶν ἐστιν) contínuo

---

2. "*Does Parmenides refer to the world of sense or the world of ideas; concrete existence or abstract being; matter or spirit? Now, we have already seen more than once that all these questions would have been absolutely meaningless to an early Greek philosopher, and the system of Parmenides is the best touchstone for our understanding of this fundamental historical truth*" (BURNET, 1892, 189).

3. "*Parmenides did not write as a cosmologist. He wrote as a philosophical pioneer of the first water, and any attempt to put him back into the tradition that he aimed to demolish is a surrender to the diadoche-writers, a failure to take him at his word and 'judge by reasoning' that 'much-contested proof*'" (OWEN, 1960, 101).

4. LAFRANCE (1999), 266-267.

(B8,25)[5]. Em contraste, encontramos em B1,28 um uso do substantivo que não tem por referente as coisas materiais, nem o "ser" abstrato: πάντα πυθέσται não exorta ao conhecimento da realidade física, mas ao da distinção propedêutica entre verdade e opiniões. Com efeito, a fala da deusa ecoa ali o início da narrativa, onde κατὰ πάντα (B1,3) aparece de uma maneira ambígua. Poderia sugerir um movimento espacial, indicando, talvez, que o protagonista fizesse uma viagem celeste "passando por tudo" ou "por toda parte". Mas uma análise do contexto indica provavelmente um significado mais abstrato, em articulação com o uso de imagens e expressões tradicionais colocados em cena pela dicção parmenídea. Cordero sugere uma hipótese de leitura para o trecho corrompido, κατὰ πάν τα<υ>τῇ, o que exprimiria bem esse aspecto de abstração: o protagonista é levado ao caminho da deusa, que "ali" conduz o homem que sabe "com respeito a tudo". De outro lado, Parmênides não deixa de empregar o substantivo πάντα com uma visada cosmológica, caso em que se destaca o redobro: διὰ παντὸς πάντα (B1,32), πάντῃ πάντως κατὰ κόσμον (B4,3). Sempre que se sugere uma pluralidade, tal redobro tem o efeito de produzir uma espécie de diluição, de indeterminação que retira das coisas múltiplas individuais a afirmação de sua realidade (algo que ocorre também em paralelo no plano do ser, cf. ἐὸν γὰρ ἐόντι πελάζει, B8,25)[6]. Finalmente, uma indicação crucial está nos versos 38-39 do fragmento 8, onde — a despeito das dificuldades de estabelecer a exata construção sintática — "todas as coisas" (πάντα) aparecem em interconexão com a linguagem humana (cf. ὄνομα).

Se insistimos sobre a importância dos termos πάντα, πᾶν etc., é porque a recepção antiga, frequentemente, privilegia o comentário da tese parmenídea através da fórmula "tudo é um". A oscilação entre uma leitura lógico-metafísica e uma físico-materialista do "ser" e do "um"

---

5. Ainda, em B8,33, uma lição dos manuscritos (Simpl. 30 D) oferece πάντως ἐδεῖτο: nessa leitura, o verso afirmaria que, se o que é tivesse alguma carência, seria "completamente carente".
6. Teremos ainda uma consideração especial a fazer no Capítulo 4 a propósito de πάμπαν πέλεναι B8,11, que a nosso ver trai a intenção de transfigurar uma descrição cosmológica em uma conceitualização ontológica.

aparece por exemplo em Aristóteles, que ora nos diz que a tese da unidade e da imobilidade aplica-se ao "todo" (τὸ πᾶν, *Metafísica*, I, 986 b 17), ora pensa o ser (τὸ ὄν) à maneira de um predicado — de modo que, para examinar a validade do argumento parmenídeo da singularidade daquilo que é, preservando o seu esquema lógico, poder-se-ia substituir "aquilo que é" por um outro predicado qualquer, como "branco" (*Fís.*, I, 2). Aristóteles parece ao menos uma vez incluir em uma só frase as duas possibilidades de leitura, lógica e física, variando a atribuição de imobilidade entre o "um" abstrato e a totalidade concreta da natureza (em τὸ ἓν ἀκίνητόν φασιν εἶναι καὶ τὴν φύσιν ὅλην, *Metafísica*, I, 984 a 31, tratar-se-ia de um καὶ epexegético?). É, pois, um fato saliente no recolhimento dos testemunhos doxográficos sobre Parmênides a predominância do tema dos conceitos do "um" e "todo" na exegese de seu pensamento pelos antigos. A representação do Parmênides "monista" tem já em Platão um grande fomentador. Com efeito, no *Parmênides*, Sócrates descreve sua tese como a de que "o todo é um" (ἕν... εἶναι τὸ πᾶν, 128 a 8-b 1). No *Teeteto*, Parmênides é dito ser o único que diverge de uma maioria de sábios que afirmam que "nada é em si e por si um" (ἓν μὲν αὐτὸ καθ᾽ αὑτὸ οὐδέν ἐστιν, 152 d 2-3); junto com Melisso, Parmênides antagoniza com os defensores de que tudo está em movimento, dizendo "que tudo é um e repousa em si mesmo, não havendo lugar aonde mover-se" (ὡς ἕν τε πάντα ἐστὶ καὶ ἕστηκεν αὐτὸ ἐν αὑτῷ οὐκ ἔχον χώραν ἐν ᾗ κινεῖται, 180 e 3-4; cf. 183 e 3, "o todo é um, em repouso", ἓν ἑστὸς... τὸ πᾶν). No *Sofista*, Parmênides e toda a "tribo eleática" são diferenciados de sábios que postulam uma pluralidade de "seres" (ὄντα), eles são aqueles que dizem de todas as coisas que elas são apenas uma (242 d 6), ou então que o todo é um (244 b 6). Diante da exegese dos antigos, alguns intérpretes modernos — a partir de um estudo de Bäumker, seguido por Untersteiner e Barnes[7] — chegaram a duvidar da primazia concedida à questão do Um: Parmênides seria, pois, o filósofo do "ser". Essa linha de interpretação faz pouco, porém, do fato de que o problema do Um, mesmo na tradição interpretativa,

---

7. Ver abaixo o § 3.1.

se coloca em conexão com o do "todo" (τὸ πᾶν) ou de "todas as coisas" (πάντα), que, como procuramos apontar, é algo definitivamente presente no texto do Poema.

Parecem claros os indícios, tanto na doxografia quanto no texto disponível do Poema, de que o Eleata pretende, a partir de um argumento sobre o "ser", operar uma transformação com respeito ao significado da investigação da natureza de "todas as coisas". Nesse sentido, não é suficiente a interpretação de Burnet, que simplesmente lê em Parmênides uma indiferenciação. No entanto, precisar o sentido exato dessa transformação é questão que permanece em aberto. Segundo Cordero, Parmênides, ao elucidar a respeito do "fato de ser", quer introduzir uma análise anterior a qualquer investigação da natureza: para que se possam conhecer *ta onta*, é preciso antes considerar o fato de ser, que Parmênides exprime através do particípio, *to eon*, bem como do verbo *einai, esti*. "Sem o fato de ser não haveria coisas que são"[8].

Todavia, a essa afirmação, que toca o cerne do problema parmenídeo, é preciso adicionar um bemol: em nenhuma linha das citações que nos chegaram do Poema encontramos a expressão τὰ ὄντα ou um verdadeiro equivalente. Parmênides indica indiretamente — de maneira muito circunstanciada e artificiosa, como vimos — o vocábulo πάντα, e quando emprega a forma participial do verbo ser ele nos diz de "não entes" (μὴ ἐόντα, B7,1), ou então, prefixando-a, fala de "coisas presentes" (παρεόντα) ou "ausentes" (ἀπεόντα, B4,1). Ao final da cosmogonia, onde se completa supostamente uma descrição a respeito de todas as coisas, ele faz sua deusa referir-se a elas apenas com um frustrante pronome demonstrativo: "Essas coisas" (τάδε, B19,1). Parece assim clara a intenção do Eleata de evitar a todo custo nomeá-las "entes", ἐόντα. De outro lado, as variações que Parmênides nos oferece parecem todas orbitar, através do jogo de palavras e de assonâncias, em torno de um mesmo foco: "todas as coisas", aquilo que os mortais procuram conhecer, em sua pluralidade, ele nos diz o que elas são: δοκοῦντα, "coisas opinadas". Essas não são seres, não são ὄντα, porque

---

8. CORDERO (2011b), 70-71, grifo do autor.

seu "ser" é apenas "para a opinião" (κατὰ δόξαν). É o "nomear" dos mortais, isto é, o poder de fixar as coisas pela linguagem para poder conhecê-las, que lhes atribui uma aparência de imobilidade, de repouso, de homogeneidade, de unidade — em outras palavras, de "ser", no sentido que o Eleata pretende circunscrever — que elas jamais possuem verdadeiramente. A ontologia não elimina a cosmologia, mas delimita as pretensões humanas ao conhecimento precisamente na medida em que expõe uma distinção entre dois campos teóricos distintos: um que se encerra na demonstração tecnicamente perfeita[9] da deusa ao longo do fragmento 8, e que redunda em uma tautologia à qual nada há mais a se acrescentar[10], e outro que é aquele das investigações científicas humanamente possíveis, que devem levar em conta seus limites inerentes, porque limites da própria constituição das capacidades cognitivas humanas[11].

À dificuldade da ausência do termo no texto remanescente acrescenta-se uma questão de documentação histórica: o vocábulo τὰ ὄντα é já, à época de Parmênides, um termo "técnico" para designar as entidades fundamentais constitutivas do universo, como o será certamente para a tradição mais tardia, ao recolher as notícias dos cosmólogos desde Anaximandro? O emprego antigo, atestado desde Homero,

---

9. Perfeita, aos olhos de Parmênides, porque circular: os *sêmata* do fragmento 8 remetem-se uns aos outros. Essa característica da demonstração da deusa pode ser, como viu Curd, o sentido do fragmento 5 ("é comum onde comece, pois ali retornarei novamente"), do qual a doxografia não oferece um contexto. Tal consideração da circularidade na demonstração do "ser" é ainda uma razão para preferir a *lectio difficilior* εὐκυκλέος, "bem redonda", em B1,29, transmitida por Simplício, que diria assim do método da Verdade.

10. O poema insiste no encerramento do discurso verdadeiro sobre "o que é" em B8,50-51, quando assim diz a deusa ao discípulo que acompanha seus argumentos: "aqui 'chegas ao termo' (παύσω) da Verdade". Mesmo na lição alternativa, preferida pela maioria dos intérpretes, a situação é a mesma: a deusa diria que ela "encerra" (παύω, em primeira pessoa) o seu *pistos logos*.

11. Tal limitação às pretensões humanas ao conhecimento não é inédita: Parmênides está em sintonia com problemas epistemológico-críticos que encontramos também em Xenófanes e Alcméon. A novidade está em situar a razão da fraqueza humana do conhecimento não a partir do contraste entre homens e deuses, mas fundamentando-o na natureza do campo da realidade físico-cosmológica, sobre a qual demonstra não ser possível a evidência absoluta (HEITSCH, 1974, 417).

de τὰ ὄντα para dizer de "coisas que são" é amplo o suficiente para incluir os acontecimentos narrados pelo poeta inspirado[12]. De outro lado, o neutro plural como designação de entidades cosmológicas será encontrado já em Empédocles e em Diógenes de Apolônia[13], uma geração seguinte à de Parmênides. Não há, contudo, apoio material para afirmar que o Eleata receba da tradição esse uso, e a decisão de supô-lo é uma escolha interpretativa: "Os ataques de Parmênides ao plural ὄντα dos jônios ganham nitidez", diz Kahn, "se supomos que tais expressões estivessem em uso por eles no século sexto"[14]. A ideia de uma tal polêmica deve muito à imagem legada por Platão, que apresenta a posição de um eleatismo combativo de concepções pluralistas e mobilistas da realidade. E, todavia, essa representação — que é provavelmente motivada pela reação do filósofo a um tipo de apropriação e de "doxografia" sofística — se permite mais ler como reconstrução teórica com certos fins argumentativos do que como um testemunho com valor histórico[15].

Embora sem subscrevermos integralmente a sua tese, acreditamos que P. Curd traz à discussão um ponto importante quando observa que a posteridade de Parmênides assume uma pluralidade de entidades fundamentais, sem, no entanto, jamais argumentar contra o monismo ao qual ele é geralmente identificado. Ela dá, então, uma descrição formal daquilo que chama de um monismo predicativo: "Cada coisa que é pode ser uma coisa apenas, pode portar apenas um predicado, e deve portá-lo em um sentido particularmente forte"[16]. Temos dificuldade em aceitar que essa descrição seja, como pretende a estudiosa,

---

12. HOMERO, Ilíada, I, 70: ὃς ᾔδη τά τ' ἐόντα τά τ' ἐσσόμενα πρό τ' ἐόντα. Ver também HESÍODO, Teogonia, vv. 32 e 38.
13. EMPÉDOCLES, fragmento 129,5: ῥεῖ' ὅ γε τῶν ὄντων πάντων λεύσσεσκεν ἕκαστον. DIÓGENES, fragmento 2: πάντα τὰ ὄντα ἀπὸ τοῦ αὐτοῦ ἑτεροιοῦσθαι καὶ τὸ αὐτὸ εἶναι... εἰ γὰρ τὰ ἐν τῶιδε τῶι κόσμωι ἐόντα νῦν, γῆ καὶ ὕδωρ καὶ ἀὴρ καὶ πῦρ καὶ τὰ ἄλλα ὅσα φαίνεται ἐν τῶιδε τῶι κόσμωι ἐόντα.
14. KAHN (1960), 175.
15. Ver abaixo os §§ 3.2 e 3.3.1.
16. CURD (1991), 241-242: *"each thing that is can be only one thing, it can hold only one predicate, and must hold it in a particularly strong way"*.

aplicável à posição do próprio Parmênides. Como depreendemos também das críticas feitas por Platão e Aristóteles ao Eleata, parece-nos pouco provável que ele pretendesse que seu ἐόν fosse propriamente adequado para falar de um algo qualquer em particular (do τόδε τι em sentido aristotélico)[17]. E, no entanto, a descrição proposta pela estudiosa elucida algo a respeito da investigação pelas entidades fundamentais do universo, refletida no uso terminológico de τὰ ὄντα pelas gerações seguintes, por efeito das exigências colocadas por Parmênides para o emprego do particípio do verbo ser. Assim Empédocles, após introduzir seus elementos, garante-nos que seu relato não é "ilusório" (οὐκ ἀπατηλόν, DK 31B17,26), ecoando o verso B8,52 de Parmênides. Cada um dos elementos, ingredientes das misturas que formam o universo sensível, é inengendrado, permanece idêntico a si mesmo, isto é, responde aos critérios elaborados na Verdade para dizer daquilo "que é". Nessa perspectiva, menos do que polemizar com o Eleata, Empédocles parece-nos retomar o termo que a deusa parmenídea empregava para designar o comportamento das coisas a que recusava atribuir o nome de "entes", garantindo que as ὄντα de que agora se tratarão passam pelo crivo estabelecido por seu mestre.

A leitura, como sugerimos, de que o uso terminológico de τὰ ὄντα pertenceria à história dos efeitos do ἐόν parmenídeo talvez explique melhor por que a tradição passou a ver em Parmênides, *retrospectivamente*, um "monista", insistindo no "um" (ἕν) como a sua "entidade fundamental". É que o que na origem era um critério para estabelecer o significado ontológico de "o que é" degrada-se, já com os sofistas, em um mero critério classificatório. No que segue, entretanto, não imporemos essa hipótese, cuja demonstração excederia os limites deste trabalho. Veremos, em todo caso, que não é preciso recusar a importância da singularidade, desde que ela seja lida em sua função como um dos *sêmata* no Poema. Em seguida, indicaremos o material — todavia escasso — que atesta a existência de uma tradição de antologias sofísticas que recolhem as doutrinas segundo o critério do "número"

---

[17]. Ver as conclusões deste capítulo.

das entidades fundamentais. Em Platão, observaremos que de um lado a reconstituição de um debate entre monistas e pluralistas responde — como o próprio Sócrates parece indicar — a essa apropriação sofística. De outro lado, tanto Platão quanto Aristóteles não deixam de retomar o problema ontológico e elaboram críticas que, embora com visadas diferentes, pretendem liberar o "ser" das amarras em que o Eleata o havia enredado. Feitos os esclarecimentos acerca dos ângulos em que tais críticas se desenvolvem, estaremos em condições, finalmente, de extrair de Aristóteles alguns testemunhos importantes acerca da *Doxa* parmenídea.

3.1. O "um" no fragmento 8

Apesar da assertividade de Platão na formulação da tese da unidade do ser em Parmênides, é notável que, se nos fiarmos ao texto do Poema estabelecido por Diels e Kranz, só encontremos uma explicita referência ao "um" (*hen*) no verso 6 de B8, segundo uma versão do texto, cuja única fonte é Simplício, que assim lemos nas duas últimas edições dos *Fragmente der Vorsokratiker*:

> Resta, então, um único enunciado do caminho: que é. Sobre ele, muitos são os sinais de que o que é inengendrado e imperecível, pois é todo inteiro, inabalável e sem fim: jamais foi, nem será, senão que é agora, todo junto, único, contínuo. Pois, dele, que origem buscarias? Por onde, donde teria crescido? (B8,1-7a)[18].

Esse estado de coisas levou os intérpretes a desconfiarem da possibilidade de uma "inflação" da questão do Um na doxografia sobre Parmênides, colocando-se o problema de procurar descobrir suas causas na história da recepção do Poema[19]. Para completar o quadro, é preciso

---

18. μόνος δ' ἔτι μῦθος ὁδοῖο, / λείπεται ὡς ἔστιν· ταύτῃ δ' ἐπὶ σήματ' ἔασι / πολλὰ μάλ', ὡς ἀγένητον ἐὸν καὶ ἀνώλεθρόν ἐστιν, / ἔστι γὰρ οὐλομελές τε καὶ ἀτρεμὲς ἠδ' ἀτέλεστον· / οὐδέ ποτ' ἦν οὐδ' ἔσται, ἐπεὶ νῦν ἔστιν ὁμοῦ πᾶν, / ἕν, συνεχές. τίνα γὰρ γένναν διζήσεαι αὐτοῦ ; / πῇ πόθεν αὐξηθέν;
19. Iniciando pelo estudo pioneiro de Bäumker (1886), que está na base dos trabalhos de Untersteiner (1958) e de Barnes (1979).

ainda mencionar uma tradição paralela à de Simplício, pela qual nos são transmitidos os versos seguintes:

Não foi, não será todo junto, mas é único, / de natureza total[20].

As duas linhas são encontradas apenas em Asclépio (*In Met.*, 42,30-31), e a primeira em Amônio (*De interpret.*, 136,24-25), Filopônio (*Phys.*, 65,9) e Olimpiodoro (*In Phedo*, I, 13, 2, 1-11). Elas são geralmente consideradas uma variante do texto transmitido por Simplício.

Untersteiner, julgando que a lição asclepiana οὐλοφυές constituiria o texto original "miraculosamente preservado", do qual ἕν συνέχες seria uma adulteração, chega mesmo a afirmar que o "um" ou a noção de singularidade não se encontrariam em lugar algum do poema (cujo tema seria fundamentalmente apenas o "ser").

A primeira linha transmitida dessa suposta versão alternativa tem uma construção tão diversa daquela que seria incorporada, na edição Diels-Kranz, como B8,5, que Brandis chegou a sugerir tratar-se de um verso adicional; essa hipótese seria logo rejeitada por Karsten, embora nenhum dos dois estudiosos conhecessem a versão mais completa noticiada por Asclépio[21]. A linha transmitida através dos doxógrafos citados é recusada pelos intérpretes como lição que se pudesse preferir à de Simplício. Untersteiner a considera corrompida. Barnes detecta nela um "grego horrível" e um "eco suspeito do *Timeu*"[22]. Não obstante, parece-nos legítimo levantar duas razões para retomar a hipótese de Brandis e considerá-la, juntamente com o verso parcial de Asclépio, não uma variante, mas um aditivo a B8,5.

Em primeiro, apesar da repetição pouco "poética" — Parmênides, em todo caso, não se notabilizou particularmente por suas qualidades estilísticas...[23] —, as linhas encontradas, se lidas à sequência de B8,5, forneceriam um argumento para explicar, pela "homogeneidade",

---

20. οὐ γὰρ ἔην, οὐκ ἔσται ὁμοῦ πᾶν, ἔστι δὲ μοῦνον, / οὐλοφυές.
21. Cf. UNTERSTEINER (1958), xliv, n. 69.
22. BARNES (1979), 10.
23. KURFESS aponta, com legitimidade, que é preconceito nosso — e talvez já dos antigos — não querer reconhecer que Parmênides possa ter empregado repetições (talvez até mesmo sistematicamente).

a maneira em que se deve entender o "é" (ἐστίν) afirmado ao início do fragmento, excluindo-se absolutamente um vir-a-ser no passado ou no futuro (οὐδέ ποτ' ἦν οὐδ' ἔσται, ἐπεὶ νῦν ἔστιν ὁμοῦ πᾶν). Contra Fränkel, Owen enfatizou que οὔ ποτε não pode significar a rejeição de uma existência no passado ou no futuro, em detrimento do agora: o que se afirma é a permanência e a continuidade do ser[24]. Mas é de notar que ambos os estudiosos recorrem aos versos B8,29-30 para justificar o aspecto da permanência daquilo que é (cf. μένον, "permanecendo", ou μίμνει da lição de Proclo, "permanece"), enquanto ali a ideia de permanência acompanha uma noção enriquecida de identidade (καθ' ἑαυτό τε κεῖται, redobrando ταὐτόν τ' ἐν ταὐτῷ), que — a não ser que se pretenda negar qualquer progresso na argumentação parmenídea — só se obtém depois negar-se a divisão (v. 22) e a diferença de grau (vv. 23-24), afirmando-se explicitamente a continuidade (τῷ ξυνεχὲς, v. 25)[25]. No verso que analisamos, o que parece mais precisamente em questão, com a negação das formas verbais do passado e do futuro, é a rejeição da existência de qualquer *processo* pelo qual aquilo que é obteria a característica que se lhe atribui.

Os intérpretes estão geralmente de acordo com respeito ao significado de ὁμοῦ πᾶν como "homogêneo". Não há, pois, qualquer pluralidade ou diversidade que seja posta "junto" para compor, na definição parmenídea, aquilo que é — nem que fosse ao modo de uma indiferenciação originária, como em Anaxágoras ao proclamar que "estavam juntas todas as coisas", ὁμοῦ χρήματα πάντα ἦν, fragmento 1. Mas, se é esse efetivamente o significado pretendido com a expressão, é possível que Parmênides julgasse conveniente preparar o ouvinte para um emprego inusual — que soaria, em princípio, até mesmo contraditório — dos termos. "Único" (*mounon*), "de natureza total" (*oulophyes*), seriam precisões necessárias para dizer de algo que, apesar de não ter sido produzido nem vir a se produzir pela reunião de partes distintas e previamente separadas, é "todo junto" no sentido especial

---

24. Cf. OWEN (1966), 320-321; FRÄNKEL (1955), 191, n. 1.
25. A progressão do argumento é certamente minimizada quando se considera, a partir da lição de Simplício, que o adjetivo συνεχές já estivesse anunciado em B8,6.

— e provavelmente inédito — de "homogêneo", isto é, daquilo que não apresenta diferenciações internas[26].

Tal parece ser precisamente o significado do adjetivo οὐλοφυής, que, aparecendo também em Empédocles (DK 31 B62,4), diz, segundo Simplício, "daquilo que é completamente na totalidade de si mesmo e, na medida que assim é, sem que lhe suceda de nenhum modo divisão" (ὃ καθ' ὅλον ἑαυτὸ πᾶν ἐστιν, ὅπερ οὖν ἐστι, μήπω γενομένης ἐν αὐτῶι διακρίσεως, *In phys.*, 320, 2-3). Untersteiner entende o termo, em Parmênides, simplesmente como sinônimo de οὐλομελές[27]. O intérprete assim o faz em razão de ler μοῦνον em continuidade com o verso subsequente, sem pontuação ("apenas οὐλοφυές"), recusando, para defender a sua hipótese, que essa palavra possa significar "único". Entretanto, a citação isolada da linha por todas as fontes, à exceção de Asclépio, indica que é neste último sentido que o adjetivo fora entendido (o que, outrossim, confere um ponto de sustentação à doxografia, quando privilegia o "um"). Se com οὐλοφυές pretende-se indicar a ideia de ausência de "diferença interna", que implicaria divisão, μοῦνον parece mais exprimir a singularidade, negando a diversidade, e, portanto, qualquer origem distinta ou destinação para aquilo que "é".

Que é essa a intenção do filósofo está manifesto nas perguntas dos vv. 6-7, que questionam a existência de um "início" e de uma "fonte" material-constitutiva a partir da qual resultaria um crescimento. Nesse sentido, Parmênides parece dizer algo que se põe além da investigação sobre a natureza. O binômio da "consistência" e da "gênese" (ὥς τε ἔχει καὶ ὥς ἐγένετο), pois é comumente associado à investigação *peri*

---

26. Wersinger considera que, em Parmênides, a unidade é pela primeira vez assimilada à indivisibilidade, diferenciando-o de autores como Heráclito ou Empédocles, para os quais o "um" ainda é unidade de "muitos" (WERSINGER, 2008, 143). Se é assim, também a noção de "homogeneidade" como ausência de diferenciação interna figura-se como um conceito inovador — e, como veremos, ao que tudo indica não muito bem-sucedido — do Poema. Que encontremos em Asclépio (*In Met.*, 37) a variante οὐκ ἔστιν ὁμοῦ πᾶν, em lugar de οὐκ ἔσται, é sinal, poderíamos conjecturar, de que em algum momento da transmissão ὁμοῦ πᾶν foi entendido em seu sentido tradicional, escapando-se à lógica do argumento e motivando um erro de transcrição.

27. UNTERSTEINER (1958), xlviii-xlix.

*physeôs*²⁸. Que se pense no "ilimitado", ἄπειρον, de Anaximandro, o reservatório de onde provêm os seres no universo formado e aonde retornam, ou no "circundante", τὸ περιέχον, noção cosmológica persistente entre os milésios e que estará presente ainda entre os atomistas²⁹ (em oposição, o ser de Parmênides é ἀτέλεστον). A linha que apresenta o emprego do verbo ser com o complemento ὁμοῦ πᾶν, negando passado e futuro, rejeita assim qualquer coisa como um processo — de condensação ou rarefação, por exemplo — pelo qual um estado seria obtido: o que é é "homogêneo" sem ter uma gênese. A noção de οὐλομελές — a palavra sendo formada a partir de *melea*, "membros", termo que em Homero é empregado, todavia, sempre no plural, para dizer da "corporeidade do corpo"³⁰ —, daquilo que é "todo inteiro", poderia então, através de um jogo de assonância, corrigir de antemão uma possível ambiguidade de οὐλοφυές: quer Parmênides excluir, de *physis*, seu valor verbal de "crescimento", de "geração", em proveito daquele de "constituição"³¹. O propósito de eliminação dessa ambiguidade, com a precisão a respeito de ὁμοῦ πᾶν, fica muito mais claro se supomos que as linhas sejam um acréscimo àquela da vulgata, mantendo inclusive o adjetivo da lição asclepiana, em vez de simplesmente substituí-las pelo texto de Simplício³².

Um segundo motivo para incorporar a primeira linha da transmissão paralela, οὐ γὰρ ἔην, οὐκ ἔσται ὁμοῦ πᾶν, é o paralelo que oferece com o *Timeu* (37 e-38 a). Apesar da condenação de Barnes, acima

---

28. Isso ocorre desde o mais antigo texto conhecido onde a expressão aparece, nos *Dissoi logoi* (ca. 400 a.C.) (Schmalzriedt, 1970, 83-84).
29. Cf. Kahn (1960), 234.
30. Snell (1992 [1975]), 26-27.
31. Cf. Heinimann (1945), 89ss. O valor processual do vocábulo aparecerá no domínio da δόξα ao final do Poema, propriamente em sua forma verbal, em um paralelo notável com a passagem que ora examinamos (cf. οὕτω τοι κατὰ δόξαν ἔφυ τάδε καί νυν ἔασι, B19,1).
32. Resolvida a ambiguidade, postulando-se uma totalidade que não é produto de nenhum processo de formação, pode então Parmênides empregar πᾶν adverbialmente, fazendo-o acompanhar-se também de outros adjetivos: πᾶν ὁμοῖον (B8,22), πᾶν ἔμπλεον (v. 24), ξυνεχὲς πᾶν (v. 25), πᾶν ἄσυλον (v. 48). Esse uso, assim, não contradiz o de ὁμοῦ πᾶν, como parece a Untersteiner (1958), xlvi.

mencionada, fundada na semelhança das passagens, Cordero julga, *a contrario*, que essa é razão para assumir a sua autenticidade, considerando que fosse o texto sob os olhos de Platão, quando este último elabora o argumento seguinte:

> Efetivamente, os dias e as noites, os meses e os anos, não existiam antes de o céu ter sido gerado; pois foi ao mesmo tempo que constituía este que produziu também (o demiurgo) a geração daqueles; e todos eles são partes do tempo. E o que era e o que será (τό τ' ἦν τό τ' ἔσται) são formas geradas do tempo, as quais aplicamos incorretamente à substância eterna (ἐπὶ τὴν ἀΐδιον οὐσίαν), esquecendo a sua natureza; de fato, dizemos que foi, que é e que será (λέγομεν γὰρ ὡς ἦν ἔστιν τε καὶ ἔσται), quando "é" é a única expressão que se lhe aplica com verdade, enquanto "era" e "será" são expressões que convêm àquilo que se gera e se move no tempo (τῇ δὲ τὸ ἔστιν μόνον κατὰ τὸν ἀληθῆ λόγον προσήκει, τὸ δὲ ἦν τό τ' ἔσται περὶ τὴν ἐν χρόνῳ γένεσιν ἰοῦσαν πρέπει λέγεσθαι) — porque são ambos movimentos (κινήσεις γάρ ἐστον). Mas àquilo que permanece sempre, sem se mover, não se aplica tornar-se mais velho, nem tornar-se mais novo, com a passagem do tempo, nem ter sido gerado no passado, nem ser gerado agora, nem vir a ser no futuro (οὐδὲ γενέσθαι ποτὲ οὐδὲ γεγονέναι νῦν οὐδ' εἰς αὖθις ἔσεσθαι), nem nenhuma daquelas coisas que a geração juntou àquilo que se move na ordem sensível, uma vez que estas coisas são formadas do tempo que imita a eternidade e que gira em círculos segundo o número (tr. de Maria José Figueiredo).

Em favor de assimilar a linha, considerando-a autêntica e provavelmente à origem da declaração do *Timeu*, está não só a contraposição do "era" e do "será" em proveito unicamente do "é", mas também a razão dessa precisão de linguagem: as formas verbais do passado e do futuro indicam o devir ao longo do tempo. De maneira semelhante à interpretação a que chegamos ao analisar os versos no Poema, também em Platão o que se pretende excluir são os processos (*kineseis*) que resultam na produção ou geração de algo no passado, no presente ou no futuro. O tempo, no *Timeu*, sendo coetâneo da formação do céu (οὐρανός), é identificado à sucessão regular dos dias e das noites

— partes articuladas do encadeamento dos meses e dos anos —, à ordem dos fenômenos sensíveis, expressão dos movimentos planetários que seguem uma estrutura matemática estável e perene[33]. A despeito de nada encontrarmos em Parmênides de uma astronomia matematicamente fundada, diga-se de passagem que Luz e Noite, estando na base dos fenômenos experimentados pelos "mortais", enquanto princípios cósmicos, embora corpóreos, representam já algo como uma estrutura permanente.

Podemos finalmente nos perguntar a respeito da possível alteração de οὐλοφυές por ἕν συνεχές. Que os termos tenham sido substituídos[34] é verossímil: συνεχές parece moldar-se sobre ξυνεχὲς πᾶν do v. 25, e ἕν exprimir o aspecto da singularidade, que será tão destacado pela doxografia, e que, como já defendemos, pode ter origem em ἔστι δὲ μοῦνον, empregado absolutamente. Razões para essa substituição estão no fato de οὐλοφυές, embora um termo ainda presente em Empédocles, não ter vingado na terminologia filosófica posterior. O mesmo ocorre para ὁμοῦ πᾶν que, juntando-se a οὐλομελές para exprimir a ideia de "homogeneidade", se articula em versos tortuosos e pouco literários; a regressão a seu uso tradicional, atestada, como vimos, em Anaxágoras, indica o pouco sucesso de Parmênides em imprimir à palavra o sentido intencionado. Barnes sugere que μονογενές teria sentido próximo ao de μονοειδῆς, corrente em Platão[35]; nesse caso, substituindo o arcaico οὐλομελές, poderia o termo exprimir melhor a ideia para um público de leitores tardios. De outro lado, e talvez mais importante, há uma razão conceitual: a noção *sui generis* de "totalidade" na qual insiste

---

33. O tempo é "o movimento do céu na medida em que ele se regula pelo número" (BRAGUE, 1982, 63).
34. Whittaker vê em ἕν, συνεχές uma glosa que teria substituído οὐλοφυές (*apud* O'BRIEN, 1980, 264-265). O'Brien, contudo, pensa que seria o contrário: para os comentadores da época, Parmênides falaria das substâncias inteligíveis, e o termo de "continuidade" só seria aplicável a substâncias sensíveis e temporais. Esse entendimento não apenas subestima a leitura dos comentadores, como também passa por alto sobre a originalidade do conceito de homogeneidade em Parmênides, a qual que temos procurado ressaltar.
35. BARNES (1979), 8-9.

Parmênides por meio dos termos οὐλομελές, οὐλοφυές e ὁμοῦ πᾶν, isto é, de um "todo" sem "partes" e sem processo de constituição, será revelado, já por Platão, como pouco consistente[36]. O manuscrito de Simplício, como se supõe, pertencia a um acervo que remonta à antiga Academia, o que dá apoio à hipótese de uma adaptação do texto original do Poema: é possível que os responsáveis pela sua transcrição tenham se decidido a preservar apenas a noção, menos problemática, de singularidade, empregando o vocábulo com o qual Timeu encerra a sua descrição do universo (μονογενὴς, 92 c).

O texto reconstituído e o raciocínio de Parmênides seriam, portanto, em uma proposta de incorporação da lição asclepiana, como o que segue:

1. οὐδέ ποτ' ἦν οὐδ' ἔσται, ἐπεὶ νῦν ἔστιν ὁμοῦ πᾶν — o que é não veio a ser nem será, se é "todo junto", isto é, sem partes que se lhe acrescentem;
2. οὐ γὰρ ἔην, οὐκ ἔσται ὁμοῦ πᾶν — precisão a respeito de ser "todo junto": não é estado resultado de um processo, pelo qual partes de naturezas diversas teriam sido acrescentadas ou poderiam vir a se acrescentar (o que é é todo junto, diríamos nós, no sentido de "homogêneo");
3. ἔστι δὲ μοῦνον, οὐλοφυές — explicação da homogeneidade: o que é é único, singular, e possui uma só natureza em

* * *

Essa interpretação dos *sêmata* do fragmento 8 — que eventualmente permite conciliar o texto asclepiano como versos adicionais do poema — supõe que, em vez de serem "atributos" separados, eles constituem determinações progressivas de "o que é", obtidas de uma maneira que se pretende "dedutiva". Isso talvez explique por que a tradição limitou-se a discutir apenas o "um" (ἕν), lendo-o como a concentração de todos eles. De fato, contribui para legitimar essa análise o fato de que tanto a crítica apresentada por Platão no *Sofista* como uma

---

36. Cf. § 3.3.2.

parte da crítica de Aristóteles na *Física* procuram explorar o que leem como uma ausência da distinção, em Parmênides, entre sujeito e atributo, como veremos na próxima seção.

3.2. A "doxografia" sofística

Em *Sofistas*, 242, Platão oferece, através da boca do Estrangeiro de Eleia, uma classificação das doutrinas de pré-socráticos segundo o critério do número e da natureza dos princípios ou dos entes. Viu-se ali a primeira tentativa de algo como uma história da filosofia[37], um recolhimento precursor do tratamento sistemático de Aristóteles e dos peripatéticos[38]. E, no entanto, a pesquisa mais atual tem apontado que a existência de uma historiografia sofística mais primitiva não deve ser subestimada[39].

Sabe-se que Hípias de Élis compõe uma antologia de citações, a mais antiga de que temos notícia[40]. É possível que tanto Aristóteles (*Metafísica*, I, 3, 983 b 10) quanto Platão (*Crátilo*, 402 a-c; *Teeteto*, 152 d) apoiem-se nesse recolhimento, quando mencionam Oceano e Tétis em Homero e em Museu como deuses primordiais, pais da geração.

Através do pseudoaristotélico *Sobre Melisso, Xenófanes e Górgias*, sabemos que Górgias elaborou uma classificação sistemática de doutrinas, a primeira obra do gênero da qual temos informação. Antes de reproduzir os argumentos do tratado gorgiano *Sobre o não ser*, o autor oferece uma introdução informativa de que o sofista leontino constrói o seu discurso a partir de um recolhimento de doutrinas segundo critérios de um/múltiplo, gerado/inengendrado:

> E que não existe, reunindo o que é dito por uns e por outros (συνθεὶς τὰ ἑτέροις εἰρημένα), por todos quantos, falando sobre os entes, opõem entre si, ao que parece, teses contrárias (ὅσοι περὶ τῶν ὄντων

---

37. CORDERO (1991).
38. GADAMER (1985 [1964]), 68-69.
39. MANSFELD (1986), 3, que cita os trabalhos anteriores de Diès, Blass, Snell e Classen.
40. Cf. CLEMENTE, *Strom.*, VI, 15 = DK 86B6.

λέγοντες τἀναντία, ὡς δοκοῦσιν), ora demonstrando que os entes são um só e não múltiplos (ὅτι ἓν καὶ οὐ πολλά) ora que os entes são múltiplos e não um só (ὅτι πολλὰ καὶ οὐχ ἕν), ora que os entes são não gerados (ὅτι ἀγένητα) ora que são gerados (ὡς γενόμενα), eis a conclusão que se tira de uns e de outros. É necessário, com efeito, disse, que, se algo existe não seja uno, nem múltiplo nem não gerado nem gerado; não seria nada. Se, com efeito, fosse algo, seria um ou outro desses atributos (Ps.-ARISTÓTELES, *De MXG*, 979 a 13-21. Tradução de Ana Alexandre Alves de Souza e Maria José Vaz Pinto).

Temos também notícia de que Protágoras teria criticado os eleatas, em um tratado intitulado *Sobre o ser* (Περὶ τοῦ ὄντος), do qual não possuímos, no entanto, sequer um sumário[41].

Na mesma linha de crítica a eleatas e cosmólogos, encontramos em Isócrates uma classificação de doutrinas segundo o critério do número dos seres:

> Aconselharia aos jovens dedicar algum tempo a essas disciplinas — *sc.* astronomia, geometria etc., que são apenas "uma ginástica para a alma e uma preparação para a filosofia" (266) —, mas não exercer demasiada consideração, deixando ressecar suas naturezas por esses estudos, nem se esgotarem com os argumentos dos antigos sofistas, que afirmam, um, haver uma multiplicidade ilimitada dos seres; Empédocles, quatro, mais o Ódio e a Amizade entre eles; Íon, um número não maior do que três; Alcméon, apenas dois; Parmênides e Melisso, um; e Górgias, tudo somando, nenhum (ISÓCRATES, *Sobre a troca* = *orat.* XV, 268).

Os recolhimentos sofísticos não apenas se apropriam do pensamento anterior, mas mostram um explícito esforço de combater suas teses. A disposição das citações em Isócrates, seguindo uma escala que vai do ilimitado para, passando por quatro, três, dois e um, chegando a

---

41. Cf. Porfírio *apud* EUSÉBIO, *Praep.*, X, 3, 25 (= DK 80 B), que nos informa apenas que Prosenes, um peripatético, teria descoberto plágios de Platão a partir desse tratado, servindo-se de argumentos semelhantes contra aqueles que introduziram a doutrina do ente uno (πρὸς τοὺς ἓν τὸ ὂν εἰσάγοντας). PALMER (1999), 116, n. 36, especula que os empréstimos de Platão do argumento contra os eleatas poderiam estar presentes na Primeira Dedução do *Parmênides*.

nenhum, revela a intenção — trabalhada pelo artifício retórico — de desabonar todas as doutrinas, expondo seu aparente caráter arbitrário.

Górgias — antecedido nisso por Protágoras — esforça-se em ressaltar o lado "subjetivo" da experiência, a doutrina do homem-medida[42] afirmando-se em detrimento da posição de entidades fundamentais constitutivas da realidade, *ta onta*, existentes e cognoscíveis *per se*[43]. Destruir tais fundamentos significa imediatamente eliminar as condições de possibilidade de qualquer discurso especulativo-cosmológico sobre "todas as coisas" (*panta*). Para o sofista, que não aceita nenhum critério de verdade transcendente às opiniões, a pretensão "científica" dos *logoi* dos filósofos da natureza (τοὺς τῶν μετεωρολόγων) é reduzida aos puros efeitos retóricos que eles podem produzir:

> ...substituindo opinião por opinião, demolindo uma e elaborando a outra, fazem do incrível e inevidente algo de aparente e claro aos olhos destas opiniões (οἵτινες δόξαν ἀντὶ δόξης τὴν μὲν ἀφελόμενοι τὴν δ' ἐνεργασάμενοι τὰ ἄπιστα καὶ ἄδηλα φαίνεσθαι τοῖς τῆς δόξης ὄμμασιν ἐποίησαν) (GÓRGIAS, *Elogio a Helena* = DK 82B11, 13).

A habilidade na lida com os discursos em seu poder de modificar as opiniões é nomeada por Platão, no *Sofista*, uma *doxosophia* — termo que não exclui um jogo de palavras, oscilando entre uma *expertise* no campo das opiniões e o efeito que ela visa produzir, isto é, as boas opiniões acerca das capacidades daquele que a possui (uma "aparência de saber" que, para Platão, é a discriminar do saber efetivo). Diferentemente de outras *technai*, o saber sofístico promove-se como um saber "acerca de todas as coisas" (πρός ἅπαντα, 233 c 4) — em um sentido, contudo, completamente diverso, e polêmico com respeito àquele da investigação da *physis*. Como explica o Estrangeiro

---

42. Diz Protágoras em seus *Discursos demolidores*: "o homem é a medida de todas as coisas, das que são como são, das que não são que não são" (πάντων χρημάτων μέτρον ἐστὶν ἄνθρωπος, τῶν μὲν ὄντων ὡς ἔστιν, τῶν δὲ οὐκ ὄντων ὡς οὐκ ἔστιν) (DK 80B1). Notar a articulação de πάντα e ὄντα.

43. Especialmente a partir dos fragmentos do MXG. Sobre o sentido de τὰ ὄντα como "construtos teorético-especulativos dos filósofos pré-socráticos" e seu ataque por Górgias, cf. MANSFELD (1990 [1988]), 248-255.

de Eleia ao jovem Teeteto, uma tal aparência de saber se produz, aos olhos da audiência, pela capacidade do sofista em contradizer (*antilegein*, cf. 233 c 1-2). Sem que isto seja argumentado, os interlocutores partilham o pressuposto de que é impossível um conhecimento humano sobre todas as coisas (233 a 1-3), o que implica por consequência que o sofista pode possuir, não a verdade, mas apenas uma "ciência da aparência" (δοξαστικὴ ἐπιστήμη, 233 c 10-11). O Estrangeiro procede, então, a um desenvolvimento que parece inusitado a Teeteto — e também a nós, leitores —, e que parte da suposição da existência de uma técnica única que permitisse, não falar e contradizer, mas fazer e produzir todas as coisas (συνάπαντα, 233 d 10; πάντα, 233 e 1). O alcance dessa arte seria notável em seu domínio, e, diz o Estrangeiro, teria por objeto

> ...a ti e a mim e, a além de nós, os demais animais e as árvores (σὲ καὶ ἐμὲ καὶ πρὸς ἡμῖν τἆλλα ζῷα καὶ δένδρα)... o mar, e assim também a terra, o céu, os deuses e todo o restante em sua totalidade (καὶ πρός γε θαλάττης καὶ γῆς καὶ οὐρανοῦ καὶ θεῶν καὶ τῶν ἄλλων συμπάντων) (PLATÃO, *Sofista*, 233 d 9-234 a 4).

Não identificaremos ali os temas tradicionais das cosmogonias, que narram o surgimento do universo, as genealogias dos deuses, a origem e a natureza do homem? O passo articula-se com a descrição que havia fornecido o Estrangeiro alguns momentos antes: a vasta extensão do campo em que o sofista pretende-se capaz de contradizer concerne às coisas divinas e invisíveis à maioria[44], bem como às coisas evidentes, tais que se encontram sobre a terra e no céu[45], à geração e à existência de cada um dos seres[46], às leis e aos assuntos políticos[47] e, finalmente, é capaz ainda o sofista de contradizer cada artesão no que concerne a todas e a cada uma das artes[48]. Reconhecemos, na série de temas elencados pelo Estrangeiro, o esquema da teogonia, seguida da cosmogonia

---

44. 232 c 1: περὶ τῶν θείων, ὅσ'ἀφανῆ τοῖς πολλοῖς.
45. 232 c 4-5: ὅσα φανερὰ γῆς τε καὶ οὐρανοῦ καὶ τῶν περὶ τὰ τοιαῦτα.
46. 232 c 8: γενέσεώς τε καὶ οὐσίας πέρι κατὰ πάντων.
47. 232 d 1: αὖ περὶ νόμων καὶ συμπάντων τῶν πολιτικῶν.
48. 232 d 5-6: τά γε μὴν περὶ πασῶν τε καὶ κατὰ μίαν ἑκάστην.

— incluindo, presumivelmente, a zooantropogonia —, completada pela politogonia[49].

As citações colhidas e as indicações de Platão no *Sofista* dão-nos uma amostra do amplo e complexo tecido de polêmicas sobre o qual a doutrina eleática pôde apresentar-se sob fórmula "tudo é um" (*hen to pan*). Interessante, ademais, é notar que a apropriação sofística dos argumentos eleáticos tenha servido à demolição de doutrinas cosmológicas, enquanto o personagem criado por Platão se mantenha de alguma maneira atento a questões desse gênero.

3.3. A *mise-en-scène* do eleatismo por Platão

3.3.1. Imobilismo versus mobilismo no Teeteto

A imagem do Parmênides "imobilista" tem sua fonte principalmente no *Teeteto*. Ali, o Eleata é mencionado por três vezes, mas sempre apenas de passagem. Na primeira ocorrência, ele aparece incluído a uma lista de "sábios" (σοφοὶ)[50]:

---

49. NADDAF (2008) não comenta o passo. UNTERSTEINER (1993 [1967]) considerou a passagem forneceria as seções do escrito de Protágoras *Sobre a verdade*, com base na resposta de Teeteto, que menciona os escritos do sofista (cf. τὰ Πρωταγόρειά, 232 d 9). Todavia, é preciso observar que essa resposta parece, em princípio, dizer apenas daquilo que escreveu o abderita acerca das *technai*. De outro lado, sabemos, pelo mito reproduzido no *Protágoras* (322 a-323 c), que o sofista tratou da criação dos seres vivos e dos homens, sendo estes plasmados pelas divindades a partir do fogo e da terra, e que nele se associam os temas da origem das *technai* e da *politikê*, aquelas fornecidas aos homens por Prometeu, que as furta de Hefesto e Atena, e esta por Zeus, que lhes doa justiça (*dikê*) e pudor (*aidôs*). Confirmar-se-ia, assim, o esquema, e a resposta restritiva de Teeteto poderia ser explicada assumindo-se que é colocada em sua boca com uma intenção irônica: o jovem matemático dá atenção, em sua leitura, apenas ao tema "sério" da luta e das outras artes (περί τε πάλης καὶ τῶν ἄλλων τεχνῶν, 232 d 9-e 1), sem perceber que, se não se pretende que o mito de Protágoras sobre as origens seja levado a sério, são, não obstante, precisamente as implicações do uso sofístico dos mitos que, estas sim, têm uma consequência maior: a destruição promovida, por meio do jogo, de qualquer fundamento para a especulação cosmológica e a investigação da real natureza das coisas.

50. Cf. também *Lisias*, 213 e-214 b.

> Da translação das coisas, do movimento e da mistura de umas com as outras é que se forma tudo o que dizemos ser (πάντα ἃ δή φαμεν εἶναι), sem usarmos a expressão correta, pois nada jamais é, tudo devém (ἔστι μὲν γὰρ οὐδέποτ' οὐδέν, ἀεὶ δὲ γίγνεται). Sobre isso, com exceção de Parmênides, todos os sábios, em sequência (ἑξῆς), estão de acordo: Protágoras, Heráclito e Empédocles, e, entre os poetas, os pontos mais altos dos dois gêneros de poesia: Epicarmo, na comédia, e Homero, na tragédia. Quando este se refere "ao pai de todos os deuses eternos", o "Oceano e a mãe Tétis", dá a entender que todas as coisas se originam do fluxo e do movimento (πάντα εἴρηκεν ἔκγονα ῥοῆς τε καὶ κινήσεως)... E quem se atreveria a lutar contra um exército tão forte e um general como Homero, sem cair no ridículo? (PLATÃO, Teeteto, 152 d; tr. de Carlos Alberto Nunes, modificada).

O recolhimento se encontra em meio à discussão da tese de Protágoras de que o homem é a medida de todas as coisas, convertida em uma doutrina do mobilismo, universalmente aceita. Parmênides aparece como uma notável exceção. Alguns veem, na formulação da polêmica, onde se representam posições diversas a respeito estatuto de "todas as coisas" (πάντα), um indício de que a oposição deva ser lida em termos cosmológicos[51]. O recolhimento, que inclui Homero e a menção a Oceano e Tétis, pode ter sido inspirado na antologia de Hípias, como já havíamos mencionado na seção anterior. Essa é uma indicação de que Platão possa estar insinuando, de maneira irônica, o mal fundamentado de tais tentativas classificatórias sofísticas, que simplificam as doutrinas dos pensadores. Essa suspeita parece se confirmar mais tarde no diálogo, quando a oposição entre "mobilistas" e "imobilistas" é novamente apresentada (com a mesma referência a Oceano e Tétis):

> E esse problema, não o recebemos dos antigos velado pela poesia, para melhor escondê-lo das multidões, que "Oceano e Tétis", geradores do resto das coisas, são corrente d'água, e que nada é imóvel? É o que os modernos, mais sábios do que eles, demonstram abertamente, para que os próprios sapateiros, ouvindo-os, assimilem

---

51. LAFRANCE (1999), 278.

tamanha sabedoria e deixem de acreditar estultamente que há seres parados e seres em movimento, e aprendam que tudo é movimento, com o que passarão a reverenciar os mestres. Porém por pouco me esqueceu, Teodoro, que outros sustentam precisamente o contrário, "que imóvel é para tudo o nome 'ser'" (οἷον ἀκίνητον τελέθει τῷ παντὶ ὄνομ' εἶναι), e tudo o mais quanto os Melissos e os Parmênides atiram contra aqueles, a saber: que tudo é um e se mantém imóvel em si mesmo (ὡς ἕν τε πάντα ἐστὶ καὶ ἕστηκεν), não havendo lugar para onde possa declinar (PLATÃO, *Teeteto*, 180 d-e; tr. de Carlos Alberto Nunes, modificada).

A citação a Parmênides recorda o verso B8,38 (οὖλον ἀκίνητόν τ' ἔμεναι· τῷ πάντ' ὄνομ' ἔσται). A linha é geralmente considerada uma variante ou uma adaptação por Platão, descontextualizando-a[52]. Fazendo a correlação com πάντα, o verso na boca de Sócrates permite contrapor o "ser" parmenídeo a todas as demais posições. Mas, nesta segunda aparição do nome de Parmênides, ao lado de Melisso, a ironia aparece mais claramente. No *Protágoras* (316 b-317 b), Protágoras afirma ter sido o primeiro a empregar o nome "sofista", mas afirma que, antes dele, Homero já praticava a sofística, disfarçada de poesia. A menção a uma sabedoria "velada" na poesia pode, assim, servir de indicação de que Sócrates dialoga com a prática sofística de interpretação dos textos de poetas e pensadores, e que toda a construção do imobilismo em oposição ao mobilismo tenha menos a intenção de ser tomada à letra, do que levantar a suspeita quanto a certa maneira de apropriação do pensamento dos pré-socráticos. Todos os "sábios", pois — à exceção dos "eleáticos" —, parecem concordar, na narrativa de Sócrates, com a doutrina de Protágoras do homem-medida!

A simplificação de sua construção do monismo e do imobilismo Eleata em oposição à leitura de um mobilismo universalmente aceito é finalmente indicada pelo próprio Sócrates, que a considera elaborada de maneira "grosseira" (φορτικῶς):

---

52. Todavia, Simplício cita essa mesma versão duas vezes (*In phys.*, 29,18; 143,10). CORNFORD (1935) e WOODBURY (1958), 153ss, argumentaram pela autenticidade do texto, defendendo que se trataria não de B8,38, mas de um outro verso do poema.

Sinto-me envergonhado de analisar por maneira muito grosseira Melisso e aqueles que falam do Todo um e imóvel (οἳ ἕν ἑστὸς λέγουσι τὸ πᾶν), mas menos do que teria com esse ser singular, Parmênides (ἢ ἕνα ὄντα Παρμενίδην). Porém Parmênides me inspira, para empregar a linguagem de Homero, respeito e vergonha a um só tempo (PLATÃO, *Teeteto*, 183 e; tr. de Carlos Alberto Nunes, modificada).

O epíteto atribuído a Parmênides, na última menção ao seu nome no diálogo, de maneira humorística, dá a indicação do desenvolvimento no *Sofista*. Toda classificação é superficial — segundo o critério do número de seres ou do movimento/repouso — enquanto não se coloque a pergunta: o que entender por "ser"?

A reconstituição da posição "eleática" em termos de um debate de imobilismo *versus* mobilismo revela, assim, a intenção de Platão de confrontar a tese protagórica, mais do que se permite ler como um relato histórico qualquer. Ao acrescentar o nome de Xenófanes como seu fundador, na passagem que veremos em seguida, Platão termina por inventar[53] — talvez a partir ou apropriando-se de uma tradição de antologias sofísticas precedentes[54] — uma "Escola Eleática" que serve aos propósitos da argumentação teórica que pretende colocar em cena.

3.3.2. O exame da tese eleata no Sofista

No contexto mais amplo de buscar uma explicação para o discurso falso, única maneira de definir a arte do sofista, o Estrangeiro de Eleia e Teeteto são levados a uma aporia: ter uma opinião falsa é opinar coisas contrárias às coisas que são; o discurso falso é aquele que diz que as coisas que são não são, e que as coisas que não são são (240 c-241 a). Os interlocutores têm de se haver com a tese parmenídea expressa em B7,1,

---

53. CORDERO (1991), 102-103.
54. A notícia de ARISTÓTELES, *Metafísica*, I, 5, 986 b 22, vai além do que afirma Platão, noticiando que "se diz" que Parmênides "teria sido discípulo" de Xenófanes (τούτου λέγεται γενέσθαι μαθητής). É possível que sua fonte fosse uma dessas antologias perdidas. Em todo caso, o próprio Estagirita parece colocar reservas ao valor histórico do relato.

que interdita permitir serem as coisas que não são (εἶναι μὴ ἐόντα), obrigados a admitir — se é para dar uma explicação à possibilidade do falso — que o que não é de alguma forma é. Mas como dizer o "não ser", se para dizê-lo é preciso considerá-lo ser "algo" (τι), e assim atribuir-lhe o número? Quem diz algo diz ao menos "um algo" ou "dois" ou "alguns", e o singular ou plural do número pertence necessariamente às coisas que são (237 c-238 c). Impossível exprimir o não ser, se dizê-lo obriga ligá-lo ao que é, e assim contradizer-se a si mesmo. É necessário, porém, encontrar uma maneira de explicar sua ligação, sem o que não há fundamento para o discurso falso e maneira de discernir e revelar a natureza da arte sofística.

Deixando de momento de lado o exame dessa questão, o Estrangeiro volta-se a "Parmênides e a todo aquele que alguma vez intentou delimitar criticamente quantas e quais são as coisas que são" (ἐπὶ κρίσιν ὥρμησε τοῦ τὰ ὄντα διορίσασθαι πόσα δε καὶ ποῖα ἐστιν, 242 c 4-6). O número e a constituição dos "seres" são, então, empregados como critérios para um recolhimento de doutrinas de pré-socráticos:

> Parece que cada um deles nos narrou um mito (μῦθόν τινα ἕκαστος φαίνεταί μοι διηγεῖσθαι), como se fôssemos crianças. Um, que são três as coisas que são (τὰ ὄντα), que algumas vezes guerreiam de algum modo umas com as outras, e outras vezes, tornando-se amigas, casam, fazem filhos e alimentam-nos. Outros, tendo dito que são dois, o úmido e o seco, ou o quente e o frio, os fazem coabitar e casar-se. E, dentre nós, o grupo eleático (τὸ δὲ παρ' ἡμῶν Ἐλεατικὸν[55] ἔθνος), começando a partir de Xenófanes e mesmo antes dele, que as chamadas "todas as coisas" são um único ser, dessa maneira expondo em seus mitos (ὡς ἑνὸς ὄντος τῶν πάντων καλουμένων οὕτω διεξέρχεται τοῖς μύθοις). E algumas Musas Jônicas e mais tarde umas Sicilianas refletiram e chegaram à conclusão de que seria mais seguro combinar as duas histórias e dizer que o que é múltiplo

---

55. O grupo "eleático" — uma reconstrução doutrinária e não histórica — não se deve confundir com os "eleatas": Xenófanes, nomeado na passagem, provém de Colofonte. Para uma defesa da lição dos manuscritos, em lugar da correção παρ' ἡμῖν adotada por grande parte dos tradutores, cf. CORDERO (1991), 96-98.

e único (ὡς τὸ ὂν πολλά τε καὶ ἕν ἐστιν), e que é congregado pelo ódio e pela amizade. Pois, o que se separa sempre se reúne, dizem as Musas mais firmes, enquanto as mais gentis deixaram essas coisas ficar assim soltas, acrescentando que, num momento em parte, o todo é um (τοτὲ μὲν ἓν εἶναί φασι τὸ πᾶν) e amigo, sob o efeito de Afrodite, e, em outro momento, é múltiplo (τοτὲ δὲ πολλὰ) e guerreia contra si mesmo, por causa de certa discórdia. Tudo isto, se algum desses ali disse a verdade ou não, é excessivamente difícil e impróprio atribuir a homens tão famosos e antigos (PLATÃO, *Sofista*, 242 c-243 a)[56].

Sugerem-se ali teorias como as de Íon de Quios e Ferécides (3 seres), Alcméon e Arquelau (2), Heráclito ("Musas da Jônia"), Empédocles ("Musas da Sicília")[57]. O personagem de Platão parece dialogar com os recolhimentos antológicos de doutrinas que talvez fossem correntes à época, como vimos pelo exemplo de Isócrates. Mas ele não se limita a um catálogo segundo o número de entes, e coloca uma questão prévia a esse critério de classificação (o que indica um viés de ironia). O que significa o "ser"?, pergunta o Estrangeiro. "Quando algum deles abre a boca dizendo que é, ou que veio a ser, ou vem a ser muitos ou um, ou dois, e que o frio por sua vez se mistura ao quente, supondo aqui combinações, lá separações, Teeteto, pelos deuses, compreendes o que dizem com cada uma destas coisas?" (243 b). O exame das doutrinas pluralistas revelará que seus autores pouco teriam a dizer a respeito do problema do ser: ele é um terceiro, ao lado do quente e do frio? Ou são ainda dois, mas, nesse caso, sendo ambos de maneira semelhante, a ambos se chama ser, e, portanto, os dois são um?

As condições de enunciação da tese eleata – O Estrangeiro volta-se, então, aos eleatas, isto é, àqueles que dizem ser um o todo (τῶν ἓν τὸ πᾶν λεγόντων, 244 b 6). A primeira etapa da análise, de 244 b 6 a 244 d 13, é um texto de difícil interpretação. Ela se centra sobre o problema da nomeação:

---

56. Tradução de Henrique Murachco e Juvino Maia Júnior, modificada.
57. Cf. Cordero em PLATON (1993), 241, n. 190.

ESTRANGEIRO — Aos que dizem que o todo é um, será que não se deve perguntar, na medida de nossas forças, o que por acaso dizem que o ser é? TEETETO — Pois, como não? ESTR. — Pois bem, que respondam a isto: "Vós dizeis que só um é?" (Ἔν πού φατε μόνον εἶναι;). "Dizemos", responderão eles, pois não? TEET. — Sim. ESTR. — "Chamais *algo* ao que é?" (ὃν καλεῖτέ τι;) TEET. — Sim. ESTR. — "De duas uma; como a um, servindo-se de dois nomes para o mesmo, ou como?" (Πότερον ὅπερ ἕν, ἐπὶ τῷ αὐτῷ προσχρώμενοι δυοῖν ὀνόμασιν, ἢ πῶς;) TEET. — E aí, que resposta, Estrangeiro, haverá para eles depois disso? ESTR. — É evidente, Teeteto, que àquele que supõe essa hipótese em relação ao perguntado agora e em relação a outra coisa qualquer que seja, não é nada fácil responder (Δῆλον, ὦ Θεαίτητε, ὅτι τῷ ταύτην τὴν ὑπόθεσιν ὑποθεμένῳ πρὸς τὸ νῦν ἐρωτηθὲν καὶ πρὸς ἄλλο δὲ ὁτιοῦν οὐ πάντων ῥᾷστον ἀποκρίνασθαι) (PLATÃO, *Sof.*, 244 b 6-c 6. Tr. de Murachco, Maia Jr. e Trindade, modificada).

O Estrangeiro coloca uma dificuldade pelo fato de, segundo a hipótese eleata, haver uma única realidade e, ao mesmo tempo, admitirem-se dois nomes (δυοῖν ὀνόμασιν) para designá-la. Mas de quais nomes se trata nesse passo? Na tradução de Murachco, Maia Jr. e Trindade de que nos utilizamos parcialmente acima, para a segunda pergunta do Estrangeiro aos eleatas — ὃν καλεῖτέ τι; — coloca-se entre aspas "ser" (ὄν), indicando que esse seria um dos nomes: "Chamais a algo 'ser'?". Iber, em sua edição revisada da tradução de Schleiermacher, também destaca nessa pergunta o "ser", colocando-o em itálico ("Seiendes *nennt ihr etwas?*"), e então o "um" na pergunta seguinte ("*Dasselbe, was* Eins..."), explicitando que seriam esses os dois nomes em questão. Seligman entende de maneira semelhante, observando que Platão inverteria os termos da dedução de Parmênides: em vez do "um" (*hen*) ser uma das propriedades lógicas derivadas do ser, ao lado de "inteiro", *oulon* (B8,4 e 38) e "único", *mounogenes* (B8,4), Platão faria do fato de haver uma única coisa o ponto de partida, acrescentando que Parmênides daria o nome "ser" a algo[58]. Por outro lado, Cordero precisa, com razão, que o acento na segunda pergunta do Estrangeiro

---

58. SELIGMAN (1974), 25.

não seria sobre o nome "ser", mas sobre o "algo" (τι). "Se o ser é algo, e se o ser é um, o um é algo. Ele recebe então dois *nomes*: 'ser' e 'algo'."[59] Simplício parece entender da mesma maneira, pois acrescenta um τὸ antes de ὄν, colocando-o em posição de sujeito da atribuição. A conversa pretende extrair dos interlocutores uma resposta à pergunta sobre o "o que é" do ser (τί ποτε λέγουσι τὸ ὄν). Ao afirmar a sua tese, os eleatas fornecem uma resposta: o ser é algo, respondem eles, isto é, "um" (τι = ἕν). Ao afirmar essa tese, os eleatas se distinguem dos sábios antes consultados que falavam do quente e do frio. Aqueles, pois, não davam nenhuma resposta, enquanto os eleatas, por vez, dão uma resposta categórica: o que é é um, e um apenas. A inversão notada por Seligman explica-se, pois Platão quer destacar o fato de darem uma resposta ao que ele mesmo formula como pergunta: essa é a sua virtude, mas também o que os coloca em dificuldades. O problema que deseja levantar o Estrangeiro é completamente vinculado ao *conteúdo* da resposta à questão sobre "o que é" o ser (ταύτην τὴν ὑπόθεσιν ὑποθεμένῳ πρὸς τὸ νῦν ἐρωτηθὲν indica a hipótese sobre "o que é" o ser). Sob a hipótese que formulam, se o que é o ser é apenas um (ὅπερ ἕν exprime o conteúdo da tese), o problema é dizer "qualquer coisa", "algo" (τι) que seja do que em si é apenas um. Este "Um" que é (ὄν), sendo ele apenas, único (μοῦνον), poderia receber o nome de algo qualquer (τι), fosse mesmo o nome "um"? O problema se coloca em um campo formal e lógico: entre a determinação de ser apenas um e a determinabilidade que se lhe permitiria conferir com o atributo "um", assim nomeado; entre o *um* que ele é e do dizer dele algo, isto é, que ele *é um*. Os dois nomes em questão seriam, assim, finalmente, o nome do "Um" determinado (poderíamos dizer, ἕν ὄν[60], "um que é"), e o nome "um" da determinação (ἕν τι, "algo um" ou "algo único").

A enunciação da tese pode ser sustentada, mas a um preço. Será preciso assumir uma identidade sem mediações entre o nome e seu objeto, ou entre, como veremos, o seu significado e o seu referente:

---

59. Platon (1993), 244, n. 210.
60. É como a ele vai se referir o Estrangeiro após o desenvolvimento da passagem, em 244 d 14.

Estr. — Concordar que há dois nomes, tendo postulado não haver nada além de um, é de algum modo ridículo... Teet. — Como não seria? Estr. — E de todo aceitar que se diga haver algum nome, sem que se tenha uma explicação. Teet. — De que maneira? Estr. — Aquele que postula o nome como outro que o objeto diz, de algum modo, duas coisas... Teet. — Sim. Estr. — Mas se, pelo contrário, assinala a ele o nome enquanto o mesmo, em vez de ficar constrangido a empregar um nome que não seria nome de nada, se, pois, pretende ele afirmar alguma coisa, decorrerá que o nome é nome apenas do nome, não sendo nome de nenhum outro...[61]

Os intérpretes costumam ver na passagem simplesmente o derrisório da posição eleata. Contudo, há que se observar um detalhe dramático: Teeteto se apressa em confirmar o "ridículo" da aparente contradição em admitirem-se dois nomes depois de, por hipótese, estabelecer que apenas seja um, sem permitir que o Estrangeiro termine sua frase. Mas o que parece derrisório o é relativamente, não em absoluto, isto é, a posição é ridícula (καταγέλαστόν) na medida em que fique sem explicação (λόγον οὐκ ἂν ἔχον) o sentido da diferença entre o nome do atributo e o nomeado, da qual depende a própria formulação da tese de haver uma realidade única[62]. O ridículo não surge em qualquer hipótese, mas depende das condições sob as quais se compreende o ato de nomear; ao lermos a frase em continuação com aquela que fora interrompida, τὸ παράπαν ("e de todo [ridículo]") intensifica a reversão irônica da acusação de ridículo sobre Teeteto, que responde antes de analisar previamente tais condições. O passo, portanto, não constitui uma crítica separada da sequência em 244 d 14-245 d 11: ele é uma preparação para a refutação que apenas ali se concretiza[63].

---

61. ΞΕ. Τό τε δύο ὀνόματα ὁμολογεῖν εἶναι μηδὲν θέμενον πλὴν ἓν καταγέλαστόν που — ΘΕΑΙ. Πῶς δ' οὔ; ΞΕ. Καὶ τὸ παράπαν γε ἀποδέχεσθαί του λέγοντος ὡς ἔστιν ὄνομά τι, λόγον οὐκ ἂν ἔχον. ΘΕΑΙ. Πῇ; ΞΕ. Τιθείς τε τοὔνομα τοῦ πράγματος ἕτερον δύο λέγει πού τινε — ΘΕΑΙ. Ναί. ΞΕ. Καὶ μὴν ἂν ταὐτόν γε αὐτῷ τιθῇ τοὔνομα, ἢ μηδενὸς ὄνομα ἀναγκασθήσεται λέγειν, εἰ δέ τινος αὐτὸ φήσει, συμβήσεται τὸ ὄνομα ὀνόματος ὄνομα μόνον, ἄλλου δὲ οὐδενὸς ὄν —, (Sof., 244 c 11-d 9).
62. A contrario, Cordero traduz a expressão como "não tem sentido".
63. Palmer (1999), 166-181, separa as duas críticas, mas lê diversamente 244 b 12 (cf. 170: "Do you call something 'being'?").

O termo *pragma*, na passagem, não deve ser traduzido por "coisa": ele indica o objeto do nome, sem estabelecer o seu estatuto ontológico[64]. Segundo uma primeira alternativa, que seria postular o nome em diferença do objeto, surgiria, aponta o Estrangeiro, o problema da contradição. De acordo com algumas interpretações, essa diferença se constituiria na atribuição de ser ao nome, resultando em duas realidades, a do nome e a do nomeado[65]. Contudo, essa leitura supõe que se trate de dois pares de alternativas encadeados: de escolher entre diferença ou identidade do nome e do objeto e, na segunda hipótese, de se colocar uma alternativa entre dizer algo ou nada dizer. Parece-nos, no entanto, que a frase εἰ δέ τινος αὐτὸ φήσει ("se, pois, pretende ele dizer algo") não é a formulação de uma nova hipótese, mas que diga do pressuposto de que o defensor da tese eleata tenha alguma coisa a dizer (o contexto, sustentamos, não é de expor o derrisório da tese, mas de explicitar as suas condições de enunciação). De fato, assumindo a tese de que "apenas um é", é já a primeira alternativa, da postulação da diferença entre o nome e o objeto, que implicaria o nome dizer outro que o que é, portanto que seu objeto fosse o não ser ou "nada" (*mêdenos*). O δύο λέγει não diz de duas realidades, mas de uma cisão entre ser e não ser, na qual se estaria forçado (cf. ἀναγκασθήσεται) a empregar o nome sem dar a ele nenhuma referência. A única possibilidade que se coloca para o Eleata, em coerência com sua tese, é assumir a identidade de nome e objeto, se e porque pretende ele dizer alguma coisa (*tinos*).

O significado dessa identidade, exposto pelo Estrangeiro na sequência de sua fala, é de uma dificuldade capaz de derrotar os intérpretes: as linhas 244 d 11-12 foram estabelecidas e corrigidas de maneiras diversas; Cornford chega a desistir de encontrar uma solução, simplesmente saltando-a em sua tradução. Dixsaut, contudo, estabelece um bom parâmetro, ao observar que o verbo συμβήσεται ("decorrerá") comanda não só a fala do Estrangeiro em 244 d 8-9, mas também aquelas linhas, que devem ser lidas em continuidade com essa fala:

---

64. Como aponta Dixsaut, o termo, como no *Crátilo*, não tem uma significação concreta, mas é apenas aquilo a que remete o *onoma* (DIXSAUT, 2000, 192-193).
65. DIÈS (1932), 34; SELIGMAN (1974), 26.

συμβήσεται τὸ ὄνομα ὀνόματος ὄνομα μόνον	ἄλλου δὲ οὐδενὸς
καὶ τὸ ἕν ἕνός ἓν μόνον	καὶ τοῦτο ὀνόματος αὐτὸ ἓν ὄν

Mostra-se um claro paralelismo, como observa a intérprete: ὄνομα aparece duas vezes no nominativo, uma vez precedido pelo artigo definido, em posição de sujeito, uma vez sem artigo, em posição de atributo, e uma vez no genitivo, complemento de objeto — o mesmo valendo para ἕν[66]. Parece-nos ainda conveniente acrescentar uma coluna adicional: se, com a intérprete, damos preferência à lição τοῦτο do ms. T (em substituição a τοῦ de βW), destacamos a relação lógica do último membro, não apenas com a primeira parte da frase, como ela faz, mas também com a frase precedente: é *porque* o Um é o um do nome que o Um é apenas objeto do (atributo) um, e também o que faz com o que o nome "um", sendo nome *do* nome (isto é, o nome do nomeado/referente, recebendo o nome do atributo, que é por vez idêntico ao objeto), garanta que ele tenha uma referência, em vez de nada designar. A fala de 244 d 6-12 se lê, assim, em seu movimento completo:

> ESTR. — Se... assinala a ele o nome enquanto o mesmo, em vez de ficar constrangido a empregar um nome que não seria nome de nada... decorrerá que o nome é nome apenas do nome, não sendo nome de nenhum outro... TEET. — Assim é. ESTR. — E assim que o Um é apenas Um do um, já que ele próprio é um do nome. TEET. — Necessariamente[67].

O atributo um diz do Um que é, e o nome "um" nomeia apenas esse atributo, identificado àquilo de que é atributo, e nada mais (sob pena de ser nome "de nada"). A condição de emprego do nome, no regime de enunciação da tese eleata, se exprime, na passagem, pelo

---

66. DIXSAUT (2000), 194.
67. Συμβήσεται τὸ ὄνομα ὀνόματος ὄνομα μόνον, ἄλλου δὲ οὐδενὸς ὄν. ΘΕΑΙ. Οὕτως.ΞΕ. Καὶ τὸ ἕν γε, ἑνὸς ἓν ὂν μόνον καὶ τοῦτο ὀνόματος αὐτὸὲν ὄν. ΘΕΑΙ. Ἀνάγκη. (*Sof.* 244 d 6-12). Αὐτὸ é a lição dos mss. βTW. Schleiermacher corrige por αὖ τὸ.

genitivo, que diz da relação do objeto àquilo de que é objeto, acompanhado de *monon* adverbial, que marca a exclusividade dessa relação. Deve haver uma estrita equivalência entre o signo e o significado (o nome "um" deve ser nome apenas do atributo lógico, o "um [objeto] do nome", e ser "nome apenas desse nome"), e entre o signo e o referente: mas isso apenas porque o referente é completamente identificado ao significado, ao algo (*ti*) que o determina, sendo nele absorvido. Como se lê na última frase do Estrangeiro, ele é "apenas Um (objeto) do um (atributo lógico)", posta a condição de que o atributo sustente a sua nomeação. A preservação do referente (o Um) se faz ao preço de identificá-lo sem sobras ao atributo (um) que o nomeia. Assim, a última frase do Estrangeiro pode ser apresentada neste diagrama, com as setas representando as relações lógicas ("ser objeto de...") que fundamentam as condições da nomeação (ao último termo de nosso diagrama correspondendo, na passagem, ὀνόματος 244 d 11):

Um (referente) → um (atributo nomeado) → "um" (nome do nome)

A análise de Platão, através da boca do Estrangeiro, parece um esforço de explicitar o regime lógico sob o qual "o que é" é dito "um", sem, no entanto, admitir uma diferença ontológica entre o atributo e o sujeito. Essa estratégia é bastante diferente aquela empregada por Aristóteles — como veremos —, que é simplesmente de denunciar que, mesmo atribuindo um mesmo predicado a todas as coisas, nem por isso elas são uma só, pois subsiste a diferença entre a essência (ὅπερ ὄν) do substrato e a de seu atributo.

A refutação da tese eleata – Se essa elucidação salva a enunciação da tese eleata, ao mesmo tempo ela prepara as condições de sua refutação. Pois a coincidência total do atributo lógico com o objeto não pode evitar contrassensos:

    Estr. — O quê? O todo (ὅλον) é outro do um que é ou dirão que é o mesmo que ele? Teet. — Pois, como não dirão, e dizem mesmo?

ESTR. — Pois então, se é um todo, como também Parmênides diz — "de toda parte é perfeito, semelhante ao corpo de uma esfera bem redonda, a partir do centro, em equilíbrio por toda parte, pois, nem maior, nem menor, aqui ou ali, é necessário que seja" — então, se o ser é desse tipo, tem centro e extremidades, e, tendo-os, é de todo necessário que tenha partes; ou como é? (244 e).

Diversamente do que pretende Parmênides com a atribuição "tautológica" dos *sêmata* no fragmento 8, o Estrangeiro mostra, por uma análise do conceito de "todo" (ὅλον), que neste já está implicada também a noção de partes. Se se insiste, porém, na identidade ontológica do atributo com o seu objeto, será preciso admitir que o ser tenha partes. Se, por outro lado, atribuir-se a todas as partes o "um", preservando-o como todo, não se evita um novo dilema: se é o atributo "um" que confere ao ser a qualidade de "todo", então o ser é diferente do um (e "todas as coisas" serão duas: um e ser); se o ser é o "todo" em si mesmo, mas não em razão do "um", então ele é "carente de si mesmo", justamente na medida em que falta o "um" ao ser, e ele será ser-todo "não sendo" um (e "todas as coisas" serão, para além do um, ser e todo) (245 a-c).

O exame no *Sofista* da tese eleata se mantém em um plano estritamente formal. Ela obedece à estratégia mais global do diálogo, levantando problemas que preparam a explicação da natureza da predicação. A crítica a Parmênides parece mostrar os limites internos do modelo da "nomeação", onde o objeto nomeado deve coincidir com o significado do nome, em distinção ao da predicação, do dizer algo de algo, em que a diferença entre sujeito e atributo é admitida, bem como a possibilidade de que um mesmo sujeito possa receber múltiplos atributos[68].

Se essa leitura é correta, na formulação da tese eleática ao início da discussão, o "um-ser" de que se trata não é um que se distribui pela totalidade das coisas. Em ὡς ἑνὸς ὄντος τῶν πάντων καλουμένων 242 d

---

68. Cf. *Sof.* 262 d 2-6, onde se distingue o discurso proposicional (λέγειν) do mero nomear (ὀνομάζειν μόνον).

5-6, o Estrangeiro parece dizer que aquilo que de ordinário se chama "todas as coisas" (πάντα retomando τὰ ὄντα, 242 c 8) é compreendido como Um-Ser (ἓν ὄν) pelos eleatas. Isso se confirma ainda com a transposição da discussão, na sequência da narrativa do Estrangeiro, para o nível do Todo (τὸ πᾶν, 242 e 5), de maneira que encontramos uma coincidência com a formulação ao final do *Teeteto*: ἕν... τὸ πᾶν (185 e 3; cf. οἱ τοῦ ὅλου στασιῶται, 181 a 7). A partir do alto nível de abstração em que o problema do "ser" é colocado por Parmênides, será preciso "deduzir" a possibilidade de aplicá-lo às coisas individuais, uma tarefa que se inicia com a discussão dos Gêneros Supremos, recolocando a oposição de mobilismo e imobilismo para dela extrair o "ser" como um "terceiro na alma" (τρίτον... τὸ ὄν ἐν τῇ ψυχῇ, 250 b 7), ao lado do movimento e do repouso[69].

Dizer do ser das coisas individuais, ou que cada coisa "é", tornou-se impossível com o discurso da Verdade[70]. É talvez por isso que Sócrates refira-se ao Estrangeiro de Éleia, ao início do diálogo, como um deus refutador (θεός ἐλεγτικός, 216 b 5-6): como se o *logos* divino da deusa do Poema, na Verdade, fosse uma demonstração que invalida de antemão a pergunta socrática acerca de "o que é" cada coisa. Mostrar os limites internos da doutrina parmenídea, substituindo o regime lógico da nomeação pelo da predicação, será, portanto, reabilitar a possibilidade de um discurso verdadeiro "entre nós" (ἡμῖν, 260 a 5; cf. 259 e 5-6), de um *logos* humano e não divino, condição para o exercício da filosofia.

Veremos que, *mutatis mutandis*, o problema do dizer das coisas individuais diante do argumento parmenídeo persiste em Aristóteles. Ele é transformado, no entanto, e a crítica mais tenaz a Parmênides se dá, não no campo da lógica, mas no da física.

---

69. Observar ainda que a conciliação de mobilismo e imobilismo se procura ao nível de τό ὄν τε καὶ τὸ πᾶν, 249 d 4.
70. Tal nos parece ser o problema maior no complexo horizonte do *Sofista*. Nesse sentido, o problema apresentando por Antifonte e pelos Megáricos — possivelmente a partir de uma leitura de Parmênides e Melisso — de que a uma coisa compete um só predicado seria subsidiário.

3.4. O testemunho de Aristóteles e seus problemas

Os testemunhos de Aristóteles a respeito de Parmênides possuem um significado especial no conjunto da doxografia, uma vez que muito do material que nos chegou a respeito do Eleata são notícias e citações — por Alexandre, Filopônio e, sobretudo, Simplício — feitas por ocasião de precisarem os comentadores sua exegese da obra do Estagirita. Esclarecer a recepção de Parmênides por Aristóteles é um auxílio (se não uma condição) para a leitura dos testemunhos encontrados na tradição mais tardia. Além disso, a interpretação aristotélica, determinante do recolhimento posterior, focaliza a tese de Parmênides sob o aspecto do Um (*hen*), produzindo a imagem de um filósofo adepto do mais estrito "monismo" que, embora tradicional, foi colocada em dúvida pelos intérpretes modernos, como vimos[71].

Como destacou Cherniss em sua obra de referência sobre a crítica de Aristóteles aos filósofos pré-socráticos, o recolhimento apresentado pelo Estagirita não se permite ler como um relato simplesmente "histórico", objetivo, de opiniões dos pensadores antigos. A interpretação de Aristóteles varia de acordo com a teoria que ele mesmo pretende estabelecer e com a economia do argumento que desenvolve; constituindo seu método aporético, segundo Cherniss, na produção de "debates artificiais", as opiniões dos interlocutores são formuladas à medida da necessidade de suas elaborações, de modo que para entender a crítica é preciso analisar a doutrina (aristotélica) a que ela visa conduzir[72]. As notícias, como são reportadas, não se preocupam em compreender os autores por si mesmos, mas se inserem como uma série de desdobramentos pelos quais, mais ou menos conduzidos pela "verdade", às vezes por "tateamentos", aqueles pensadores enunciam algo que é reformulado como momento da elaboração de teses cuja forma finalizada ou completa estaria mais bem exprimida nos conceitos que o próprio Aristóteles se esforça por definir. Nesse sentido, não é necessário se as ler enquanto meros falseamentos, sendo possível

---

71. Cf. *supra*, § 3.1.
72. CHERNISS (1935), x-xii.

compreendê-las em termos de uma "história da filosofia", possuidora de certos critérios metodológicos próprios, que se faz em termos de progressos e de "teleologia"[73].

Nesses termos, o Estagirita lê o eleatismo como um desdobramento do monismo material jônio, isto é, como a sua radicalização na tese de que o que é não seja apenas uno, mas também imóvel. Essa formulação se encontra mais claramente expressa no contexto de *Metafísica*, I, 3-4 (984 a 19-b 31), onde se procura estabelecer, através do recolhimento histórico, os diferentes tipos de causas[74]. Vimos anteriormente, ao tratarmos do comentário de Simplício ao *Sobre o Céu* (III, 1, 298 b 14-23), que Aristóteles ali menciona que, enquanto não admitem a geração, os eleatas "não falam de maneira física". Essa declaração resume uma crítica severa ao eleatismo elaborada ao início da *Física*, a qual, entretanto, deve ser circunstanciada em razão do projeto científico aristotélico, como veremos. Uma vez obtidas essas precisões, prosseguiremos à análise de outros textos em que Aristóteles, efetivamente — e, como esperamos resultar claro da discussão, o faz sem contradições —, trata Parmênides como um filósofo da natureza.

3.4.1. A crítica ao eleatismo na Física

O relato que mais distancia os eleatas daqueles a quem o Estagirita chama "investigadores da natureza" (*physiologoi*) encontra-se no primeiro livro da *Física*. Aparecendo sob uma perspectiva fortemente polêmica, cumpre especialmente esclarecer o quadro conceitual que se pretende ali desenvolver, a fim de poder avaliar o teor das notícias. Nos capítulos iniciais do livro I (1-4), Aristóteles estabelece os conceitos fundamentais para a instauração de uma ciência da "natureza" (τῆς

---

73. COLLOBERT (2002), 283, sintetizando a visão de M. Guéroult, que vê em Aristóteles o primeiro historiador da filosofia. Esse ineditismo foi recentemente relativizado, a partir dos indícios de uma tradição anterior de recolhimentos sistemáticos de opiniões de filósofos, de origem sofística (MANSFELD, 1986, 3-4).
74. A notícia parece apontar que Parmênides constitua uma exceção, segundo a leitura aristotélica do eleatismo, por admitir alguma espécie de causa eficiente. Ver Capítulo 5.

περὶ φύσεως ἐπιστήμης, 184 a 14-15). Entre os séculos V e IV a.C., já é corrente a fórmula da "investigação da natureza" (περὶ φύσεως ἱστορία) para designar um saber específico, voltado à investigação do processo universal de crescimento ou formação de todas as coisas, o termo "*physis*" designando tanto a "origem", esclarecida através de um relato de sua gênese, quanto a "constituição" atual de cada ser no *kosmos*[75]. Mas o aporte decisivo de Aristóteles é quanto à precisão do conceito de "ciência", e junto com ele a definição do objeto e dos pressupostos de uma Física como ciência. Esse programa se apresenta logo desde as primeiras linhas do capítulo de abertura do livro I, com a observação de que a busca de um conhecimento propriamente "científico" (τὸ εἰδέναι καὶ τὸ ἐπίστασθαι) implica metodologicamente um esclarecimento acerca das causas e princípios, constituindo tarefa primeira determiná-los para a ciência física (184 a 1-16). Aristóteles continua a tradição daqueles por ele chamados οἱ περὶ φυσέως, aqueles que investigam "sobre a natureza", mas não se trata apenas de substituir um discurso sobre a *physis* por um outro: procura ele instaurar uma ciência da natureza, dando conta de suas condições ontológicas através das noções — que ele mesmo elabora — de causa, princípio

---

75. MANSION (1945), 59-61. A fórmula da investigação περὶ φύσεως evolui de um uso com atributos para um emprego absoluto: nos *Dissoi logoi* (ca. 400 a.C.), o mais antigo documento onde há indícios da fórmula, encontra-se a referência a um ensinamento designado pela expressão περὶ φύσιος τῶν ἁπάντων, complementada pela explicação do conteúdo desse ensinamento, que trataria da "consistência" e da "gênese" (ὥς τε ἔχει καὶ ὡς ἐγένετο) de todas as coisas, e com a menção de certos "conhecedores" (εἰδὼς) de tal campo. Em Platão, onde a fórmula aparece pela primeira vez empregada absolutamente, sem o complemento (*Protágoras*, 315 c), temos o testemunho de uma tradição de escritos em prosa (συγγράματα, *Lísias*, 214 b) e a recorrência do duplo aspecto da investigação sobre *physis* em termos de um esclarecimento sobre a causa do vir-a-ser e deixar-de-ser de cada coisa (περὶ γενέσεως καὶ φτορᾶς τὴν αἰτίαν... διὰ τί γίγνεται ἕκαστον καὶ διὰ τί ἀπόλλυται) e a causa de sua existência (καὶ διὰ τί ἔστι, *Fédon* 95 e-96 a). Em Eurípedes (fragmento 910 Nauck, ca. 412/408 a.C.), φύσις é termo empregado absolutamente, em conexão com κόσμος, para dizer do objeto de uma reflexão "científica" (ἱστορία) sobre o "a partir de quê" e o "como" (<ὅθεν> καὶ ὅπως). Afora Platão, a mais antiga indicação de uma literatura filosófica dedicada ao que se designa por περὶ φύσεως encontra-se no tratado hipocrático sobre a *Antiga Medicina* (20, cf. γεργράφασιν, γέραπται), sem que essas passagens designem o título que se atribuirá, tardiamente, a essas obras (SCHMALZRIEDT, 1970, 83-97).

e elemento⁷⁶. Esse é o ponto de chegada, o escopo sempre visado por seu recolhimento histórico. Uma vez tendo claro para nós o objetivo pretendido por Aristóteles, é também possível melhor avaliar sua posição interpretativa.

Nesse contexto da determinação dos princípios da física, Aristóteles faz uma distinção entre os "físicos" (οἱ φυσικοί) e os eleatas (184 b 15-18), desenvolvendo uma crítica que se estende do segundo ao terceiro capítulo do livro I. "Investigar se 'o que é' é um e imóvel não é investigar sobre a natureza" (τὸ μὲν οὖν εἰ ἓν καὶ ἀκίνητον τὸ ὂν σκοπεῖν οὐ περὶ φύσεώς ἐστι σκοπεῖν, 184 b 25-185 a 1). A declaração categórica inicia um ataque direto ao eleatismo, que significa para Aristóteles um obstáculo à física, tanto do ponto de vista científico quanto do ontológico: afirmar que "o que é" é um significa, de antemão, suprimir a possibilidade mesma de uma investigação sobre os princípios de uma ciência, ao abolir a diferença entre o princípio e aquilo de que o princípio é princípio⁷⁷. E estabelecer que o ser é imóvel constitui, para Aristóteles, um ponto de partida que contraria a evidência da sensação, o fato da existência de seres em movimento: "Nós, porém, pressupomos que os seres naturais, todos ou alguns, estão em movimento. Isso é evidente a partir da indução" (ἡμῖν δ' ὑποκείσθω τὰ φύσει ἢ πάντα ἢ ἔνια κινούμενα εἶναι. δῆλον δ' ἐκ τῆς ἐπαγωγῆς, 185 a 12-14).

---

76. COULOUBARITSIS (1997), 93-94.
77. 185 a 3-5: οὐ γὰρ ἔτι ἀρχὴ ἔστιν, εἰ ἓν μόνον καὶ οὕτως ἓν ἔστιν. ἡ γὰρ ἀρχὴ τινὸς ἢ τινῶν. A especificação καὶ οὕτως ἓν apresenta uma dificuldade de interpretação: se Aristóteles subentende "um e imóvel" (cf. ἀκίνητον, 185 b 26), as duas críticas, do ser como "um" e como "imóvel" são inseparáveis. Natorp entende que a imobilidade suprimiria o princípio: "Ele seria um 'começo' de que nada se seguiria" (NATORP, 1890, 3). Contudo, a explicação de Aristóteles, no passo, parece radicalizar a tese eleática no sentido de um monismo ontológico, com a consequência de bloquear uma distinção epistemológica entre o princípio e o que está a ele sujeito. Talvez a melhor leitura esteja em reconhecer valor inferencial forte a οὕτως, extraindo do monismo numérico a unidade ontológica indiferenciável: "Com efeito, não há princípio, se <'o que é'> é um único e, dessa maneira, uno". Assim, é possível uma relativa individualização de cada uma das críticas, ao aspecto do ἕν e ao do ἀκινητόν (WOLFF, 1996).

Toda ciência pressupõe proposições fundamentais indemonstráveis[78], e a supressão de seus pressupostos — no caso, de que há seres em movimento na *physis* — não pode, nem deve, ser argumentada: alguém pode falar de coisas geométricas sem respeitar os princípios da geometria, mas então trata-se de um discurso ao qual o geômetra, enquanto geômetra, não convém responder[79]; são argumentos que carecem dos pressupostos para uma discussão propriamente geométrica, isto é, no interior da ciência da geometria. A discussão perseguida no livro I da *Física* se desenvolve, portanto, em um âmbito exterior ao da ciência. Ela é dialética, segundo uma das quatro competências da dialética explicitadas nos *Tópicos*: a de investigar os princípios de cada ciência particular[80].

Essa precisão da perspectiva metodológica da discussão do eleatismo, inserida no contexto mais amplo da determinação dos princípios da física, e clarificada pela analogia com a geometria, determina o escopo da crítica aristotélica e permite dissipar alguns aparentes paradoxos. O principal deles consiste no de que alguns intérpretes veem como uma contradição interna ou uma hesitação na leitura do Estagirita[81] quando, em outro momento da *Física*, apresenta a doutrina parmenídea dos opostos como princípios da natureza (I, 5, 188 a 20-22)

---

78. *Anal. Post.*, I, 3, 72 b.
79. *Fís.*, 185 a 14-17. Aristóteles faz referência a Antifonte. De acordo com Filopônio, o procedimento de Antifonte (a obtenção de polígonos cada vez menores, inscritos em um círculo, buscando fazer coincidir seus lados com a circunferência) contradiz o princípio que afirma que uma linha *jamais* coincide com o arco de um círculo (*In phys.*, XXXI, 9-24; XXVII-XXXII, 3 Vitelli = F13(d) Pendrick). Em *Soph. elenchi*, 171 b-32-172 a 7 (= F13(b) Pendrick), a tentativa do sofista Antifonte é citada como procedimento erístico, que não procede dos princípios da geometria, a contrastar com a quadratura da lúnula do geômetra Hipócrates de Quios. Não se trata jamais de tentar refutar Antifonte, mas de apontar os falsos pressupostos. De outro lado, cumpre ao geômetra refutar aquele que, como Hipócrates, se equivoca no traçado de um diagrama (este, pois, erra, mas parte dos princípios). Sua falsa demonstração consistiria em afirmar que, se é quadrável ao menos uma lúnula inscrita em um semicírculo, uma outra inscrita em um segmento desse círculo menor, e uma outra inscrita em um segmento maior, então qualquer lúnula seria quadrável (Pellegrin em ARISTOTE, 2002, 76, n. 2).
80. *Tópicos*, I, 2, 101 a 36s: τὰ πρῶτα τῶν περὶ ἑκάστην ἐπιστήμην.
81. CURD (2004), 98, n. 2.

— um testemunho que é sobremaneira decisivo para a elucidação a respeito da *Doxa* no poema, como transmitida pela tradição posterior.

É que a crítica ao início do livro I diz respeito a uma doutrina que torna impossível uma *ciência* da física, tanto segundo as condições gerais da ciência, de acordo com a concepção que dela faz Aristóteles (como a distinção de natureza do princípio e de seu condicionado) quanto da particularidade de uma ciência *física*, que deve tomar como premissa a realidade ou a verdade de seu objeto específico: o ente em movimento. Parmênides, pois, suprime tanto as condições ontológicas de uma ciência qualquer (com a afirmação do Um) quanto o objeto próprio da ciência em questão (com a negação do movimento). Mas esse é um argumento que precisa ser lido no contexto estratégico de sua elaboração, isto é, o da instauração da disciplina segundo os cânones que pretende estabelecer o próprio Aristóteles. Não deve ser tomado como afirmação de que Parmênides não teria elaborado uma compreensão (εἰδέναι) qualquer da natureza: ele apenas não o fez segundo os pressupostos de um saber científico (ἐπίστασθαι), e criticá-lo serve de ocasião para a explicitação desses mesmos pressupostos *aristotélicos*. Não se exclui que Parmênides e os eleatas estejam de algum modo falando da natureza, e sim que o estejam fazendo à maneira de uma investigação científica[82].

E qual seria o interesse de Aristóteles em discutir com o eleatismo, se este já estaria de antemão condenado a não participar na discussão de uma ciência física? É que, apesar de não tratarem da natureza, no sentido estrito delimitado por Aristóteles — isto é: de maneira científica —, as doutrinas de Parmênides e Melisso têm implicações e colocam embaraços (*aporiai*) que é preciso necessariamente resolver a fim de instaurar a física como ciência[83]. Essa resolução tem um objetivo positivo, cons-

---

82. Nesse sentido é pertinente a observação de Brisson de que Aristóteles não deixa de ver em Parmênides um cosmólogo: apenas no contexto da Física como estudo do ente em movimento deve-se entender que, partindo-se da tese do "ser uno e imóvel" (ἓν καὶ ἀκίνητον τὸ ὄν), não se especula sobre a natureza ou a física (οὐ περὶ φύσεώς ἐστι σκοπεῖν) no sentido pretendido (Brisson, 2002, 9).
83. *Fís.*, I, 2, 185 a 17-20: οὐ μὴν ἀλλ᾽ἐπειδὴ περὶ φύσεως μὲν οὔ, φυσικὰς δὲ ἀπορίας συμβαίνει λέγειν αὐτοῖς, ἴσως ἔχει καλῶς ἐπὶ μικρὸν διαλεχθῆναι περὶ αὐτῶν.

trutivo, de elaboração conceitual: trata-se, diante da tese eleática de que "o que é" é "um", de reabilitar a pluralidade dos "seres" e de encontrar uma maneira coerente de dizer do ente em movimento (κινητόν ὄν), reconhecendo direito de cidadania à motilidade e à pluralidade no campo da teoria sobre a *physis*. Isso implica, portanto, desmontar o discurso dos eleatas naquilo que é por eles considerado propriamente o que é "segundo a verdade" — a afirmação da singularidade do ser.

A reconstrução da doutrina eleata, a fim de torná-la objeto de crítica de acordo com as pretensões de Aristóteles, deve, por essa mesma razão, ser lida como parcial. Como há muito tempo notara Natorp, não é certo que os eleatas simplesmente negassem a multiplicidade e o movimento: antes, eles apenas os excluem do domínio da "verdade", restringindo-os ao campo do que aparece, enquanto tal (*"das Erscheinende, so wie es erscheint"*)[84]. Isso, no entanto, não pode ser aceito por Aristóteles, que se concentra sobre a possibilidade de um discurso

---

Nossa interpretação segue a leitura da primeira frase em Teofrasto (4, 15), adotada por Ross e pela maioria dos intérpretes modernos. Outros, todavia, como MANSION (1945), 66, n. 48, e Pellegrin em ARISTOTE (2002), 77, n. 1, colocam a vírgula, não após o segundo οὐ, mas em seguida a μὲν. Nessa leitura, Aristóteles estaria dizendo que as aporias dos eleatas não são físicas. Isso parece-nos enfraquecer a afirmação de tratar-se, no que segue, de uma "investigação de caráter filosófico" (ἔχει γὰρ φιλοσοφίαν ἡ σκέψις, a 20). Pellegrin, por exemplo, dilui esta última afirmação traduzindo *"en effet cet examen a un intérêt philosophique"*. Thanassas, seguindo essa mesma leitura, diz que Parmênides e os eleatas "referem-se à *physis*, mas não articulam aporias físicas" (THANASSAS, 2007, 14-15). A nós parece que a elucidação filosófica e a recusa da tese eleata, longe de uma digressão, se fazem necessárias para realizar a intenção do tratado, na medida que sem essa elucidação haveria dificuldades ameaçadoras ao campo da física enquanto tal no que diz respeito aos conceitos do "ser" e do "um". Mas, de fato, os eleatas não articulam a aporia: é Aristóteles quem o faz, interpretando as consequências — cf. συμβαίνει — de suas doutrinas, das quais eles próprios não estão conscientes, para em seguida resolvê-las (λέγειν indica ali uma interpretação, não uma articulação dos autores originais na forma explícita de aporia). Traduziríamos assim: "E, todavia, porque, embora sem tratar da natureza ocorre formularem embaraços que dizem respeito à física, é boa coisa debater um pouco a seu respeito".

84. NATORP (1890), 6. O estudioso acrescenta que, do ponto de vista filosófico neokantiano, que é o seu, não haveria o que condenar em Parmênides: pelo contrário, ele poderia ser visto como um pensador que desconfiaria, mais do que Aristóteles, de haver um conflito entre os dados da senso-percepção e a "lei de unidade" do ser verdadeiro, conferida pelo entendimento.

teórico coerente — e, portanto, verdadeiro, em um sentido pregnante — a respeito do ente em movimento. É, portanto, em razão da necessidade de encontrar um *logos* para explicar os seres em devir que o conceito de "ser" em Parmênides (e Melisso) é focalizado e se torna um problema: é preciso, para inaugurar uma ciência da física, encontrar uma outra maneira, diferente daquela eleática, para, com precisão e sem contradições, poder dizer "o que é" de forma a incluir os entes em movimento, sua pluralidade e seus processos de geração e corrupção. A crítica de Aristóteles aos eleatas, assim, não consiste em simplesmente acusar a inexistência, segundo eles, do objeto da investigação física, mas em mostrar que, ao retirá-lo do campo da verdade, está minada a possibilidade de uma ciência da natureza, que implica necessariamente um dizer do *ser* das coisas em devir.

A necessidade, para Aristóteles, de recusar aos eleatas um tratamento adequado a respeito da natureza apareceria de maneira ainda mais contundente se se considerasse que a atribuição do título *Peri physeôs* às obras de Parmênides e Melisso já poderia ser corrente à época. Assim assume, por exemplo, Simplício (*In de caelo*, 556,25-26). Fosse esse o caso, o Estagirita se preocuparia em precisar que, a despeito das obras eleáticas serem conhecidas sob o título de *Sobre a natureza*, elas não levariam suficientemente a sério um tratamento científico da *physis*, na medida em que recusam, não simplesmente a existência empírica das múltiplas coisas, mas a verdade do *ente* em movimento. A hipótese com respeito ao emprego do título à época, no entanto, carece de base material que a comprove[85].

Seja como for, Aristóteles elabora uma teoria do devir na qual o "não ser", que, interpretado de maneira absoluta, parecia ter sido excluído do conhecimento por Parmênides, pode ganhar inteligibilidade através de um significado físico preciso, proporcionado pelos conceitos metafísicos de ato e potência, de um lado, e, de outro, por aqueles que serão os princípios da física: privação, matéria e substrato[86]. Assim,

---

85. Cf. nota 75 acima.
86. "Aristóteles demonstra que o devir não é o gerar-se do ser a partir do nada ou a corrupção do ser no nada, como acreditavam os eleatas por conceberem o ser como

a polêmica com o eleatismo, como nos parece, não se coloca propriamente em termos da existência ou inexistência das coisas individuais em devir, e sim de seu estatuto de verdade: a palavra "ser" (τὸ ὄν) não pode mais, doravante, se se quer estabelecer uma ciência física, permanecer reservada ao ente verdadeiro do eleatismo: uno, imóvel, contínuo etc. E, mais do que isso, pretende-se expor as incoerências resultantes da maneira como os eleatas compreendem o "ser", bem como mostrar que a tese de que "tudo é um" não é vinculante. Desenvolve-se, assim, uma crítica em dois ângulos complementares: quanto aos fundamentos conceituais da tese e quanto ao seu valor de demonstração, de um ponto de vista lógico-formal[87].

Crítica dos conceitos de "ser" e de "um" pressupostos na tese eleática – Tendo em mira o horizonte da argumentação aristotélica, podemos melhor divisar a estratégia que a ele conduz. A primeira investida é por um flanco estritamente conceitual. Para os eleatas, que sustentam a tese de "ser um todas as coisas" (οἱ λέγοντες εἶναι ἓν τὰ πάντα, I, 2, 184 a 22), o que significa "ser"? O que significa "um"? A discussão é elaborada segundo a pluralidade de modos de dizer o "ser" e o "um" (πολλαχῶς λέγεται τὸ ὄν, a 21; τὸ ἕν, b 5-6).

Vejamos primeiro a afirmação do monismo enfocado no conceito eleático do "ser". Todas as coisas, pois, segundo a doutrina eleática, são substâncias, ou quantidades, ou qualidades? Todas as coisas são uma substância única, ou uma qualidade única (185 a 22-26)? Admitir a diferença de modos de ser seria já admitir a pluralidade[88], pois não há unidade genérica do "ser" que contenha, como espécies, a substância,

---

unívoco, e, portanto, não é contraditório, quer dizer, impossível; em vez disso, é a sucessão de formas diversas na mesma matéria, a qual permanece abaixo da mudança e por isso está sujeita à mudança, ou a atuação de uma forma que primeiro não existe, no sentido de que não existe em ato mas apenas em potência, e depois existe precisamente em ato" (BERTI, 2011, 88).
87. O esquema é bem percebido por BÄUMKER (1886), 550-551.
88. 184 a 27-29: εἰ μὲν γὰρ ἔσται καὶ οὐσία καὶ ποιὸν καὶ ποσόν, καὶ ταῦτα εἴτ' ἀπολελυμένα ἀπ' ἀλλήλων εἴτε μή, πολλὰ τὰ ὄντα.

a qualidade e a quantidade⁸⁹. Por essa razão, o eleatismo suporia que ser se diz de uma única maneira, e Aristóteles pretende mostrar que a posição, assim reconstruída, não se sustentaria: se todas as coisas são qualidade ou quantidade, ou deveriam ser em uma substância (implicando novamente a multiplicidade), ou uma ou outra categoria seria sem a substância, o que é impossível, pois só a substância tem uma natureza separada⁹⁰. Refuta-se, assim, a Melisso, quando este diz que o ser é infinito: ou o ser é apenas substância, e, portanto, não é infinito, ou, se é infinito, é quantidade e também substância, e, portanto, múltiplo⁹¹.

Do lado do "um", a crítica prossegue segundo três sentidos possíveis de unidade: como contínuo, como indivisível e como unidade conceitual. O contínuo (συνεχές) implica a divisibilidade potencialmente infinita, e, portanto, a multiplicidade do ser⁹². Se o que é é indivisível (ἀδιαίρετον), não se poderá dizer que é uma quantidade infinita (como Melisso), nem que é qualitativamente limitado, como quer Parmênides, pois o limite (πέρας) é indivisível, e não o limitado (πεπερασμένον) enquanto tal⁹³.

No entanto, no que diz respeito a Parmênides, a fórmula οὐδὲ διαιρετόν ἐστιν (B8,22) significa mais provavelmente que "o que é" é incapaz de diferenciação, e não que seja (potencialmente) indivisível⁹⁴.

---

89. É a base da doutrina aristotélica da plurivocidade do ser e das diferentes categorias: uma espécie é determinada no interior de um gênero através de uma diferença que não pode estar contida na definição do gênero. Uma diferença qualquer que já não implique, porém, o "ser" é impossível, pois o "ser" pode ser dito de tudo. Assim, a relação da substância, da qualidade, da quantidade etc. com o ser não é concebível como a de espécies com respeito a um gênero comum (cf. TRENDELENBURG, 1846, 67-68).
90. 185 a 29-31: εἰ δὲ πάντα ποιὸν ἢ ποσόν, εἴτ' οὔσης οὐσίας εἴτε μὴ οὔσης, ἄτοπον, εἰ δεῖ ἄτοπον λέγειν τὸ ἀδύνατον. οὐθὲν γὰρ τῶν ἄλλων χωριστόν ἐστι παρὰ τὴν οὐσίαν.
91. 185 b 3: εἰ μὲν τοίνυν καὶ οὐσία ἔστι καὶ ποσόν, δύο καὶ οὐχ ἓν τὸ ὄν· εἰ δ' οὐσία μόνον, οὐκ ἄπειρον, οὐδὲ μέγεθος ἕξει οὐδέν· ποσὸν γάρ τι ἔσται.
92. 185 b 9-11: εἰ μὲν τοίνυν συνεχές, πολλὰ τὸ ὄν· εἰς ἄπειρον γὰρ διαιρετὸν τὸ συνεχές.
93. 185 b 16-19. Se compreendemos bem o argumento, o ponto parece ser que o limitado implica a diferença de natureza com o limite, e, portanto, a divisão.
94. FRÄNKEL (1942), 14, n. 36.

Assim também, ao nomeá-lo "contínuo" (cf. συνεχές B8,6; συνέχεσθαι B8,23; ξυνεχὲς πᾶν ἐστιν B8,25), o Eleata não visa a uma propriedade relacionada à extensão espacial: em ambos os casos trata-se mais provavelmente de explicitar a absoluta homogeneidade, lógica ou metafísica, do ser[95]. Aristóteles, portanto, não está interpretando o que diz Parmênides nos versos que acabamos de citar: ele argumenta a partir dos sentidos que reconhece ele mesmo ao "um". Sob esse aspecto, percebemos mais a estratégia de refutação de Aristóteles do que somos realmente informados a respeito das doutrinas dos adversários. Ele impõe aos predecessores observar distinções conceituais das quais eles não estão, evidentemente, conscientes: a começar, a distinção de ato e potência na determinação do ser pela continuidade e indivisibilidade. E, em decorrência, obriga-os a fazer uma escolha, segundo a distinção que lhes é igualmente estranha, entre um único ou múltiplos sentidos do ser, para, encurralando-os na primeira das alternativas, finalmente acusá-los de incoerência.

Crítica da fundamentação da doutrina eleática – A segunda parte do exame crítico de Aristóteles traz a análise para o campo de sua teoria do silogismo. Os argumentos de Parmênides e Melisso, em sua ótica, são materialmente falsos e formalmente inválidos[96]. A premissa material é falsa, na reconstrução aristotélica, pois Parmênides não reconhece a multiplicidade de sentidos do ser[97]. Simplício, recolhendo de Alexandre, transmite duas tentativas de formalização do pensamento de Parmênides como silogismo. Uma seria de Teofrasto: "O que é além do ser é não ser; o não ser é nada (nenhum); o ser é, portanto, um" (τὸ παρὰ τὸ ὂν οὐκ ὄν· τὸ οὐκ ὂν οὐδέν· ἓν ἄρα τὸ ὄν). A outra, de Eudemo: "O que é além do ser não é; o ser se diz apenas de um modo; o ser é, portanto, um" (τὸ παρὰ τὸ ὂν οὐκ ὄν, ἀλλὰ καὶ μοναχῶς λέγεται

---

95. Cherniss (1935), 65-66.
96. 186 a 6-8: ἀμφότεροι γὰρ ἐριστικῶς συλλογίζονται, καὶ Μέλισσος καὶ Παρμενίδης καὶ γὰρ ψευδῆ λαμβάνουσι καὶ ἀσυλλόγιστοί εἰσιν αὐτῶν οἱ λόγοι.
97. 186 a 24: ψευδὴς μὲν ᾗ ἁπλῶς λαμβάνει τὸ ὂν λέγεσθαι, λεγομένου πολλαχῶς.

τὸ ὄν· ἓν ἄρα τὸ ὄν)⁹⁸. Tais formalizações não se apoiam diretamente no Poema, mas em uma passagem de Aristóteles na *Metafísica*⁹⁹, além do texto *Física*. Mas Parmênides, evidentemente, não afirma que o ser se diz em um único sentido. Vimos que é Aristóteles quem procura recolher e fixar a doutrina em termos de suas distinções categoriais, desconhecidas dos eleatas, e imputa-lhes, como premissa, a negação dos muitos modos de dizer o ser. Isso posto, o Estagirita pretende sustentar que o argumento, além desse pressuposto material — que ele considera falso —, seria também formalmente inválido. O núcleo da crítica consiste em apontar a indiferenciação, em Parmênides, entre o atributo e o sujeito. Supondo que todas as coisas fossem brancas (substituindo o predicado "ser" por "branco"), nem por isso deixariam elas de ser múltiplas, ainda que se considerasse que tudo fosse um *continuum* de branco: pois o ser do branco, enquanto tal, é diferente do ser da própria coisa que recebe o atributo[100].

A análise de Aristóteles — que não precisamos acompanhar aqui em todos os seus desdobramentos — é útil para estabelecer um ponto importante a respeito de Parmênides: o monismo que se lhe atribui é um que falha em distinguir a unidade do conceito da unidade numérica de seu portador[101]; a unidade do ser parmenídeo é, enfim, uma unidade conceitual — que se pode diferenciar, como ele o fará na *Metafísica*, da apreensão material da unidade em Melisso[102].

---

98. SIMPLÍCIO, *In phys.*, 115,11-14. A formalização de Teofrasto parece ainda ter dado ensejo a um outro modelo de crítica formal ao pensamento de Parmênides (cf. FILOPÔNIO, *In phys.*, 62, 5ss): a conclusão ("o ser é um") seria obtida, de maneira inválida, tomando o contrário do antecedente ("o ser", contrário de "além do ser") e inferindo o contrário do consequente ("um", contrário de "nada" ou "nenhum"). A conversão por negação, no entanto, é válida apenas quando se parte do contrário do consequente (no caso, a conclusão seria: "o um é ser"). Esse problema, entretanto, não é o que se coloca em questão para Aristóteles no contexto da *Física*.
99. *Metafísica*, I, 3, 986 b 28: παρὰ γὰρ τὸ ὂν τὸ μὴ ὂν οὐθὲν ἀξιῶν εἶναι, ἐξ ἀνάγκης ἓν οἴεται εἶναι, τὸ ὄν, καὶ ἄλλο οὐθέν.
100. 186 a 30: οὐ γὰρ ἢ χωριστὸν ἀλλὰ τῷ εἶναι ἕτερον τὸ λευκὸν καὶ ᾧ ὑπάρχει.
101. BÄUMKER (1886), 551-552.
102. *Metafísica*, I, 3, 986 b 18: Παρμενίδης μὲν γὰρ ἔοικε τοῦ κατὰ τὸν λόγον ἑνὸς ἅπτεσθαι, Μέλισσος δὲ τοῦ κατὰ τὴν ὕλην.

As questões do monismo

Dessa maneira, cabe destacar uma observação sobre a qual é preciso insistir: o Estagirita jamais chega a atribuir a Parmênides, no contexto da refutação levada a cabo na *Física*, um monismo propriamente numérico. Quando um monismo "numérico" está em questão, é apenas na elaboração prévia ao nível da indistinção ontológica entre o princípio e aquilo de que o princípio é princípio, inibidora de qualquer possibilidade de ciência[103]. Essa leitura inflacionada do monismo não comporta sequer a hipótese de qualquer contra-argumentação. É pelo desvio de um questionamento situado em um outro nível — poderíamos dizer "ôntico" — que a refutação se desenvolve e que os eleatas são acusados de fazerem raciocínios erísticos: a falsidade da premissa é demonstrada pela impossibilidade de reduzir todas as *coisas* a uma qualquer das categorias, para afirmar a univocidade do ser, e pela incoerência da afirmação da unidade, quando esta se lê segundo os conceitos da indivisibilidade, da continuidade ou da unidade formal (de *algo*); a invalidade do silogismo, pela indiferenciação entre o atributo formal e o sujeito numérico. Poderíamos afirmar que a interpretação de Aristóteles, quando se trata propriamente de refutá-lo, não é, precisamente, de que Parmênides diga que existe uma única coisa, mas que, ao tentar estabelecer um conceito unívoco do ser, este conceito não se preste a dizer de *coisa alguma*.

* * *

O ataque de Aristóteles ao início da *Física* não é gratuito. Ele precisa demonstrar que o emprego unívoco do ser não é recebível sem implicar uma série de contrassensos. Mas o alcance da crítica não se limita a um exame lógico: ela libera "o que é" (τὸ ὄν) das malhas do argumento eleático, que o encerrava segundo os critérios restritivos do uno, inengendrado, imóvel, contínuo etc., com o intuito de finalmente resgatá-lo para a elaboração científica da física. Para falar a respeito da *physis*, requer-se aceitar o princípio do movimento, e o processo do ente em movimento pode ser abordado como o ainda-não-ser de algo em um substrato que é "numericamente um, mas formalmente dois"

---

103. Cf. nota acima.

(190 b 23-24). Contra Parmênides e os eleatas, admitem-se os múltiplos sentidos do ser e do não ser, discernindo a realidade dos φύσει ὄντα enquanto κινούμενα, dos entes físicos como entes em movimento, através dos conceitos de ato e potência (191 b 27-34), de em si e por acidente, autorizando-se que se diga que algo "provém do não ser", não de maneira absoluta, mas enquanto privação (191 a 33-b 17).

3.4.2. Os testemunhos aristotélicos sobre os princípios da Doxa (Metafísica, I, 5, 986 b 27-987 a 2; Sobre a geração e a corrupção, I, 3, 318 b 3-7)

Como esperamos ter esclarecido na seção anterior, da crítica de Aristóteles a Parmênides no contexto dos capítulos iniciais da *Física* não resulta um testemunho de que nosso Eleata não tivesse nada a dizer a respeito do campo da geração e da corrupção. O que o Estagirita recusa é a ontologia parmenídea da Verdade e sua restrição do conceito de ser que, se levada às últimas consequências, impediria não só o conhecimento científico da natureza — pela impossibilidade de se falar dos entes em movimento — como, além disso, o estabelecimento de qualquer ciência em geral, a partir da exigência aristotélica de uma distinção ontológica entre os princípios e aquilo de que os princípios são princípios. Fora da discussão pela circunscrição da disciplina, Aristóteles não recusa interpretar certos aspectos da doutrina parmenídea em termos de causas ou princípios de naturezas diversas, como é o caso das passagens que agora examinaremos.

Na narrativa que se inicia em *Metafísica*, I, 3, Aristóteles propõe-se a fazer um exame das doutrinas dos primeiros filósofos, a fim de verificar a presença, nelas, das quatro causas estabelecidas na *Física*. Seu critério de classificação são, portanto, os tipos de causa encontráveis nesses pensadores e, subsidiariamente, o número dessas causas. Tales, Anaxímenes, Diógenes, Hipaso de Metaponto e Heráclito são mencionados como postulantes de uma única causa material; Empédocles, de quatro; Anaxágoras, de um número ilimitado (983 b 6-984 a 8).

Na sequência, procura identificar as doutrinas onde se apresentam traços da causa eficiente, citando Parmênides, de um lado, na medida em que "postula haver de algum modo duas causas" (δύο πως τίθησιν αἰτίας εἶναι, 984 b 4), e, de outro, pluralistas não identificados que atribuem ao Fogo uma natureza cinética, ao lado de outros elementos (984 a 27-984 b 8). Os primeiros sinais de uma causalidade final (pouco distinta da eficiente) são localizados em Anaxágoras, ao postular uma Inteligência (talvez precedido por Hermótimo de Clazômenas), ou ainda Hesíodo ou — novamente — Parmênides, que atribuem a Éros algum papel na geração dos seres (I, 3, 984 b 15-4, 984 b 31); mais claramente ela aparece em Empédocles, que distingue Amizade e Discórdia como contrários, atribuindo à primeira a causa do bem e do belo (984 b 32-985 a 10).

O próximo passo segundo o programa anunciado por Aristóteles parece ser a identificação dos traços da causa formal — mais precisamente, ele diz, da "substância e da essência", enquanto são causa do *logos* de alguma coisa[104]. Isso talvez explique a inserção aparentemente descontextualizada dos atomistas em 985 b 3-23: há algo que se anunciaria na perspectiva de uma explicação formal com a oposição do pleno e do vazio e com a explicação das diferenças (διαφοραὶ, 985 b 13) entre os seres através da figura, da ordem e da posição dos átomos[105]. Entretanto, esse primeiro esboço não chega a constituir uma causa unificada. De fato, ela não o será verdadeiramente, aos olhos de Aristóteles, nem com os platônicos[106]: por essa razão, uma particular atenção é dada mais às falhas do que aos progressos alcançados, sendo todos em algum ponto malsucedidos. Nessa hipótese de leitura, não há quebra da ordem de exposição segundo a natureza das causas e o

---

104. *Metafísica*, I, 3, 983 a 27-29: ὧν μίαν μὲν αἰτίαν φαμὲν εἶναι τὴν οὐσίαν καὶ τὸ τί ἦν εἶναι (ἀνάγεται γὰρ τὸ διὰ τί εἰς τὸν λόγον ἔσχατον, αἴτιον δὲ καὶ ἀρχὴ τὸ διὰ τί πρῶτον).
105. REALE (2002), 33, n. 13, recolhe a discussão e sugere que a ordem é interrompida pelo fato de Aristóteles figurar a gênese do Atomismo no Eleatismo. Contudo, parece-nos clara a organização da exposição de Aristóteles segundo a diferenciação da natureza das causas e, em cada categoria, pelo critério secundário do número de causas postuladas.
106. Isso embora os postulantes das Ideias sejam os que mais se aproximem dela: τὸ δὲ τί ἦν εἶναι καὶ τὴν οὐσίαν σαφῶς μὲν οὐθεὶς ἀποδέδωκε, μάλιστα δ' οἱ τὰ εἴδη τιθέντες λέγουσιν (988 a 35-b 1).

seu número, o segundo critério então se adaptando ao de uma progressiva unificação[107]. Os atomistas constituem um caso limite, próximo ou igual a zero: não transcendem, aos olhos de Aristóteles, o nível da explicação material, e nem dão uma explicação para a origem do movimento (sem o que, considera possivelmente Aristóteles, a causa formal é impensável). Em contrapartida, mais próximos de uma tentativa de explicação formal, os Pitagóricos "enxergavam nos números semelhanças com as coisas que são e que se geram" (θεωρεῖν ὁμοιώματα τοῖς οὖσι καὶ γιγνομένοις, I, 5, 985 b 27), mais do que no fogo, na terra e na água. Estabelecem, ademais, os contrários como princípios dos seres (insinuando que poderiam articular, através deles, a correlação de forma/causa eficiente e matéria?). No entanto, não esclarecem suficientemente o seu papel enquanto causa e, considerando-os inerentes à substância, parecem apenas atribuir a seus elementos a função de matéria (985 b 23-986 b 8).

Se nossa leitura é correta, entende-se que Parmênides entre no conjunto do relato por ter articulado ao ser/um um tipo de explicação ou princípio formal:

> Parmênides parece ter entendido o Um segundo a forma (τοῦ κατὰ τὸν λόγον ἑνὸς), Melisso segundo a matéria (τοῦ κατὰ τὴν ὕλην) (e por isso o primeiro sustentou que o Um é limitado, πεπερασμένον, o outro que é ilimitado, ἄπειρόν). Xenófanes afirmou antes deles a unidade do todo (diz-se, com efeito, que Parmênides foi seu discípulo), mas não oferece nenhum esclarecimento e não parece ter compreendido a natureza nem de uma nem de outra dessas causas, mas, estendendo sua consideração a todo o universo, afirma que o Um é Deus. Para a pesquisa que estamos desenvolvendo, como dissemos, podemos deixar de lado dois desses filósofos, Xenófanes e

---

107. Que haja uma "progressiva unificação" não parece contrário ao método de Aristóteles, que entende que apenas ele próprio discerniu com clareza a natureza de cada uma das causas e que os pensadores anteriores falam de maneira confusa, pois "a filosofia primitiva parece balbuciar sobre todas as coisas" (ψελλιζομένη γὰρ ἔοικεν ἡ πρώτη φιλοσοφία περὶ πάντων, 993 a 15-16). É também na linha de um progresso titubeante que Aristóteles detecta a presença de algo como uma causa final em Parmênides, na passagem cujo comentário omitimos nesta seção (mas veja-se o Capítulo 5).

Melisso, por serem suas concepções um tanto grosseiras (*Metafísica*, I, 5, 986 b 18-27. Tradução de Giovani Reale/Marcelo Perine).

Aristóteles parece ali deduzir, da descrição parmenídea do que é como "limitado" (cf. τετελεσμένον ἐστί, B8,42), a proximidade com sua própria concepção de forma (εἶδος)[108]. Em *Fís.*, III, 6, 207 a 15-21, o Estagirita critica a identificação abusiva por Melisso do infinito ao todo (τὸ ὅλον), elegendo a concepção de Parmênides do todo limitado como superior. Destaca-se ainda, no contexto subsequente ao passo, a concepção aristotélica do infinito como "matéria do acabamento da extensão e totalidade em potência", um indicador de que é a partir da própria identificação por Aristóteles de infinidade e matéria que ele atribui ao Um de Melisso um caráter material[109]. Se o Estagirita lê na história da filosofia que o monismo eleático deveria representar um progresso em direção à causalidade formal, isso talvez explique — o que, tomado absolutamente, pareceria uma injustiça — por que coloca no mesmo plano Xenófanes (que pouco argumenta a respeito) e Melisso: é que, de acordo com sua visão teleológica, a doutrina do pensador de Samos constitui um regresso ou simplesmente um equívoco.

Chegamos, enfim, à passagem que nos interessa particularmente:

> Parmênides, de outro lado, parece raciocinar com maior visão. Por não ser de nenhum valor o que não é, para além do que é, necessariamente assume que o que é é Um, e nada mais (sobre isso discorremos com mais precisão na *Física*). Sendo, todavia, forçado a acompanhar os fenômenos, supondo, adicionalmente ao Um segundo a razão, que, porém, há muitos para a sensação, postula ainda duas causas e dois princípios, o quente e o frio, chamando-os Fogo e Terra. Desses, situa o quente com respeito ao que é, o outro com respeito ao que não é (ARISTÓTELES, *Metafísica*, I, 5, 986 b 27-987 a 2)[110].

---

108. REALE (2002), 41, n. 16.
109. *Física*, III, 6, 207 a 21-22: ἔστι γὰρ τὸ ἄπειρον τῆς τοῦ μεγέθους τελειότητος ὕλη καὶ τὸ δυνάμει ὅλον. Cf. BRÉMOND (2016), 25-26.
110. Παρμενίδης δὲ μᾶλλον βλέπων ἔοικέ που λέγειν· παρὰ γὰρ τὸ ὂν τὸ μὴ ὂν οὐθὲν ἀξιῶν εἶναι, ἐξ ἀνάγκης ἓν οἴεται εἶναι τὸ ὄν, καὶ ἄλλο οὐθέν (περὶ οὗ σαφέστερον ἐν τοῖς περὶ φύσεως εἰρήκαμεν), ἀναγκαζόμενος δ᾽ ἀκολουθεῖν τοῖς φαινομένοις, καὶ τὸ ἓν μὲν κατὰ τὸν λόγον πλείω δὲ κατὰ τὴν αἴσθησιν ὑπολαμβάνων εἶναι, δύο τὰς αἰτίας

A notícia é bastante densa. Para interpretá-la, precisamos considerar o contexto em que aparece, e a intenção primária de Aristóteles de perseguir uma diferenciação progressiva das causas segundo sua reconstrução da história do pensamento dos antecessores. Parmênides, nessa ocasião, é citado como aquele que mira na direção certa (cf. μᾶλλον βλέπων). Nessa ótica, conta não apenas a insinuação de algo como uma causa formal, mas também a articulação de diferentes tipos de causas.

Se na *Física* se condenava a indistinção ontológica que impedia, a rigor, uma afirmação dos princípios, aqui a definição puramente formal, "segundo a razão", do ser (τὸ ὄν), aparece como positiva. É, pois, em termos estritamente formais que Aristóteles parafraseia o argumento da Verdade da exclusão do não ser: o que está "para além do que é" não tem "nenhum valor" (οὐθὲν ἀξιῶν εἶναι), e, portanto, a definição de "o que é" se resume a uma determinação de sua unidade — e vimos que Aristóteles discute os *sêmata* parmenídeos (inteiro, contínuo, indiviso) em termos de significados do "um" — sem que "nada mais" entre nessa definição (καὶ ἄλλο οὐθέν)[111].

Se a passagem é tomada fora de seu contexto, a sequência da frase, iniciando-se com "sendo constrangido" (ἀναγκαζόμενος), pareceria a denúncia de uma contradição interna na doutrina de Parmênides, e a postulação de duas causas após a afirmação do Um algo que este se veria obrigado a fazer simplesmente *malgré lui*[112]. No entanto, parece-nos menos provável que Aristóteles veja nisso uma contradição do que reconheça um avanço histórico. Pois os pensadores são, diz ele poucas páginas antes, "constrangidos pela própria verdade" (ὑπ' αὐτῆς τῆς ἀληθείας ἀναγκαζόμενοι, 984 b 10-11) a colocarem-se em busca dos princípios. Assim, a frase que examinamos apresenta uma progressão, que se vê melhor lendo um καὶ adverbial com uma nuance adversativa marcada pelas

---

καὶ δύο τὰς ἀρχὰς πάλιν τίθησι, θερμὸν καὶ ψυχρόν, οἷον πῦρ καὶ γῆν λέγων. τούτων δὲ κατὰ μὲν τὸ ὂν τὸ θερμὸν τάττει θάτερον δὲ κατὰ τὸ μὴ ὄν.
111. A posterior formalização das premissas do argumento parmenídeo por Teofrasto — τὸ παρὰ τὸ ὂν οὐκ ὄν· τὸ οὐκ ὂν οὐδέν — reforça, porém, uma implicação ontológica, uma declaração por assim dizer *de re* sobre o não ser, que Aristóteles, no entanto, parece aqui evitar.
112. Assim parece interpretar, por exemplo, Ross (1924), 133.

partículas μὲν δὲ[113]. Isto é, agora não apenas se detectam os traços de uma explicação formal "abstrata" (como era o caso dos Pitagóricos quando pretendem elucidar a natureza das coisas através dos números), mas, de um ponto de vista sistemático mais global da doutrina de Parmênides, apresenta-se também certa articulação de diferentes tipos de causas. Quais seriam exatamente as naturezas de causas que Aristóteles lê em Parmênides nos princípios de Fogo e Terra é, no entanto, difícil precisar. Teofrasto (*Phys. dox.*, fragmento 6 = *Dox.*, 482), recolhido por Alexandre, parecia ver neles a diferença entre matéria e causa eficiente. Simplício, no entanto, argumenta contra uma interpretação de Alexandre que associa a Terra à matéria (ὡς ὕλην) e o Fogo ou a Luz à causa eficiente (ὥς ποιητικον αἴτιον) — talvez indicativo de que o recolhimento por este último de Teofrasto não é confiável, posto que Simplício também conhecia a obra? —, e atribui à divindade cósmica de B12/B13 este último tipo de causalidade[114]. Filopônio, lendo o *Geração e corrupção* (318 a 27), justifica que Parmênides tenha associado à Terra o não ser por ter o caráter de uma substância "mais material" (ὑλικότεραν), enquanto o Fogo, associado ao ser, exprimiria uma causa "eficiente e mais formal" (ὡς ποιοῦν καὶ εἰδικώτερον)[115].

Tais tentativas de identificação, que são já uma interpretação da interpretação de Aristóteles, não esclarecem, porém, sobre qual fundamento se apresenta, à origem, a associação dos princípios parmenídeos com o ser e o não ser. A leitura menos comprometedora seria assumir que talvez na cosmogonia o Fogo poderia ter um papel mais ativo, enquanto a Noite (da qual se deriva em última instância a Terra), um papel mais passivo, e Aristóteles poderia perceber essa diferença como algo da ordem da atualidade em oposição à potencialidade, transpondo esses termos em "ser" e "não ser"[116]. Nessa linha, admitiríamos

---

113. Sobre a conexão aditiva "progressiva", que combina as partículas em sequência para apresentar um movimento de pensamento, ver DENNISTON (1954), xlvii e s.
114. SIMPLÍCIO, *In phys.*, 38,18-39,19.
115. FILOPÔNIO, *In de gen. et corr.*, 53,2-7.
116. Assim pensa CHERNISS (1935), 48, n. 192, seguido por CHALMERS (1960), 20. Essa interpretação encontra ainda apoio em uma passagem do *Geração e corrupção* (II, 9, 336 a 1-12), onde Aristóteles critica aqueles que atribuem sem mais um poder

que Aristóteles emprega suas próprias noções de ser e não ser, e que apenas impõe os seus conceitos ao que interpreta como princípios na *Doxa*. A equivalência seria, assim, pouco aceitável para uma exegese do Poema.

Por outro lado, é notável que Aristóteles não se expresse dizendo que Fogo e Terra são "como" (ὡς) ser e não ser, mas que atribua ao próprio Parmênides a correlação (τάττει... κατὰ...). Além disso, em *Geração e corrupção*, 318 b 4-8, passagem que veremos a seguir, Aristóteles fala nos opostos, associados a ser e não ser, como se fossem princípios da *Doxa*. Para conciliar as notícias, Long supõe que, na *Doxa*, as μορφαί de B8,53 refiram-se ao ser e ao não ser, mas ao preço de invalidar a cosmogonia: "O reconhecimento do não ser coloca o relato de Parmênides no mesmo nível que o dos mortais que têm duplas-cabeças e reconhecem o mundo sensível"[117]. Ele está certamente correto quando vê uma relação entre as "formas" parmenídeas com o que *os mortais* consideram, contraditoriamente, ser e não ser. Mas não considera — como pensamos nós — que a seção da *Doxa* (complementada pela cosmogonia), postule princípios que procurem explicar a experiência sensível e a linguagem que a ela adere, bem como a necessária errância dos mortais a partir da lei do "arranjo cósmico" (διάκοσμος, B8,60), segundo o qual os opostos se alternam. A notícia de Aristóteles — à origem dos muitos relatos posteriores na tradição sobre a seção da *Doxa* — é clara, no entanto, no sentido de descrever que Parmênides postula seus princípios a fim de dar um tratamento aos "fenômenos" (ἀκολουθεῖν τοῖς φαινομένοις). E, se nossa leitura é correta, esse adicional à doutrina do Um é visto por Aristóteles, no contexto da narrativa teleológica da *Metafísica* acerca da diferenciação das causas e princípios, não como uma fraqueza do argumento de Parmênides, mas como um avanço histórico-filosófico.

A solução para o impasse, parece-nos, está em considerar que Aristóteles tem um outro ponto de apoio no texto parmenídeo para sustentar a sua interpretação. Ele não se encontra nas linhas do poema

---

ativo ao fogo de maneira excessivamente instrumental, pois FILOPÔNIO (287,25-26), ao comentar a passagem, diz que Alexandre noticia que esse seria o caso para Parmênides.
117. LONG (1963), 104.

referentes à *Doxa* — no sentido estrito que estabelecemos no capítulo anterior, isto é, nos versos B8,53-61 e B9 —, mas em uma passagem que antecede essa seção e a prepara, isto é, nos versos B8,38-41, que, à conclusão da descrição de "o que é", situam o regime do nomear dos mortais sob a *suposição* da verdade da geração e da corrupção[118]:

> B8,38-41:
> Dele todos serão os nomes, / porquanto mortais os tenham estabelecido, persuadidos de verdadeiramente serem / nascer e perecer, ser e também não, / e mudar de lugar, por cor aparente alternar[119].

No interior da perspectiva dóxica, os mortais nomeiam as múltiplas coisas em seu "ser e não ser" (εἶναί τε καὶ οὐχί, B8,40), e é nessa linha que Aristóteles encontra a justificativa para fazer a correlação. Essa hipótese tem ao menos uma vantagem que nos parece bastante forte: ela é literal. Mas ela é justificável ainda do ponto de vista filosófico do Estagirita, pois vimos, ao interpretar a crítica ao eleatismo na *Física*, que Aristóteles não aceita o significado "ontológico" do ser, como pretende estabelecê-lo Parmênides na Verdade. Reverte, portanto, ao menos parcialmente, para um uso linguístico que, *aos olhos de Parmênides*, seria aquele da opinião dos mortais, e que atribui o ser e o não ser aos objetos da experiência. Mas, ainda que transformando os termos, e sem fornecer muitos detalhes, o Estagirita reconhece o caráter explicativo da seção da *Doxa* como postulação de princípios.

Algum detalhamento, porém, encontramos em uma passagem em que Aristóteles descreve a função cosmológica dos princípios da *Doxa* — e que lhe serve para elucidar algo a respeito daquilo que é nomeado ("pelos mortais", acrescentaria a deusa) geração e perecimento:

> ...assim o caminho em direção ao Fogo (εἰς πῦρ ὁδὸς) é geração absoluta, e perecimento de algo, a saber da Terra, enquanto a geração

---

118. A transição fica mais clara se se aceita a hipótese de Ebert-Barnes de transposição das linhas B8,34-41, por efeito de uma transcrição incorreta dos manuscritos, e se a inserimos logo antes de B8,50.
119. τῶι πάντ' ὄνομ' ἔσται, / ὅσσα βροτοὶ κατέθεντο πεποιθότες εἶναι ἀληθῆ, / γίγνεσθαί τε καὶ ὄλλυσθαι, εἶναί τε καὶ οὐχί, / καὶ τόπον ἀλλάσσειν διά τε χρόα φανὸν ἀμείβειν.

da Terra é vir-a-ser algo, e não geração absoluta, mas perecimento absoluto, a saber, do Fogo. Assim Parmênides fala de dois (δύο), dizendo que aquilo que é e aquilo que não é são respectivamente Fogo e Terra (τὸ ὂν καὶ τὸ μὴ ὂν εἶναι φάσκων πῦρ καὶ γῆν) (ARISTÓTELES, *De gen. et corr.*, I, 3, 318 b 3-7).

Geração e perecimento absolutos, a rigor, não existem. Aristóteles toma como ponto de partida de suas investigações dialéticas uma análise da linguagem vulgar com respeito ao "gerar-se" e ao "corromper-se", para elaborá-la conceitualmente e revelar seus critérios implícitos[120]. Ora, o procedimento, a nosso ver, tem algo de semelhante com o da deusa do poema, que em B8,38-41 reproduz a linguagem dos mortais para em seguida, na seção da *Doxa*, explicitar os fundamentos cosmológicos — reais, mas dos quais os mortais são ignorantes — do que lhes aparece como, e assim o nomeiam, vir-a-"ser" e não-mais-"ser". O que Aristóteles encontra no dualismo de princípios da *Doxa* parece, em todo caso, ser precisamente a explicação do gerar-se e do corromper-se como processos operando em duas direções: respectivamente ao polo do Fogo (que resulta no "ser") e ao da Terra (que resulta no "não ser")[121].

Finalmente, esses esclarecimentos permitem ainda precisar um ponto sobre a notícia na *Metafísica*. Aristóteles dizia ali que os princípios da *Doxa* são postulados por Parmênides de maneira a abordar os "fenômenos". Owen, em um célebre artigo[122], procurou mostrar que o termo φαινόμενα, em Aristóteles, não diz exatamente de "observações empíricas", mas refere-se mais propriamente a usos da linguagem, objetos do exame dialético. Ora, a indicação de Aristóteles, ao apresentar a doutrina dos dois princípios da *Doxa* na *Metafísica*, concilia-se com a interpretação de que também Parmênides ali procurou uma elucidação, não simplesmente da realidade sensível, mas em primeira instância da linguagem dos mortais — pejorativamente caracterizada como

---

120. ALGRA (2004), 116-121.
121. Parece-nos assim um pouco apressada a conclusão de Cherniss de que *"the equation attributed to Parmenides is merely the usual tendency of Aristotle to read into an earlier philosopher the implication of his own doctrines"* (CHERNISS, 1935, 48, n. 192).
122. OWEN (1980).

falatório, γλῶσσα B7,5, na primeira parte do poema — que nomeia as coisas em devir. E essa leitura se confirma ao reconhecermos o caráter "dialético" dos versos 38-41 do fragmento 8. Depois de expor a verdade do ser, recusando o não ser, a deusa reproduz a linguagem dos mortais que assume a geração e o perecimento, para então, na *Doxa*, fornecer uma explicação cosmológica para a maneira como os mortais apreendem a realidade e a nomeiam, que, embora não sendo "verdadeira" na perspectiva ontológica, constitui, não obstante, um fato a ser explicado. Nesse sentido, Parmênides é mais sofisticado do que outros eleáticos, que postulam o Um, mas que simplesmente "desprezam a sensação" (ὑπερβάντες τὴν αἴσθησιν) e acreditam que basta "acompanhar o argumento" ou a "razão" (τῷ λόγῳ ἀκολουθεῖν)[123]: ele, pois, procurou também "acompanhar os fenômenos" (ἀκολουθεῖν τοῖς φαινομένοις), isto é: os objetos da experiência e a linguagem que os descreve, oferecendo algum tipo de elucidação a seu respeito[124].

---

123. ARISTÓTELES, *De gen. et. corr.*, I, 8, 13-16.
124. Um estudo do método do *Geração e corrupção* excede os limites deste trabalho. Mas seria interessante, sob este aspecto, perseguir de que maneira o procedimento "dialético" da deusa pôde eventualmente inspirar o Estagirita. Sem nos comprometermos com uma interpretação, que exigiria um cuidado bastante grande, permita-se-nos apenas apontar uma passagem, poucas páginas após a citação a Parmênides, onde a freaseologia de Aristóteles — embora permeada de novos conceitos — parece apresentar fortes ressonâncias com o Poema: "O quente é um predicado (καθηγορία τις) e uma forma (εἶδος), o frio é apenas uma privação (στέρησις). Terra e Fogo distinguem-se por essas diferenças. Mas, como opina o vulgo (δοκεῖ δὲ τοῖς πολλοῖς), a diferença (*sc.* entre a geração e a corrupção) está sobretudo em que uma é perceptível aos sentidos, enquanto a outra é imperceptível. Quando há o transformar-se em matéria sensível (εἰς αἰσθητὸν μεταβάλλῃ ὕλην), dizem haver o 'gerar-se' (γίνεσθαί; cf. B8,40 γίγνεσθαί), quando há o transformar-se em matéria imperceptível (εἰς ἀφανῆ; cf. B8,59 ἀδαῆ), o 'destruir-se' (φθείρεσθαι; cf. B8,40 ὄλυσθαι): distinguem (διορίζουσιν; cf. B8,55 ἐκρίναντο) ser de não ser pelo perceber ou não perceber e, nessa medida (ὥσπερ), o que é, sendo conhecido (τὸ μὲν ἐπιστητὸν ὄν), do que não é, sendo desconhecido (τὸ δ' ἄγνωστον μὴ ὄν; cf. B2,7 οὔτε γνοίης). A sensação tem, pois, para eles, a força de uma ciência (ἐπιστήμης). Consideram (νομίζουσιν; cf. B6,8 νενόμισται) viverem e serem por suas sensações e por seu poder de ter sensações e, também assim, consideram às coisas (πράγματα; cf. B6,9 πάντα); de alguma maneira procuram conhecer o verdadeiro (τρόπον τινὰ διώκοντες τἀληθές; cf. B8,39 ἀληθῆ), mas o que dizem não é verdadeiro (οὐκ ἀληθές). Em decorrência, segundo os consideremos para a opinião ou segundo a verdade (κατὰ δόξαν καὶ κατ' ἀλήθειαν), o gerar-se e o perecer absolutamente apresentam-se diversamente (ἄλλως)" (*De gen. et. corr.*, 318 b 18-28).

CAPÍTULO 4
A *Doxa* no Poema

4.1. O "escândalo" da *Doxa*

Thanassas apontou que o "escândalo" na interpretação da *Doxa* consiste na contradição entre o tom apodítico na apresentação dos fragmentos da cosmogonia e a declaração, pela deusa, de que há algo de "enganoso" ou "ilusório" (ἀπατηλός) naquilo que ela profere[1]. A discriminação da seção da *Doxa* como anterior ou como parte distinta localizável, interior à *Diakosmêsis*, como julgamos ser pertinente, modifica os dados do problema, sem suprimi-lo. Mas conviria adicionar às dificuldades o fato de os testemunhos doxográficos, como vimos, apontarem que o conteúdo da seção da *Doxa* tem um valor doutrinário positivo. Como reconciliar esses diferentes aspectos e procurar estabelecer os objetivos propugnados por Parmênides ao compor essa parte do poema?

---

1. THANASSAS (2006), 201.

Seguindo ainda uma sugestão de Thanassas, a dificuldade pode ser formulada em termos de uma conjunção, na *Doxa*, de "crítica" e de "doutrina" (no sentido kantiano dessa distinção)². Uma divisão entre as duas abordagens parece-nos poder ser reconhecida entre, de um lado, os versos B8,50-59 ("crítica") e, de outro, o fragmento 9 ("doutrina"), que forma a base da *Diakosmêsis*, pela postulação das ἀρχαί. No entanto, para entender o aspecto crítico, é preciso retomar os aspectos "metodológicos" da primeira parte do poema e compreender como eles podem preparar a seção da *Doxa*, sob essa perspectiva.

4.2. As opiniões de mortais

Todas as vezes em que a deusa nomeia os "mortais" (βροτοὶ, B1,30, B6,4, B8,39, B8,51, B8,61), ela o faz dando-lhes uma conotação negativa. Eles são "ignorantes" (εἰδότες οὐδέν, B6,4), "gente sem capacidade de discernimento" (ἄκριτα φῦλα, B6,7). Em contraste, a mensagem do Poema, envolta em uma aura de revelação, dirige-se a um "iniciado", portador de uma espécie de privilégio que o distingue dos leigos: ele é, pois, chamado um "homem que sabe" (εἰδὼν φώς, B1,3). A tais mortais associam-se opiniões — ou crenças, ou expectativas: todas acepções possíveis para δόξαι — desprovidas de verdadeiro crédito ou confiança (ταῖς οὐκ ἔνι πίστις ἀληθής, B1,30). Muitos candidatos foram propostos na tentativa de atribuir uma identidade concreta àqueles que são designados por um viés assim crítico no discurso da deusa: Heráclito — seu caminho para cima e para baixo lido sob a expressão de um "caminho reversível", παλίντροπος ἐστι κέλευθος, B6,9 (cf. DK 22B51) —, Pitagóricos, Anaximandro, milésios...³. A escolha resta especulativa, não havendo nenhuma evidência no texto realmente determinante, e por isso inspira cautela: seria, portanto, preferível uma leitura que não dependesse diretamente de uma hipótese qualquer com respeito ao alvo concreto — se é que Parmênides tem em mira algum

---

2. THANASSAS (2006), 202.
3. CHALMERS (1960), 8.

em particular, o que por si configura também uma suposição para a qual as evidências não são claras[4].

Ora, há dois pontos salientes que nos podem servir para sustentar uma interpretação antropológica e não histórica a respeito do que está em jogo com o tema das opiniões: primeiro, que elas estejam associadas à condição da mortalidade enquanto tal, se o epíteto, proferido por uma deusa, tem algum valor significativo para além de uma mera função depreciativa (de acordo, em todo caso, ao registro tradicional da inferioridade do homem com relação ao divino[5]). Em segundo, o adjetivo ἄκριτα, "desprovido de julgamento", constitui uma evidente chave de compreensão das intenções de Parmênides, posto que contrasta diretamente com a injunção de "julgar", "discriminar" e "decidir", expressa reiteradamente através do verbo *krinein* (B7,5; B8,15-16), a que se associa o simbolismo do caminho, tradicionalmente associado à escolha moral ou religiosa[6]. O que caracteriza os mortais é, sob esse aspecto, a falta de uma decisão, a ausência propriamente — segundo esta metáfora central da Verdade — de um "caminho de investigação". Por tal razão, diga-se ainda, a expressão "Caminho das Opiniões", embora empregada por intérpretes modernos, afigura-se não apenas carente de uma base textual[7], mas é mesmo contraditória com o elemento essencial do Poema veiculado através do motivo do caminho (*hodos*), que é a distinção reflexiva entre a atitude metodológica e uma que não o é, ou que não é suficientemente, no que se viu, com razão, como um conhecimento de segunda ordem acerca das condições do pensar[8].

---

4. Simplício diz, de maneira, todavia, hesitante, que assim como Platão e Aristóteles refutam as opiniões de filósofos anteriores, assim também parecem fazer (τοῦτο φαίνεται ποιῶν) Xenófanes e Parmênides (*In phys.*, 36,25-30).
5. Algo já presente na conotação da palavra *anthrôpos*, cf. CHANTRAINE (1999 [1968]).
6. JAEGER (1947), 98.
7. A única base para a afirmação de um "caminho dos mortais", em associação com as opiniões, está em B6,9 κέλευθος, mas supondo que πάντων, ali, refira-se aos οἷς da linha anterior, e mediatamente a βροτοί (v. 4), dizendo, portanto, de "todos os mortais", ou, em leitura adverbial, que o caminho é "de todo reversível". Isso não é necessário: πάντα pode significar ali "todas as coisas".
8. LONG (1996), CASERTANO (1989).

Opõem-se, na Verdade, dois registros: um crítico, metodológico, apoiado em distinções conceituais; outro, vulgar, ingênuo, carente de fundamentação. A distinção de dois caminhos de investigação é condição do conhecimento metodologicamente estruturado. E, portanto, o saber não se identifica simplesmente com um desses caminhos, mas conjuntamente na posição de duas alternativas e na decisão de exclusão de uma delas[9]. Assim se explica a descrição dos dois caminhos de B2 como indicando duas possibilidades "a pensar". Com efeito, alguns intérpretes atribuem a νοῆσαι, em B2,2, sentido potencial forte, o que também ressalta sua importância metodológica; os caminhos seriam caminhos que tornam possível pensar/conhecer:

B2,1-5:
Pois bem, eu te direi, e recebe tu a palavra, escutando, / quais são os únicos caminhos de investigação que são a pensar (ὁδοὶ μοῦναι διζήσιός εἰσι νοῆσαι): / que é (ἡ μὲν ὅπως ἐστίν)... / que não é (ἡ δ' ὡς οὐκ ἐστίν)...

A deusa fala e expõe a discriminação fundante não apenas do discurso verdadeiro e seguro, mas também da possibilidade da crítica da perspectiva dos mortais. O ponto de partida ou princípio que sustenta tanto um quanto a outra é a distinção entre "o que é" e "o que não é". Os "mortais" e suas "opiniões" são, fora de discussão, alvo de crítica pela deusa em uma primeira etapa de seu discurso. Tais designações, contudo, não podem ser lidas como meros impropérios, mas adquirem um significado na leitura do poema. A ignorância contrasta com a designação do destinatário da mensagem da deusa, o "homem que sabe" (εἰδῶν φώς, B1,3). A mensagem, veiculada na Verdade, pressupõe o discernimento e o julgamento (*krinein*, B7,5; B8,15-16). De quê? Trata-se de separar "ser" de "não ser", e tal discriminação é apoiada pela imagem de "dois caminhos de investigação" no fragmento 2. A razão pela qual os designados "mortais" são alvo de crítica na primeira

---

9. Conforme mostramos, a injunção da deusa é para apreender conjuntamente "o âmago inabalável da verdade bem redonda" e as "opiniões dos mortais", e, portanto, a relação (mais formal do que material) entre elas. Cf. *supra* § 1.3.

parte do poema é, sem dúvida, por representarem eles os portadores de uma concepção em que se confundem os dois conceitos:

B6,8-9:
Consideram que o ser é também o mesmo que não ser, / e não o mesmo, já que reversível é o caminho de todas as coisas[10].

Essas linhas se leem em paralelo com os vv. 38-41 do fragmento 8 (particularmente pela correspondência de κατέθεντο v. 39 com νενόμισται B6,8), que explicitam que a oposição ser/não ser está articulada com a percepção pelos mortais do movimento e da mudança como algo verdadeiro[11]. Reinhardt, por exemplo, destaca o paralelo, mas parece pensar que os mortais tematizariam a identidade de ser e não ser, a qual postulariam de maneira voluntária e consciente[12]. Com relação a esse ponto, Verdenius também concorda que nas duas passagens trata-se dos mesmos mortais, salientando, porém, que as palavras οἷς νενόμισται não são prova de um relato "histórico" de certas opiniões; a coincidência de ser e não ser não é um pensamento de autoria dos "mortais", mas a conclusão de Parmênides com respeito à crença, por eles entretida, de que existe a mudança[13].

A decodificação da perspectiva dos mortais através dos conceitos de ser e não ser é de "autoria" da deusa, não dos próprios mortais, definidos como são pela incapacidade de fazer a sua discriminação (*krisis*). O *erro* dos mortais se explicita, através da boca da deusa, como a união indevida de dois conceitos contraditórios: ser e não ser.

---

10. οἷς τὸ πέλειν τε καὶ οὐκ εἶναι ταὐτὸν νενόμισται, / κοὐ ταὐτόν, πάντων δὲ παλίντροπός ἐστι κέλευθος.
11. Cf. *infra* § 4.5.
12. "...die Menschen haben sich einen *νόμος*, ein Gesetz gemacht, indem sie sagten: Sein und Nichtsein soll für uns dasselbe sein. Und dies Gesetz ist wiederum kein anderes als das, was den Gegenstand des ganzen zweiten Teils, der *δόξα* bildet: *μορφὰς γὰρ κατέθεντο δύο γνώμας ὀνομάζειν* [B8,53]... Der Begin der *δόξα* selbst ist nur die genauere Ausführung und Bestätigung dessen, was er über den dritten Weg und sein Zusammentreffen mit der Sinnenwelt andeutend gesagt hatte..." (REINHARDT, 1985 [1916], 69).
13. VERDENIUS (1964 [1942]), 53.

4.3. O segundo caminho de investigação: o não ser e o devir

A confusão ou a autocontradição é o objeto da crítica que dirige a deusa aos mortais. Isso não produz dificuldades de interpretação. Mais difícil, porém, é situar essa crítica com relação à tese parmenídea e à compreensão de sua estrutura lógica. Reinhardt fazia um bom ponto quando pretendia encontrar um fundamento lógico para caracterizar as opiniões dos mortais. Em sua interpretação, o caminho dos mortais constituir-se-ia, ao lado do caminho do ser e do caminho do não ser, como a terceira via que combina ambas as possibilidades. A fragilidade de sua construção reside, porém, em que, primeiro, procura justificá-la a partir do *Tratado do não ser* de Górgias, o que tem não apenas o inconveniente de extrair uma evidência indireta, como também importa uma interpretação do significado de "ser" (talvez demasiado marcadamente existencial). Além disso, como já foi dito, o esquema das três vias depende do agora contestável preenchimento da lacuna do fragmento 6 por "afasto" (<εἴργω>, B6,3).

Firme defensor de um esquema dicotômico na interpretação do sistema de Parmênides, e recusando a hipótese de uma terceira via, Cordero propõe o isolamento da tese parmenídea ao primeiro dos caminhos de investigação, em oposição à sua antítese ou ao erro dos mortais: uma tese/caminho conteria a afirmação da existência do ser e da impossibilidade do não ser, enquanto a outra corresponderia à atribuição contraditória da inexistência ao ser e da necessidade ao não ser[14]. A leitura de Cordero se desenvolve, em consequência, segundo um quadro de oposições cruzadas de categorias modais e existenciais nos vv. 3 e 5 do fragmento 2, sendo elas reproduzidas e resolvidas no fragmento 6 nas afirmações verdadeiras "ser é possível" (ἔστι εἶναι, v. 1b), e "nada

---

14. Cf. CORDERO (1997), 131: "*La première thèse est vraie parce qu'elle affirme que l'être existe, mais aussi parce qu'elle soutient que le non-être n'est pas possible. La seconde thèse est erronée parce qu'elle affirme que l'être n'existe pas, mais aussi parce qu'elle soutient que le non-être est nécessaire...*" (grifos do autor). Cordero fala, no contexto do segundo caminho, na atribuição a um conceito do "conceito contraditório" correspondente (cf. tb. 101).

(= não ser) não existe" (μηδὲν δ᾽ οὐκ ἔστιν, v. 2a), ambas expressões do primeiro caminho de investigação[15].

Apesar da admirável coerência que resulta dessa interpretação, é preciso observar sua dependência tanto da primazia que confere, de uma parte, ao significado do verbo ser em sentido existencial, quanto, de outra parte, do enquadramento em categoriais modais — procedimentos que estão sujeitos à crítica de anacronismo[16].

Há mais razões, no entanto, para crer que as proposições correspondentes a ambos os caminhos do fragmento 2 devam ser consideradas verdadeiras. Em nada pesa a figuração mítica de que o primeiro caminho seja aquele percorrido por *Alêtheia* — Ἀληθείη γὰρ ὀπηδεῖ, B2,4: a verdade, em Parmênides, não diz tanto do valor do juízo ou da proposição, quanto da realidade que se revela através do primeiro caminho: apenas é verdadeiro "o que é" (τὸ ἐόν). Igualmente, quando do segundo caminho se diz que ele não é "verdadeiro" (οὐ γὰρ ἀληθής ἐστιν ὁδός, B8,17b-18a), isso não implica a não validade de sua proposição correspondente em B2,5, e sim que o destino a que conduz ou que o seu "objeto" é desprovido da substancialidade requerida pelos critérios ontológicos radicalmente exigentes da filosofia parmenídea. Assim, não há por que recusar valor de verdade *proposicional* ao que se enuncia como o princípio do segundo caminho de investigação (porquanto seja este, precisamente, um caminho "de investigação"), embora a realidade a que se refira careça da verdade, se assim pudermos dizer, *ontológica*:

B2,5:
ὡς οὐκ ἔστιν τε καὶ ὡς χρεών ἐστι μὴ εἶναι.
Que não é, e que é preciso não ser.

---

15. CORDERO (1997), 126-127.
16. PALMER (1999) aponta a dupla sobredeterminação da interpretação existencial do ser, mediada pela leitura sofística que facilita a consonância com a distinção moderna, a partir de Frege e Russel, dos sentidos do verbo ser. Contudo, vê em Parmênides um esboço das distinções modais que se encontrariam de maneira mais elaborada em Platão. COULOUBARITSIS (2008), por vez, condena como completamente anacrônicas as distinções de necessidade, possibilidade e contingência. Sobre o sentido de χρή e χρέων, que não veiculam sem mais a ideia de "necessidade", cf. MOURELATOS (2008), 153: "*χρή and χρεών... are expressions of right, proper, and fitting necessity*".

Se a proposição do segundo caminho de investigação é, pois, verdadeira — no sentido que procuramos aqui precisar —, evidentemente o segundo hemistíquio de B2,5 — ὡς χρεών ἐστι μὴ εἶναι — não pode ser compreendido como se dissesse da "realidade efetiva" do não ser, lendo o infinitivo desempenhando função de sujeito ("que o não ser é necessário"), o que faria do verso a posição de uma tese autocontraditória[17]. Mas a proposição, como nos parece, diz, não da necessidade *do* não ser, e sim da necessidade *de* não ser (μὴ εἶναι em sentido potencial). A isso vale ainda acrescentar a precisão de que χρεών não exprime apenas a modalidade do necessário (por oposição ao possível e ao contingente), mas transmite ainda a ideia de "adequação".

O "não ser" no fragmento 2, desde que não seja lido como pura e simples negação da existência, pode designar um estatuto ontológico das coisas geradas e em devir[18]: os objetos do segundo caminho de investigação estão destinados *a* não ser, isto é: estão sujeitos a deixarem de ser, a *não mais* serem (ou, reversamente, porque vêm a ser, tais coisas necessariamente não são *ainda*, antes de sua geração). O primeiro hemistíquio apresenta, assim, aquilo a que se refere esse caminho de investigação: tudo que *não é* (οὐκ ἐστι) "o que é", todas as coisas individuais dotadas, enquanto tais, de uma existência transitória, que é preciso discriminar do fato de ser de tudo aquilo que é, da presença inderrogável pela qual se define a Verdade parmenídea, bem como o seu objeto, a que exclusivamente convém o nome "ser" (τὸ ἐόν).

Mas, se empregamos a fórmula "que não é (o que é)" para explicitar a visada do segundo caminho de investigação, o fazemos apenas a título de antecipação. Pois, evidentemente, o significado dos dois caminhos de investigação apresentados no fragmento 2, bem como de seus

---

17. É como entende CORDERO (1997), 99-100.
18. Segundo COULOUBARITSIS (2008) 265-267, não é adequado eliminar *a priori* a ambiguidade, que permite a leitura de ὡς οὐκ ἐστίν tanto como "nada" absoluto quanto como "algo que poderia ser no passado e no futuro". As bases de sua argumentação, contudo, dependem de pressupostos histórico-antropológicos muito peculiares à sua interpretação. Tentaremos mostrar que, porém, do próprio texto do Poema podemos extrair um sentido relativo de "não ser".

dois "objetos" correspondentes, não é apreensível imediatamente nos versos desse fragmento. O sentido se produz ao longo do poema, ele se constrói progressivamente, no encadeamento da argumentação. Parmênides escreve os versos citados utilizando-se de um artifício gramaticalmente inusitado: o primeiro hemistíquio de cada um dos versos 3 e 5 do fragmento 2 apresenta um verbo de ligação — se lermos o verbo εἰμί conjugado em terceira pessoa, em cada caso, em sua função predicativa, e assumindo que ὅπως e ὡς introduzam orações declarativas —, mas não um sujeito, tampouco um predicado. Cornford, por exemplo, propõe que no fragmento 2 se deva supor τὸ ἐόν, "o que é", como sujeito subentendido das proposições dos caminhos de investigação. No entanto, como diz B. Cassin, trata-se menos de buscar um candidato para preencher o sujeito gramatical em B2,3 do que observar que em jogo no poema está a elaboração do significado do verbo (ἐστιν, εἶναι), e que a forma nominalizada é de algum modo secundária, e por assim dizer "secretada" da forma verbal[19]. A leitura existencial tem a aparente vantagem de suprir a expectativa por um sentido completo das proposições (ao menos porque elimina a necessidade de um predicado, embora não resolva a ausência do sujeito). Mas ela não faz totalmente jus, nos parece, ao procedimento parmenídeo de enriquecimento do significado daquilo que é nomeado ἐστί, εἶναι, ἐόν.

Ora, parece-nos que não basta reconhecer uma progressiva construção do significado do "ser" no Poema; também para o conceito de "não ser" deve-se identificar um semelhante tratamento. Para sustentar essa hipótese, colocam-se doravante duas questões a resolver. A primeira: o não ser em Parmênides é sempre absoluto, lido o verbo em sentido eminente ou exclusivamente existencial? É o não ser sinônimo do "nada", da negação do existente (*nihil*, *Nichts*)? Ou seria o caso de admitir alguma espécie de "não ser relativo", pensado por oposição ao conceito de "ser"? De outro lado — no registro da argumentação a partir desses conceitos e das teses iniciais — há participação do segundo caminho de investigação na construção lógica da Verdade, ou ele representa,

---

19. Cassin (1998).

enquanto tal, apenas a tese rejeitada pela deusa, contrária à doutrina, que nesse caso estaria expressa apenas pelo primeiro caminho? Com respeito à primeira pergunta, é sabido que Platão, no *Sofista*, explicitamente elabora um conceito de não ser relativo, definido pela forma do Outro. Mas isso não significa que, por Platão fazer a discriminação, estejamos obrigados a entender que Parmênides empregaria apenas um dos sentidos por ele diferenciados. Ele pode simplesmente tornar explícito o que no texto do poema é uma ambiguidade, e, portanto, essa elaboração não é fundamento para impor um ou outro sentido à leitura da obra de Parmênides. Além disso, discutimos anteriormente que a representação por Platão do "eleatismo" se insere numa complexa polêmica com os sofistas. É assim que lhe interessa, no contexto do *Sofista*, 237 a-b, conduzir à discussão de um sentido absoluto de não ser (trata-se, pois, de reconstruir o argumento sofístico de que não é possível dizer o falso, por não ser possível dizer o que "não é" de maneira absoluta). Por isso, a citação ali de B7,1-2 não pode ser entendida ingenuamente como uma exegese do significado de "não ser" para Parmênides, como aliás o indica a intencional corruptela do segundo verso do fragmento, o que a nosso ver aponta para a própria situação posta em questão naquele momento do diálogo, isto é, que a tese de Parmênides pôde ser lida como se autorizasse a da inexistência do falso: "Pois que isso jamais se imponha, serem não entes; mas, tu, afasta o pensamento do caminho *que foi procurado*" (ἀφ' ὁδοῦ διζήμενος, e não διζήσιος!) (*Sof.*, 237 a 8-9). De maneira não muito diferente, sob o aspecto dramático, do que ocorria no *Teeteto* quando se construía uma posição "imobilista" para atacar o "mobilismo universal", no *Sofista* o nome de Parmênides, o Grande (ὁ μέγας, 237 a 5), entra em cena para mudar os rumos da discussão, retirando os interlocutores do diálogo do caminho em que o debate com os sofistas (e sua leitura dos argumentos parmenídeos) os enredava, em prol de um desenvolvimento muito mais geral. Assim lida e interpretada a *mise-en-scène*, a passagem parece-nos antes um testemunho contra, mais do que a favor, de um sentido exclusivamente absoluto do não ser atribuído a Parmênides.

Parece-nos que haveria razões para admitir alguma espécie de não ser "relativo" no Poema. A primeira evidência nessa direção é a expressão μὴ ἐόντα ("não seres" ou "não entes"), encontrada em B7,1. Essa formulação, no plural, seria um oxímoro? Como atribuir o número e a quantidade ao que simplesmente não existe? É verdade que, nesse verso, a deusa fala negativamente (cf. οὐ γὰρ μήποτε). E, contudo, diferentemente de outros lugares em que ela reproduz perspectivas alheias a sua doutrina, nesta não temos nenhum índice linguístico da atribuição da fórmula aos "mortais" ou aos "homens", como nos outros casos, em que encontramos explicitamente tais pistas — confrontem-se as passagens onde a elaboração de uma posição estranha se reflete sempre na flexão do verbo na terceira pessoa do plural: νενόμισται, B6,8; κατέθεντο B8,39, B8,53-57; B19,3. A expressão "não entes" (μὴ ἐόντα) é, assim, de autoria da deusa; não pode ser atribuída a terceiros. Se reconhecemos que nisso não está em questão a reprodução de um ponto de vista alheio, mas aceitarmos, não obstante, a interpretação da fórmula como oxímoro, introduziremos então um grave problema: Parmênides estaria criticando uma posição através de termos, assumidos por ele próprio, que seriam, no mínimo, ambíguos. Ele se esforçaria em apontar a confusão cometendo o mesmo erro que denunciaria, empregando contraditoriamente os conceitos de ser e de não ser em suas próprias declarações, na cunhagem de suas próprias expressões! Mas tal dificuldade aparece apenas ao se conferir um significado estritamente existencial ao particípio.

Um segundo motivo para recusar a leitura existencial do não ser é permitir fundamentar o próprio método da crítica às opiniões de mortais. Como observa Fränkel, é notável que no poema as negações jamais apareçam em forma simples, mas configurem sempre duplas negações — ao menos implícitas, pela negação de conceitos negativos[20]. E é preciso observar, para além disso, que tais conceitos negativos são invariavelmente adjetivos que convêm aos objetos da experiência, às coisas em devir.

O segundo hemistíquio de B2,3, ὡς οὐκ ἔστι μὴ εἶναι, enuncia a impossibilidade (ou a inadequabilidade), para "o que é", de não ser (o que não exclui: *ainda* não ser ou *já* não mais ser). A leitura potencial do

---

20. FRÄNKEL (1962), 402, n. 12.

não ser permite interpretar os versos de B8 como provas efetivas da tese. No que diz respeito ao segundo caminho de investigação, temos uma confirmação do sentido potencial do não ser no segundo hemistíquio de B2,5 — ὡς χρεών ἐστι μὴ εἶναι — no paralelo com B19,2: as coisas em devir têm uma presença transitória, estão destinadas à destruição (cf. τελευτήσουσι).

Para fundamentar essa leitura, é necessário, porém, mostrar que algo do próprio texto parmenídeo dá indicação de uma concepção "relativa", e não apenas absoluta, do não ser. A expressão mais clara da identificação do não ser (= o que não é "o que é") com as coisas geradas ou em devir encontrar-se-ia, a uma primeira vista, neste verso:

B8,20:
εἰ γὰρ ἔγεντ', οὐκ ἔστ(ι), οὐδ' εἴ ποτε μέλλει ἔσεσθαι
Se é gerado, não é, nem se é para ser no futuro.

O'Brien observa que γένοιτο e ἔγεντο (vv. 19-20) não são formas "supletivas" de *einai*[21]. No entanto, interpreta todo o contexto de B8,6-21 em termos do sentido absoluto de "existência" ou "não existência". A existência em um momento futuro seria fruto de um nascimento — εἴ ποτέ μέλλει ἔσεσθαι significaria: não é agora "se deve existir um dia", "se, um dia, virá à existência". Toda possibilidade de nascimento e desaparecimento seria excluída, pois implicaria a conjunção inadmissível de existência e de não existência (vv. 6-19). B8,20b seria a conclusão: "Não é, se um dia virá a existir (*il n'est pas, s'il va exister un jour*)". O verbo μέλλω, seguido de infinitivo futuro, suporia que a ação designada ocorrerá apenas no futuro. Nas duas partes do v. 20, supor-se-ia a não existência em um tempo que precederia o nascimento hipotético[22]. Toda a sua interpretação depende de assumir que, na frase, a deusa elabore uma só e mesma hipótese[23].

---

21. Contra Calogero, "*fu in passato*". Cf. Tarán, "εἰ γὰρ ἔγεντ implica o passado simples e o processo de vir a ser" (O'BRIEN, 1980, 260, n. 12).
22. O'BRIEN (1980), 259-260.
23. "*Parménide propose la même hypothèse dans les deux parties de la phrase (v. 20): une naissance dans le passé (s'il était venu à l'existence), tout comme dans le futur (s'il*

É possível, contudo, ler diferentemente os versos, que parecem tratar, a nosso ver, de suas hipóteses distintas.

4.3.1. Uma análise do não ser em B8,6-21

B8,6-11:
Pois que surgimento dele encontrarias? / Por onde, donde teria crescido? A partir do que não é / não te permitirei dizer nem pensar. Pois não é dizível nem pensável / que não seja. E que necessidade o teria impelido / depois, e não antes, surgindo do nada, a nascer? / Assim, é preciso que seja inteiramente, ou de modo algum[24].

οὐ γὰρ φατὸν οὐδὲ νοητόν ἔστιν ὅπως οὐκ ἔστι, "*pois não é dizível nem pensável que não seja*", vv. 8-9] O primeiro argumento é puramente "lógico" e, parece-nos, preliminar. Não se confundem os conceitos de ser e não ser. Não se pode dizer que "o que é" "não é". Mas Parmênides não se contenta com o truísmo dessa afirmação. Ele vai efetivamente *demonstrar*, nos versos seguintes, que o predicado οὐκ ἔστι não se aplica ao que é, não apenas logicamente, mas ontologicamente e também em algum sentido que, veremos, se articula com certas consequências cosmológicas.

ὕστερον ἢ πρόσθεν, "*depois, e não antes*", v. 11] Conforme O'Brien, a partícula teria sentido de *quam* e não *aut* — *als*, e não *oder*, que é como traduz Diels, que, ademais, aponta o intérprete, inverte os termos no que pareceria ser a ordem mais natural do antes e do depois. No entanto, a posição dos termos não indica, neste caso, um

---

doit exister un jour), suppose la non-existence en un temps qui devrait précéder celui de la naissance hypothétique" (O'BRIEN, 1980, 260).
24. ...τίνα γὰρ γένναν διζήσεαι αὐτοῦ ; / πῇ πόθεν αὐξηθέν ; οὔτ' ἐκ μὴ ἐόντος ἐάσσω / φάσθαι σ' οὐδὲ νοεῖν· οὐ γὰρ φατὸν οὐδὲ νοητόν / ἔστιν ὅπως οὐκ ἔστι. τί δ' ἄν μιν καὶ χρέος ὦρσεν / ὕστερον ἢ πρόσθεν, τοῦ μηδενὸς ἀρξάμενον, φῦν ; / οὕτως ἢ πάμπαν πέλεναι χρεών ἐστιν ἢ οὐχί.

hipotético nascimento de algo ao lado do ser, como pensa O'Brien, mas o surgimento do ser como um segundo em relação ao nada, que seria nessa hipótese sua origem (e, portanto, anterior): ser "depois, e não antes". O que se indica ali é que o problema do princípio de razão suficiente de Leibniz é estranho a Parmênides. A pergunta "Por que o ser e não antes o nada?" está proibida pela deusa antes mesmo de ser colocada: se o nada for pensado antes do ser, responderia a deusa, jamais haveria um porquê de existir, depois dele, "o que é"! A primeira hipótese trata, portanto, de um sentido absoluto de não ser, como nada:

> B8,12-15a:
> Nem deixará a força da convicção que jamais possa, / do que não é, surgir algo ao seu lado. A fim de que nem se gere, / nem se destrua, Justiça não deixa relaxarem-se os liames, / mas os mantém[25].

Os vv. 12-15 apresentam o argumento complementar: daquilo que não é "o que é" não poderá surgir algo "ao lado" (παρά), isto é, com o mesmo estatuto, que "o que é". Na primeira hipótese, se pensava o "não ser" como anterior ao "ser"; agora, posta a existência atual de "o que é", afirma-se que não poderia nascer, vindo do não ser, algo que igualmente "seria" — e que poderia destruí-lo (cf. ὄλλυσθαι, v. 17). É curioso que haja uma variante do v. 12: ἐκ γε μὴ (Simplício, In phys., 78, 145 F). Provavelmente se trata de correção feita por um copista, que pode ter pretendido empregar a partícula γε com função intensificadora, e que tenha ele ali reproduzido a construção de B2,7 τό γε μὴ ἐόν. E, no entanto, nessa linha seria preciso atribuir antes sentido *relativo* do que absoluto ao não ser. Parmênides anuncia ali um problema, de implicações cosmológicas, que continuará presente na tradição: se existir um outro mundo ou uma outra realidade qualquer, paralela à nossa, o que impede que ela nos destrua? Platão, por exemplo, contornará o problema afirmando, no *Timeu*, — o que parece completamente desproposado se não se considera esse problema ontocosmológico de

---

25. οὐδέ ποτ' ἐκ μὴ ἐόντος ἐφήσει πίστιος ἰσχύς / γίγνεσθαί τι παρ' αὐτό· τοῦ εἵνεκεν οὔτε γενέσθαι / οὔτ' ὄλλυσθαι ἀνῆκε Δίκη χαλάσασα πέδῃσιν, / ἀλλ' ἔχει·

fundo — que, por ser bom o demiurgo criador do universo, ele produziu apenas um mundo, o nosso[26]. A resposta parmenídea não é, desse ângulo, muito diversa: a Justiça cósmica impede o surgimento de um segundo, que destruiria o primeiro[27]. Mas o mais interessante é que Parmênides aqui apreende o problema em suas bases ontológicas, dentro de um encadeamento argumentativo, tendo obtido a definição de "ser" enquanto πάμπαν πέλεναι (corolário extraído, no v. 11, da primeira demonstração, vv. 9-10). Se um segundo "ser" se colocasse ao lado do primeiro, em razão de seu "ser completamente" o primeiro seria destruído[28]. Ademais, o registro linguístico indica a passagem para um nível intermediário entre ontologia e cosmologia: a πᾶν ἐστι substitui-se a variação do verbo e o redobro (πάμ-παν):

B8,15a-21:
O julgamento a esse respeito está no seguinte: / é ou não é. Foi decidido, conforme a necessidade, / a um deixar impensado e inominado (não é, pois, verdadeiro / caminho), e que o outro se efetue e seja genuíno. / Pois como o que é seria em seguida? Como poderia ter sido gerado? / Se foi gerado, não é, nem se é para ser no futuro. / Assim fica extinta a geração e fora de inquérito perecimento[29].

---

26. Ver GADAMER (1980 [1974]), 164-165.
27. O problema onto-cosmológico para Parmênides pareceria quase o inverso do leibniziano: seria preciso prover uma "razão" para que o mundo permaneça? A indicação em B8,14 de uma solução "mítica" aponta a importância da divindade cósmica para a *Diakosmêsis*, seja ela Necessidade ou Justiça. Mas é possível que Parmênides pretendesse mostrar que a única garantia seja ontológica: o mundo pode deixar de ser, mas não o fato de ser. No entanto, o problema cosmológico eminente se apresenta em outro nível: o que garante que os contrários em devir — Luz/Noite ou Fogo/Terra — passem de um polo a outro, em vez de soçobrarem no nada? Em termos aristotélicos: o que garante que exista apenas geração relativa e não absoluta? Simplício noticia que a deusa cósmica "ora envia almas do visível ao invisível, ora inversamente" (ποτὲ μὲν ἐκ τοῦ ἐμφανοῦς εἰς τὸ ἀειδές ποτὲ δὲ ἀνάπαλιν, *In phys.*, 39,19-20). Sendo a alma, para Parmênides, provavelmente elemental, é possível que essa função "psicopompa" se estenda para os contrários elementares em geral, um correspondendo ao brilhante/visível (αἰθέριον, B8,56), o outro ao obscuro/invisível (ἀδαῆ, B8,59).
28. Não é preciso, portanto, adotar a correção de Diels, ἔπειτ' ἀπόλοιτο, para obter esse sentido.
29. ἡ δὲ κρίσις περὶ τούτων ἐν τῷδ' ἔστιν· / ἔστιν ἢ οὐκ ἔστιν· κέκριται δ' οὖν, ὥσπερ ἀνάγκη, / τὴν μὲν ἐᾶν ἀνόητον ἀνώνυμον (οὐ γὰρ ἀληθής / ἔστιν ὁδός), τὴν δ'

Os vv. 19-20 encerram o anel principal iniciado com a pergunta do v. 6 sobre o eventual "surgimento" (γένναν) do ser, considerada a partir de duas hipóteses, que se poderiam entender como respostas a perguntas distintas segundo dois sentidos de "surgir". Uma, colocada no v. 7, pelo surgir no sentido de um "crescimento", αὐξηθέν, "a partir de"... (hipótese do vir-a-ser a partir do nada), é respondida em 7b-8. A segunda hipótese entende o surgimento como um surgir "ao lado" (παρ᾽ αὐτό, v. 13) daquilo que já é, e é respondida em 16-18. Os vv. 19-20 sumarizam os dois lados do argumento: o primeiro tratava a hipótese de geração do ser como um segundo em relação ao não ser; o segundo partia da existência daquilo que é e considerava a hipótese de surgir um outro ao seu lado, que pudesse destruí-lo (é também o contraste no v. 19, entre "ser em seguida", ἔπειτα πέλοι, e "ter sido gerado", γένοιτο). É de notar que, na primeira hipótese, o não ser tem sentido existencial (é o nada, a negação absoluta do existente). Na segunda, porém, o não ser é implicitamente pensando como (logicamente) segundo em relação ao ser: ele é aquilo que não é "o que é", é um outro, segundo com respeito a "o que (atualmente) é". Se isso é correto, parece possível, portanto, afirmar haver em Parmênides tanto um conceito absoluto quanto um conceito relativo de não ser.

Ora, esses dois sentidos de "não ser" serão finalmente fundidos no v. 22: ἔστιν ἢ οὐκ ἔστιν, "é ou não é". A tradução de Cavalcante para ἄπυστος é a que melhor preserva a imagem judiciária: "fora de inquérito". A explicitação do conceito de "ser" em Parmênides afasta o não ser em seus dois sentidos possíveis (e, ao fazê-lo, implicitamente analisa esses dois sentidos). A exclusão do "não ser", em todos e qualquer de seus sentidos, é, portanto, posterior à análise das hipóteses dos versos B8,6-21, que ao argumentar pela impossibilidade do "surgimento" do ser oferecem uma análise, ao menos implícita, de dois sentidos de não ser. É apenas então que o "segundo caminho de investigação" pode ser deixado de lado (note-se διζήσεαι B8,6). ἀνόητον ἀνώνυμον não

---

ὥστε πέλειν καὶ ἐτήτυμον εἶναι. / πῶς δ᾽ ἂν ἔπειτα πέλοι τὸ ἐόν ; πῶς δ᾽ ἄν κε γένοιτο ; / εἰ γὰρ ἔγεντ᾽, οὐκ ἔστ(ι), οὐδ᾽ εἴ ποτε μέλλει ἔσεσθαι. / τὼς γένεσις μὲν ἀπέσβεσται καὶ ἄπυστος ὄλεθρος.

designam o impensável e inominável *a priori* e enquanto tais: a deusa esforçou-se, pois, por considerar qualquer possibilidade de que o "não ser", segundo seus dois conceitos, absoluto ou relativo, pudesse juntar-se ao "ser"! Os adjetivos designam o resultado do julgamento, o veredito depois da prova (cf. κέκριται, no perfeito): acerca do "que não é" (ὥς οὐκ ἔστιν) não é doravante preciso mais nem dizer, nem pensar. O v. 17 fecha, assim, o anel interno iniciado nos vv. 8-9, o que confirma seu propósito demonstrativo.

4.3.2. Consequência para a interpretação de B2

Ora, se pudemos descobrir um sentido relativo de não ser em sua análise nos vv. 6-21, podemos agora retomar os versos que enunciam o "segundo caminho de investigação":

B2,5-7:
Que não é e que devidamente é para não ser, / este te indico ser atalho de todo incrível, / pois nem conhecerias o que *não é* (pois não é exequível) / nem o indicarias[30].

Ao defender a presença de um sentido relativo do não ser não se quer excluir a importância de seu sentido absoluto. Ele é evidentemente fundamental para conferir valor de prova ao argumento da deusa na Primeira Parte do poema, e por essa razão os antigos compreenderam essa demonstração como uma "refutação" e uma "exclusão do não ser"[31]. O que entendemos é que há transição, em B2,5-7, de um sentido amplo, que comporta o relativo, de "não ser" (no v. 5: οὐκ ἔστιν, μὴ εἶναι), para o sentido absoluto. Este é marcado pela partícula γε, em função intensificadora. Τό não indica nada de "objetivo", mas a própria proposição do caminho οὐκ ἔστιν.... Aquilo que é diferente do ser está destinado a não ser (μὴ εἶναι), essa é por assim dizer a sua

---

30. ἡ δ' ὡς οὐκ ἔστιν τε καὶ ὡς χρεών ἐστι μὴ εἶναι, / τὴν δή τοι φράζω παναπευθέα ἔμμεν ἀταρπόν· / οὔτε γὰρ ἂν γνοίης τό γε μὴ ἐὸν (οὐ γὰρ ἀνυστόν) / οὔτε φράσαις.
31. PLATÃO, *Sofista*, 239 b 2: τοῦ μὴ ὄντος ἔλεγχον. SIMPLÍCIO, *In phys.*, 144,29: ἡ τοῦ μὴ ὄντος ἀναίρεσις.

determinação inescapável. Isso porque o que é diferente de "o que é" não pode receber os atributos que se lhe conferem no fragmento 8 (é o que fica estabelecido no corolário de B8,20). Mas que o segundo caminho de investigação, que visa ao "que não é", termine em uma impossibilidade absoluta, isso só será *provado* ao longo do fragmento 8, e em particular com a análise do não ser (cujos vv. 8-9 retomam a questão da incognoscibilidade, para demonstrá-la).

Parmênides procura diferenciar o fato de ser, enquanto tal, das múltiplas coisas que são reputadas "serem" pelos mortais. O que os mortais falham em diferenciar é o "ser" do "não ser", o que é (τὸ ἐόν) das múltiplas coisas que possuem um estatuto ontológico fraco, bem como do nada absoluto. Estas são μὴ ἐόντα, "não entes", ou, o que é o mesmo, δοκοῦντα, "coisas opinadas". As coisas individuais que recebem seus nomes estão sujeitas à geração e à corrupção, mas o fato de ser, nomeado por *esti, einai, to eon*, não vem a ser nem deixa de ser, e implica a unidade enquanto tal. Parmênides analisa o fato de ser de todas as coisas existentes no universo (πάντα), mas recusa que se possa predicar o "ser" a qualquer uma delas individualmente. Simplício procura explicar essa diferença entre o fato de ser e as coisas dizendo que o "ser" se põe como estando "no limite" ou "na borda" (*perati*) de todas as coisas[32].

4.4. Distinção entre o "erro" e a "errância" dos mortais

Por ocasião da interpretação do recolhimento de Simplício no Capítulo 2, já tecíamos alguns comentários sobre o papel do "arranjo cósmico" na *Doxa*[33]. Recoloquemos aqui esse tema, mas sob um novo ângulo. Qual a *origem* da errância dos mortais, qual a visada da crítica da

---

32. Cf. SIMPLÍCIO, *In phys.*, 144,17: "Pois o inengendrado e indestrutível é também completamente único (μονογενές). Pois o que é anterior a toda diferenciação (isto é, o Um) não pode ser um outro e segundo com respeito ao ser. A este convém o 'ser todo junto' (τὸ ὁμοῦ πᾶν), e o não ser não tem qualquer lugar nele, e também o ser indiviso e sem mudança com respeito a toda espécie de divisão e de mudança, o ser do mesmo modo com respeito às mesmas coisas, estando na borda (πέρατι) de todas as coisas".

33. Cf. Capítulo 2.

deusa às "opiniões"? A leitura dos versos finais do fragmento 1 reconhecendo o anúncio de três etapas no ensinamento da deusa — que procuramos aqui fundamentar a partir das notícias doxográficas — não é nova. Schwabl considera o poema composto da exposição da Verdade, seguida pelas opiniões falsas (*irrige*) dos mortais, e então uma cosmogonia, que admite ser enunciada pela própria deusa, a constituir uma parte positiva da *Doxa* (*positive Doxateil*)[34]. Essa leitura, no entanto, não esclarece a respeito dos testemunhos, que, como vimos, se pronunciam unanimemente pelo caráter principial, e não crítico, da segunda seção. Pulpito também diferencia dois momentos distintos após a Verdade, de uma maneira que é sob esse aspecto similar à interpretação de Schwabl, e, implicando-se o mesmo problema, lê no primeiro uma *pars destruens* — que se dirigiria contra cosmologias de extração órfica —, no segundo uma *pars construens* do que supõe perfazer o conteúdo *Doxa*[35].

Ora, vimos que, a despeito das leituras que procuram identificar duas *doxai* no poema, os doxógrafos antigos não atribuem o erro ao *diakosmos* dos contrários enquanto tal (que formaria, nessa hipótese, a base das supostas opiniões "falsas"), sendo fundamental diferenciar entre a explicitação das categorias através das quais é possível esclarecer acerca de um mundo onde há o "erro", de um lado, e, de outro, a descrição do estado de coisas *a respeito* do qual aquelas possuem um poder explicativo. Perguntar, como fazem os intérpretes, por que Parmênides discutiria as opiniões dos mortais "apesar" de comunicar a doutrina da Verdade — isto é: apesar de elas serem, de algum modo, no todo ou em parte, "falsas" — passa por alto a colocação de algumas importantes questões preliminares.

A primeira delas: quando Parmênides fala nos mortais que "nada sabem", na "falta de recursos" (ἀμηχανίη)[36] e na ausência de um juízo

---

34. SCHWABL (1968 [1953]), 399, 402.
35. PULPITO (2011b), 204-205.
36. Mansfeld mostrou como essa palavra remete à tradição da Lírica e sua visão de mundo, em que os altos e baixos cuja causa é *tykhê* subordinam os homens aos deuses, sendo os mortais ignorantes de seu destino. O "antagonismo da experiência" em que

discriminante, é simplesmente para imputar um caráter derrisório às opiniões (ou a algumas opiniões em particular)? Se há "erro" na atitude epistemológica daqueles que a deusa denomina "mortais", ou se há alguma crença infundada que os impede de compreender adequadamente a realidade, o poema pode servir de instrumento pedagógico para esclarecer os motivos do equívoco e eventualmente corrigi-lo. Contudo, há que diferenciar uma falsa crença, que em princípio se possa corrigir, de uma condição existencial com respeito à qual nada se pode fazer. E, se a deusa descreve algo da própria condição que faz dos mortais o que eles são, põe-se a questão de saber em que medida o "erro" não é dela consequência. Se o equívoco pode ser teoricamente elucidado, trata-se já de uma nova perspectiva, embora restem pressupostas as condições, que não se deixam simplesmente eliminar.

A questão hermenêutica decisiva é quanto ao objetivo da exposição da deusa na parte do poema posterior à Verdade: é o discurso cosmológico, associado à *Doxa*, uma reprodução das "opiniões dos mortais", exemplificando o erro? Ou não se trata, antes, de *exibir as estruturas comuns à constituição humana e ao cosmo na qual esta se insere, de maneira que a "errância" é uma condição cuja elucidação seria o objeto da seção da* Doxa? A questão, finalmente, é saber se, na base da visão mortal e errante do mundo, encontra-se um equívoco de origem humana — expresso pelos verbos καταθέσται, ὀνομάζειν —, ou se aquilo que o pensamento apreende e a linguagem exprime não é senão a consequência e o reflexo daquelas condições, de modo que não se pretende, no relato iniciado nessa seção e completado por uma cosmogonia, apontar um erro humano e "subjetivo" que se poderia corrigir de uma vez por todas, mas *exibir a origem cósmica da errância e uma efetividade atravessada por ela em sua própria constituição*. A motivação profunda do "erro" — formulada no poema em termos da confusão dos conceitos de ser e não ser —, alvo da crítica da deusa, na Verdade é agora, na segunda parte do poema, explicitada, sem que se trate de

---

essa visão se traduz estaria representado no poema pela imagem de um "caminho reversível" (παλίντροπός κέλευθος, B6,9) (MANSFELD, 1964, 3-22).

A Doxa no Poema

qualquer rejeição da perspectiva dos mortais — simplesmente porque ela não está mais propriamente em jogo, enquanto tal.

Mas esta leitura nos levará a um ponto determinante na interpretação da cosmogonia: se não se deseja ver nesta uma doutrina falsa, talvez também seja o caso de procurar nela o objetivo principal de exibir uma organização "científica" da experiência, que estaria ausente das opiniões ordinárias[37]. A ontologia da permanência do "ser", relatada na Verdade, contrasta com o modo de existência das coisas opinadas ou aparentes. Simplício nomeia-o o domínio do δοκοῦν ὄν, uma leitura que não é simplesmente uma projeção retrospectiva do platonismo — e que pode remontar à expressão τὰ δοκοῦντα, no próprio poema[38] —, indicando uma diferença irredutível com respeito a "o que é", τὸ ἐόν.

A distinção parmenídea do que é "segundo a verdade" e do que é "segundo a opinião" tem sem dúvida uma influência decisiva sobre Platão, que a reelabora em termos da oposição entre realidade inteligível e aparência sensível, dualidade ontológica na base da distinção dos modos cognitivos correspondentes, a "ciência" (*epistêmê*) e o "juízo" ou "opinião" (*doxa*). Este, no *Timeu*, caracteriza a região do sensível como daquilo que "sempre devém e nunca é". É notório o paralelo de sua descrição do inteligível como aquilo a que se aplica o termo "é" (e não o "foi" ou o "será") com o verso 20 do fragmento 8 de Parmênides — "se veio a ser, não é, nem se é para ser no futuro" (εἰ γὰρ ἔγεντ᾽, οὐκ ἔστ(ι), οὐδ᾽ εἴ ποτε μέλλει ἔσεσθαι) —, paralelo esse que apenas é obscurecido pela chamada leitura existencial do verbo *einai*. Ora, da mesma maneira que, em Platão, os objetos sensíveis nessa passagem do

---

37. Segundo CASERTANO (1989), 124, o que se condena não seriam as δόξαι βροτῶν enquanto tais, mas a incapacidade de organizar cientificamente a experiência: "*Non la svalutazione dell'esperienza sensibile, bensì la critica dell'incapacità a sfruttarla ed organizzarla; non l'esaltazione del νόος contraposto alla δόξα, bensì la critica del νόος che non è capace di giudicare le δόξαι*".
38. FALUS (1960), 283, e BRAGUE (1987), 62, como vimos, de maneira independente, observaram a necessidade de diferenciar δόξα e δοκοῦντα (= τὸ δοκοῦν ον Simpl.). Estas coisas opinadas ou aparentes (*scheinhafte Dinge*) opõem-se a τὸ ἐόν; são ἐόντα negativamente qualificados, "segundo a opinião".

Timeu não se anulam como simplesmente "inexistentes", mas são definidos pela instabilidade de seu modo de "ser", também o que difere de "o que é", em Parmênides, se permite determinar — em sua alternância e instabilidade — pelo arranjo dos contrários em seu *diakosmos* (desde que lhe atribuamos um valor teórico positivo, como fazem os antigos). Mas a semelhança entre Platão e Parmênides termina aí: este não discrimina uma região do inteligível como o que "verdadeiramente é" (ὄντως ὄν) e — precisamente por isso — dá uma acepção muito mais estrita ao termo "ser" (ὄν), segundo os critérios exigentes veiculados no fragmento 8.

Alguns intérpretes viram um abismo intransponível entre as duas partes do poema — seria melhor dizer entre as duas partes do "sistema" parmenidiano — ou, como faz Reinhardt, propõe-se compreender a segunda como derivação lógica da primeira. Em um caso, considera-se contraditório, em face da doutrina do ser uno e imóvel, a acepção de seres múltiplos em devir, que, portanto, só poderia corresponder ao mero aparente ou ao falso simplesmente. No segundo caso, as aparências determinadas pela conjunção de ser e não ser revelariam a imposição, por Parmênides, do lógico-conceitual sobre a experiência, que se mostraria, assim, contraditória em si mesma. Mas atribui Parmênides, efetivamente, "ser" aos objetos da experiência? Contrariamente ao que sugeriria a leitura existencial do verbo ser, de um lado, e, de outro, diferentemente de um uso do particípio *on, onta* para designar as entidades fundamentais do universo, que sugerimos poder ser historicamente posterior[39], tais objetos são nomeados por Parmênides μὴ ἐόντα (B7,1) — e também, de maneira circunstanciada, δοκοῦντα (B1,31), ἀπεόντα e παρεόντα (B4,1) — em sua diferença com τὸ ἐόν. Não há contradição a resolver, se jamais Parmênides fala em "seres" em oposição àquilo que — somente este — "é" (*esti*), no sentido enfático que pretende o pensador, explicitando-o através dos "sinais" do fragmento 8 e mantendo um emprego consistente do termo em todo o poema.

---

39. Cf. Capítulo 3.

As premissas estabelecidas na primeira parte do poema colocam outro gênero de problemas a resolver. Se a permanência e a inviolabilidade caracterizam "o que é", o que fica por determinar é a *razão pela qual* há a experiência do movimento, da mudança, mais precisamente da alternância dos contrários segundo o *diakosmos*, mesmo que esses fenômenos pertençam ao registro "doxástico" em distinção à "verdade", isto é, pertençam ao que não tem "ser", propriamente. A coerência ontológica da primeira parte do poema não é atenuada: a mesma necessidade que preserva "o que é" em sua permanente identidade adquire expressão cosmológica na segunda, ao produzir o mundo do devir e das coisas que não apenas não "são", como não devem jamais chegar a ser (a fórmula é autenticamente parmenídea, antes de tornar-se platônica: χρεών ἐστι μὴ εἶναι, B2,5)[40]. É assim que um relato cosmogônico, longe de constituir um "apêndice", integra a obra de Parmênides como um desenvolvimento necessário: o Eleata não poderia se dispensar de uma explicação para o devir, embora recusando a tudo nessa esfera o nome de "ser"[41].

4.5. A linguagem dos mortais (B8,38-41)

Às diferentes perspectivas da Verdade e das opiniões de mortais correspondem duas interpretações diversas do "Todo". O mundo dos mortais é habitado por uma multiplicidade de (assim supostas) entidades discretas, por efeito da linguagem capaz de criar nomes e assim fazer crer na identidade e realidade da coisa nomeada (τῷ πάντ᾽ ὄνομ(α) ἔσται ὅσσα βροτοὶ κατέθεντο πεποιθότες εἶναι ἀληθῆ, B8,38-39). Mas o ser, na perspectiva da Verdade, se diz apenas do fato de ser, e o fato de ser é coextensivo a todas as coisas ou, o que é idêntico, afirmar o fato de ser de qualquer coisa em particular é afirmá-lo de todas

---

40. BOLLACK (1965), 171, intui haver uma "duplicação da identidade" da Necessidade que "mantém em limites" τὸ ἐόν e também está presente no quadro cósmico dos contrários da segunda parte do poema.
41. Essa interrogação pode ter sido respondida por Parmênides, ainda, com a criação mítica de uma divindade cósmica que rege o movimento dos contrários. A tradição viu nela algo da ordem de uma "causa eficiente" (cf. o Capítulo 5).

ao mesmo tempo (pois "o que é toca o que é", ἐὸν γὰρ ἐόντι πελάζει) — o que é é, assim, ao modo de um *continuum* absoluto (ξυνεχὲς πᾶν ἐστιν, B8,25)[42].

A articulação de uma progressão em distintos momentos, articulando uma transição entre a *Alêtheia* e a *Doxa*, aparece com ainda maior clareza se aceitarmos a hipótese de que as linhas 34-41 do fragmento 8, como encontrados nos manuscritos, tenham sofrido um erro de transcrição, e considerarmos que essa sequência na verdade anteceda os versos introdutórios da *Doxa*[43]. Nessa disposição, ao final da primeira parte do poema, os versos apareceriam em um contexto de conclusão:

B8,34-38a:
O mesmo é pensar e o pensamento de que é. Pois sem o que é, no que dito está, não encontrarás o pensar. Pois não há nem haverá nada à parte do que é, pois Moira o força a permanecer inteiro e imóvel[44].

Οὕνεκεν pode ser lido como um sinônimo de ὅτι[45]. Em ἐν ᾧ πεφατισμένον ἐστίν (traduzimos: "no que dito está"); o perfeito remete, metadiscursivamente, aos proferimentos recém-concluídos da deusa a respeito do ser. O sentido é "sem o que é, nas condições e circunstâncias

---

42. Assim, Parmênides dá preferência, na Verdade, ao uso adverbial de πᾶν, suprimindo a ideia de multiplicidade que πάντα implicaria: o que é é preciso "ser completamente" (πάμπαν πέλεναι) ou jamais (B8,11); é indivisível, se "é de todo" (πᾶν ἐστιν) homogêneo (B8,22); é também "de todo" (πᾶν ἐστιν) contínuo (B8,25).
43. A sequência em sua posição "canônica" no fragmento 8, como assumido pela edição Diels-Kranz, foi considerada problemática pelos intérpretes (tais como Calogero e Kirk-Raven). Ebert (1989) defendeu tratar-se de um erro de transcrição nos manuscritos — propondo sua relocação à sequência de B8,52, de modo a obter um sujeito (βροτοί, B8,39) para o verbo κατέθεντο B8,53. Mais consistente, porém, é a sugestão de Barnes, situando os versos após B8,49 (Barnes, 1982, 180; seguido por Thanassas, 2007, 52, n. 12).
44. ταὐτὸν δ᾽ ἐστὶ νοεῖν τε καὶ οὕνεκεν ἔστι νόημα./ οὐ γὰρ ἄνευ τοῦ ἐόντος, ἐν ᾧ πεφατισμένον ἐστίν, / εὑρήσεις τὸ νοεῖν· οὐδὲν γὰρ <ἢ> ἔστιν ἢ ἔσται / ἄλλο πάρεξ τοῦ ἐόντος, ἐπεὶ τό γε Μοῖρ᾽ ἐπέδησεν / οὖλον ἀκίνητόν τ᾽ ἔμεναι·
45. Ver, porém, Long (1996), 136-137, n. 23, que recusa o sentido de ὅτι, dando um sentido causal a οὕνεκεν, que, por vez, procura interpretar sem a implicação de uma diferença entre ser/pensar: *"Thinking and that which prompts thought are the same. For in what has been said [i.e., the preceding arguments] you will not find thinking separate from being"*.

descritas, não encontrarás o pensar"[46]. Sob a forma de um corolário extraído dessa conclusão — que não há, nem haverá, nada "além do que é" —, restará a explicar o estatuto dos "nomes" empregados pelos mortais, a despeito de existir um só real "referente" de qualquer nome ("o que é"). A deusa prepara a transição para o arrazoado explicativo acerca das opiniões dos mortais, próxima de introduzir a segunda seção do Poema, com a afirmação de haver certos nomes que são meras convenções humanas (κατέθεντο v. 39; cf. v. 53):

B8,38b-41:
Dele tudo serão nomes, porquanto os mortais os tenham estabelecido, persuadidos de ser verdade nascer e perecer, ser e também não, e mudar de lugar, por cor externa alternar[47].

Em contraste com a integridade e a imobilidade de "o que é", a linguagem dos mortais nomeia a mudança e o devir. Notável no v. 48 é a presença da partícula de negação οὐχί em lugar de μὴ, pois pode marcar o discurso indireto (fazendo paralelo com οὐκ εἶναι, B6,8, que também reproduz a perspectiva dos mortais[48], e com χρεών ἐστιν ἢ οὐχί, B8,11, onde a possibilidade de não ser é considerada hipoteticamente). Os binômios "nascer e perecer", "ser e não ser", juntamente com o "alternar" das aparências no espaço são apontadas como pertencentes

---

46. Cf. STOKES (1971), 313-314. Thanassas qualifica a sugestão de Stokes como filosoficamente menos interessante, preferindo atribuir *pephatismenon* ao Pensamento, a preposição apontando para a sua "afiliação" (*affiliation*) e "vinculação" (*attachment*) ao Ser: "*For without eon, to which it stands commited, you will not find Thinking*" (THANASSAS, 2007, 41, n. 32). Os termos, porém, parecem demasiado heideggerianos e talvez não evitem o viés idealista que o intérprete, não obstante, pretende recusar. Para uma fina análise linguística do verso, em termos do sentido chamado "estativo" do verbo ser, cf. ANNÉE (2012), 50-53.
47. τῶι πάντ' ὄνομ' ἔσται, / ὅσσα βροτοὶ κατέθεντο πεποιθότες εἶναι ἀληθῆ, / γίγνεσθαί τε καὶ ὄλλυσθαι, εἶναί τε καὶ οὐχί, / καὶ τόπον ἀλλάσσειν διά τε χρόα φανὸν ἀμείβειν.
48. Palmer observa, a propósito de B6,8, que οὐ negativo, em vez de μή, utilizado com infinitivo e regido por verbo de dizer ou pensar é indicativo de discurso indireto (οὐ é "preservado" do discurso direto). Νενόμισται confirma a construção do discurso indireto; toda frase é relato da deusa sobre o que os mortais supuseram (PALMER, 2009, 115). Pensamos que consideração semelhante possa ser aplicada a B8,48: embora a marca linguística seja menos certa, o contexto é claro.

ao domínio da experiência e dos hábitos dos mortais, estranhos ao discurso verdadeiro da deusa, o qual tem por fundamento uma disjunção absoluta (ἔστιν ἢ οὐκ ἔστιν, B8,16). É como se esses nomes fossem contidos entre aspas, reproduzindo uma terminologia inadequada para falar sobre "o que é". Eles são, na terminologia da Verdade, "falatório", γλῶσσα. O termo, que aparece em conjunto com ἀκουη e ὄμμα (B7,3-6), não denota a "língua" enquanto órgão sensorial, mas como instrumento da linguagem, e assim também para o "ouvido" e o "olho": como bem observa Mansfeld, designa-se o "fato social da experiência", através da junção olho-orelha, visão-audição, ver-escutar, que tradicionalmente indicam as fontes de informação[49]. É esse registro que a deusa procura reproduzir, imitando a língua dos mortais. Os versos, portanto, têm uma função "dialética", expondo a linguagem dos mortais para em seguida, na seção da *Doxa*, elaborar os seus fundamentos inconscientes.

Há em Empédocles uma passagem que parece corresponder a essas linhas. Diz-se não haver "geração" (φύσις) nem "morte" (τελευτή) das coisas, mas que os homens, mortais, assim nomeiam o que na verdade é apenas mistura e separação (31 DK B8). A presença do termo κρᾶσις em Parmênides (B16,1) é sugestiva de que ele também tenha pensado algo como uma teoria das "misturas", com implicações cognoscitivas.

4.6. A transição entre a *Alêtheia* e a *Doxa* (B8,50-51)

B8,50-51:
Aqui, para ti, chega ao termo do raciocínio e do pensamento fidedigno acerca da verdade[50].

Um momento de transição é enfatizado, marcado por ἐν τῷ: "aqui", isto é, "neste passo do desenvolvimento". É, sem dúvida, fundamento para uma divisão em seções distintas, conforme se estabeleceu na tradição. Na primeira linha, encontramos duas lições diferentes para o verbo, sem que haja materialmente uma razão filológica para

---

49. MANSFELD (1999), 332.
50. ἐν τῷ σοι παύσω πιστὸν λόγον ἠδὲ νόημα / ἀμφὶς ἀληθείης...

preferir uma ou outra. Os intérpretes em geral adotam a lição παύω, "eu suspendo", "eu encerro". A variante παύσω, com o termo conjugado na segunda pessoa do aoristo médio ("chegas ao termo"), representa a *lectio difficilior*, o que poderia explicar a tendência à sua substituição, pelos copistas, para a primeira pessoa na voz ativa. Seria, pois, mais natural entender que, sendo a deusa quem fala, comunicaria nesse momento estar encerrando o discurso verdadeiro que vinha ela mesma proferindo. Contudo, o emprego da voz média, intensificado por σοι ("para ti"), se pode compreender com clareza: seguindo esta lição, enfatizar-se-ia o engajamento do ouvinte, que não deve apenas escutar passivamente, tendo sido desde o início instruído a julgar ele mesmo pelo "raciocínio" as provas que ela oferece (cf. κρῖναι λόγῳ, B7,5). A lição é plenamente aceitável desde que se assuma não ser o *logos* simplesmente o discurso como ato de fala concreto atribuível a um sujeito enunciador determinado, mas a expressão lógica, articulada em palavras, que manifesta o conteúdo daquilo que é inteligido (a conexão do "raciocínio fidedigno", *pistos logos*, com o pensar é, portanto, nesse caso, rigorosamente a mesma que em B6,1: λέγειν τὸ νοεῖν τ' ἐὸν ἔμμεναι, "recolher em palavras o inteligir ser o que é"). Embora a opção pela lição παύσω não seja determinante para defender a interpretação que perseguiremos nestas páginas, ela oferece a vantagem de atenuar — se não de eliminar — o que poderia de outro modo parecer a encenação de uma interrupção abrupta e talvez arbitrária no discurso da deusa, passando de uma a outra seção; reforça, pois, a consistência do argumento elaborado na primeira parte, assinalando, ao ouvinte, que ele teria então alcançado o seu acabamento. Não é que a deusa suspenda ali qualquer forma de veridicção, fazendo seguir um conjunto de declarações falsas, e sim que a Verdade, tratando de "o que é", é um discurso que se encerra sobre si mesmo (B5, de par com o adjetivo εὐκυκλέος de B1,29, talvez explicite um aspecto de circularidade que seria para Parmênides o sinal de perfeição de sua demonstração: "É comum onde eu comece, pois ali retornarei novamente")[51].

---

51. Para Aristóteles, a técnica da demonstração circular, pelo contrário, está longe de ser interessante, pois que estruturalmente limitada quanto ao que é capaz de de-

4.7. O estatuto das formas e dos princípios na *Doxa*

B8,51-61:

A partir disto, as humanas opiniões apreende, a ordem ilusória de minha sequência de palavras escutando: estabeleceram formas, a nomear segundo duas perspectivas; delas, nenhuma é necessária — nisso são errantes —, mas discerniram em sua oposição o aspecto e puseram sinais separados um do outro, este, Fogo etéreo de chama, suave e levíssimo, em tudo o mesmo que si mesmo, por não ser mesmo que o outro; e não menos discerniram aquele outro, por si mesmo na sua oposição, Noite ignota, aspecto denso e pesado. A ti revelo esse arranjo de todo adequado, para que jamais perspectiva de mortais te ultrapasse[52].

ἐοικότα, *"adequado"*] O termo é frequentemente traduzido por "verossímil". À época da sofística, a reflexão sobre as possibilidades argumentativas e os meios persuasivos destaca o valor de τὸ εἰκός em oposição a τὸ ἀληθῆς[53]. O sofista, lê-se no *Fedro*, "não se ocupa da verdade, mas do persuasivo: e este é o verossímil" (ἀληθείας μέλειν οὐδενί, ἀλλὰ τοῦ πιθανοῦ: τοῦτο δ' εἶναι τὸ εἰκός, 272 d-e). Do ponto de vista retórico, e em particular no campo da retórica judiciária, estando impedido o acesso imediato ao "verdadeiro" pela impossibilidade do testemunho direto dos fatos passados que se deve julgar, o "verossímil" é o melhor critério disponível. Em tal acepção, o particípio εἰκός

---

monstrar: do que é postulado de algo, nunca se segue algo diferente. A tipificação do argumento criticado em *Anal. Post.* I, 3, 73 a 6-20, que procura extrair implicações de outro modo que não pelo silogismo, parece convir bem ao que Parmênides pretende dizer sobre "o que é" no fragmento 8.

52. δόξας δ' ἀπὸ τοῦδε βροτείους / μάνθανε κόσμον ἐμῶν ἐπέων ἀπατηλὸν ἀκούων / μορφὰς γὰρ κατέθεντο δύο γνώμαις ὀνομάζειν· / τῶν μίαν οὐ χρεών ἐστιν — ἐν ᾧ πεπλανημένοι εἰσίν — / ἀντία δ' ἐκρίναντο δέμας καὶ σήματ' ἔθεντο / χωρὶς ἀπ' ἀλλήλων, τῇ μὲν φλογὸς αἰθέριον πῦρ, / ἤπιον ὄν, μέγ' [ἀραιὸν] ἐλαφρόν, ἑωυτῷ πάντοσε τωὐτόν, / τῷ δ' ἑτέρῳ μὴ τωὐτόν· ἀτὰρ κἀκεῖνο κατ' αὐτό / τἀντία νύκτ' ἀδαῆ, πυκινὸν δέμας ἐμβριθές τε. / τόν σοι ἐγὼ διάκοσμον ἐοικότα πάντα φατίζω / ὡς οὐ μή ποτέ τις σε βροτῶν γνώμῃ παρελάσσῃ.

53. NESTLE (1975), 527, n. 95.

carrega ainda a noção do "conveniente" para os efeitos de persuasão, e nesse sentido principal o encontramos nos tratados aristotélicos da *Retórica* e da *Poética*[54].

No entanto, ao sentido depreciado com relação ao valor de verdade podemos opor a acepção dicionarizada do "adequado". Rivier, em um importante estudo a propósito do verbo εἰκάζειν, que se aproxima do ponto de vista da etimologia dos termos εἰκός (particípio), εἰκώς (adjetivo), destacou que até mesmo no século V, em Tucídides, identificamo-lo em uma acepção positiva, ainda que em contraste com o ideal, já encarnado pelo historiador, do σαφῶς εἰδέναι. Para aquilo sobre o que não podemos dispor de um "saber seguro", há, contudo, todo um campo com respeito ao qual o saber conjectural expresso pelo verbo designa positivamente um ato de intelecção: pode indicar a estimativa, por aquele que possui a técnica militar, da dimensão das escadas, medida pela dimensão da muralha a transpor[55]; pode exprimir o ponto de comparação necessário para prever os motivos da movimentação das tropas inimigas, na ausência do qual não se sabe o que esperar ("conjecturar") a respeito delas (οὐκ εἶχον ὅτι εἰκάσωσιν[56]). Antifonte define a adivinhação como εἰκασμός, o que recorda Eurípedes fragmento 963 (μάντις δ᾽ἄριστος, ὅστις εἰκάζει καλῶς)[57]. Uma tal habilidade de estabelecer relações, analogias ou conjecturas está longe de uma mera opinião. O acento não é sobre a incerteza, o que se destaca é uma convicção que não se apoia em provas materiais. Εἰκάζειν exprime uma prática de comparação implícita ou explícita, e assim uma forma específica de conhecimento:

> Um objeto desconhecido (que pode ser o motivo de uma ação, o significado de um acontecimento ou esse mesmo acontecimento) é circunscrito pelo pensamento com ajuda da relação de semelhança

---

54. ARISTÓTELES, *Poética*, VII 1451 a 10; X 1452 a 18; XXIV 1460 a 26; *Retórica*, I 2, 1357 a 34; *Poética*, XXV 1460 b 8.
55. TUCÍDIDES, III, 20, 3.
56. V, 65, 5: οὐκ εἶχον ὅτι εἰκάσωσιν; cf. V, 1, 3; III, 22, 6.
57. DIELS (1956), II, 337; PENDRICK, 243. T9 (Pendrick): Ἀντιφῶν ἐρωτηθεὶς τί ἐστι μαντικὴ εἶπεν· ἀνθρώπου φρονίμου εἰκασμός ("Quando questionado sobre o que é a arte da adivinhação, Antifonte disse: 'A conjectura de um homem inteligente'").

que o une a um outro objeto conhecido ou familiar, ao qual se o aproxima. Não se trata de uma semelhança fortuita ou superficial, mas de uma analogia decisiva da qual a comparação extrai, precisamente, seu valor de conhecimento (RIVIER, 1952, 46).

O uso em Tucídides de certa maneira prolonga uma prática de comparações cujos testemunhos mais remotos encontramos desde Homero: εἰκάζειν τινί exprime uma capacidade de apreensão da natureza íntima de um objeto ou de uma pessoa pela relação que o une a um objeto mais firmemente conhecido nas representações coletivas. Trata-se, ainda, de revelar uma ligação essencial: Príamo descobre a identidade de Ulisses (Ilíada, III, 197ss), Pandaros identifica Dioneido (Ilíada, V 181s), Ulisses responde a seu filho que o toma por um deus (Odisseia, XVII, 187). Um costume antigo de produzir, entre si, aproximações recíprocas com objetos, animais e outras pessoas atesta-se em Platão, na comparação de Sócrates com uma enguia elétrica, no Mênon (80 a-c), em cujo contexto comenta-se o termo ἀντεικάζειν (80 c 1-2)[58].

Certa prática da analogia também constitui o método no campo dos primeiros esforços da historiografia grega: o λόγος εἰκώς de Hecateu de Mileto é uma fórmula que diz do procedimento do historiador que substitui à narrativa fabulada uma versão pessoal despojada do maravilhoso. O adjetivo tem ali um valor positivo e preciso. Trata-se de "comparar" ao presente os eventos mitológicos e extrair o que há de "verdadeiro", apoiando-se na analogia com o mundo contemporâneo[59].

A partir do estudo de Rivier, é possível formalizar o tipo de saber associado à prática "conjectural" expressa pelo uso do verbo: εἰκάζειν x a partir de y significa descobrir ou tornar manifesto algo essencial a respeito de x através de uma ligação de semelhança entretida pelo objeto com y. O exemplo de Hecateu aponta o uso metodológico dessa prática, fixada na expressão de um λόγος εἰκώς: se não sabemos exatamente a respeito do passado (x) a que se referem os relatos antigos, é possível, no entanto, deduzir a partir das condições presentes

---

58. Ibid., 50-53.
59. Cf. PAUSÂNIAS, III, 25, 4, sempre segundo RIVIER (1952), 59-60.

A *Doxa* no Poema

da vida e das ações dos homens (*y*), as quais, mantendo uma necessária relação de semelhança, servem de controle para corrigir as distorções dos mitos, assim permitindo traçar inferências a respeito da realidade histórica. Parmênides, no entanto, apresenta como chave de leitura da realidade uma informação que só pode ser comunicada por uma deusa, pois quer dizer da estrutura profunda, e não do que nos é mais manifesto. Ela apresenta o διάκοσμος dos contrários (= *y*), exemplificado pelo Fogo e pela Noite, como o paradigma para a interpretação de cada uma (*x*) de todas as coisas (πάντα) no universo. A descrição do universo é em analogia ao "arranjo cósmico", διάκοσμος dos elementos em oposição[60]. O arranjo tem valor explicativo, como veremos.

δύο γνώμαις ὀνομάζειν, "*a nomear segundo duas perspectivas*"] A menção a uma dualidade retoma o epíteto atribuído aos mortais, "bicéfalos" (δίκρανοι, B6,5). Os mortais ignorantes não fazem a discriminação de dois caminhos de investigação, confundem ser e não ser. A dualidade remete indiretamente aos dois caminhos de investigação, não enquanto tais, mas à hesitação dos mortais que não fazem a discriminação e dizem, daquilo que nomeiam, "ser e também não" (εἶναί τε καὶ οὐχί, B8,40). A deusa explicita agora o *modo de conhecimento* dos mortais, razão pela qual δύο qualifica γνώμαις[61]. Essa leitura é talvez mais clara assumindo a lição no dativo, em uma construção que lê o verbo no infinitivo como complemento de *katatithemi*: ele é final-consecutivo, especificando que as "formas" são aquelas constituídas pelo próprio ato de "nomear" (*onomazein*) dos mortais. A linguagem determina o modo de apreensão e de conhecimento das coisas pelos mortais. De fato, a deusa aqui não faz mais do que explicitar o que anunciara ao final da Verdade, em B8,38-39: πάντ' ὄνομ' ἔσται ὅσσα βροτοὶ κατέθεντο,

---

60. O único a seguir essa leitura é, segundo nosso conhecimento, MANSFELD (1964).
61. WOODBURY (1986), 2-3, aponta também que, por razões de métrica, é preciso construir δύο γνώμας ou δύο γνώμαις, e não μορφάς δύο.

"tudo serão nomes, porquanto os mortais os tenham estabelecido". Na lição alternativa, δύο γνώμας como objeto do verbo não implicaria um entendimento muito diferente: os mortais dizem das coisas que elas "são" e também que "não são". Eles tomam "dois partidos" sobre a realidade; seu julgamento é duplo, e a linguagem o acompanha. De todo modo, é pela atividade de nomear para conhecer que os mortais "estabeleceram formas". Κατέθεντο denuncia a assimilação de ἔργα e ὀνόματα, o inelutável convencionalismo do que a linguagem e o conhecimento humano podem apreender, tornando crível e verdadeiro (cf. πεποιθότες εἶναι ἀληθῆ, B8,39) o que ontologicamente não "é". E assim, *ad sensum*, as μορφαί seriam nesta construção os objetos do ὀνομάζειν.

μορφαί, "*formas*"] Simplício em duas ocasiões cita os versos 53 a 59 do fragmento 8 (*In phys.*, I, 2, 30,14ss e I, 5, 179,27ss). Em ambas as ocorrências, trata-se de destacar que Parmênides estabeleceu contrários como princípios: ele "postulou, como princípios elementares das coisas geradas, a oposição primária" (τῶν γενητῶν ἀρχὰς καὶ αὐτὸς στοιχειώδεις μὲν τὴν πρώτην ἀντίθεσιν ἔθετο, 30,20); encontra-se entre aqueles que "fazem dos contrários os princípios das coisas naturais" (τῶν φυσικῶν ἐναντίας ποιοῦσι τὰς ἀρχάς, 179,30). Se essas afirmações nos parecem indícios claros do caráter positivo da doutrina expressa na seção da *Doxa*, é preciso, contudo, apontar que não é evidente a que na passagem devemos identificar as ἀρχαί mencionadas por Simplício. São elas equivalentes às μορφαί citadas na primeira linha? Essa parece ter sido a resposta tácita da maioria dos intérpretes, que de maneira geral identificam tais "formas" a Fogo e Noite, na passagem, que seriam como avatares do par Luz e Noite do fragmento 9, correspondendo à notícia de Aristóteles de que Parmênides postulou Fogo e Terra como princípios.

No entanto, é preciso notar que o termo μορφή seria pouco propício a exprimir a ideia de um princípio: sua conotação, pois, é a do aparente, do transitório e do contingente. Frequentemente, a palavra veicula um valor estético: em Píndaro, a "beleza gloriosa" (εὐκλέα μορφή) é distribuída por Kháris aos vencedores (*Ol.*, VI, 129); um homem pode estar acima de qualquer elogio "por sua beleza e por seus feitos" (μορφᾷ τε καὶ ἔργοισι, *Ol.*, IX, 99). O termo exprime "uma beleza ocasional e contingente", em oposição a εἶδος, que "nomeia a beleza natural e por assim dizer de nascença...". Em estudo em que analisa extensivamente os textos do período arcaico, assim resume Sandoz o contraste entre os dois termos: "A μορφή, porque em ligação com uma circunstância particular, parece menos essencial ao homem do que o seu εἶδος: é uma qualidade adventícia"[62]. Ainda segundo Sandoz, μορφή é uma forma evanescente e pode designar as manifestações inconstantes de seres duvidosos como os mortos, as aparições e os sonhos[63]. Forma "exterior", ligada às aparências e à mudança, como se lê na comparação de Sófocles do destino que sempre muda de natureza (μεταλλάσσει φύσιν), como o olhar da Lua, "que não se imobiliza duas noites seguidas em uma mesma forma, ἐν μορφῇ μιᾷ" (fragmento 871). Esses empregos não estarão ausentes na literatura filosófica e matemática posterior. Em Filolau, diferenciam-se as espécies fundamentais (εἴδη) do número, a paridade e a imparidade, das múltiplas "configurações" (μορφαί) formadas por cada uma delas (fragmento 5). Em Platão, a "configuração" de uma coisa se realiza em virtude das Formas em que ela participa direta ou indiretamente: ser três implica também ser ímpar, e não poder receber em si o par; a neve não é o Frio, mas não pode receber o Quente. "E assim diremos que a uma coisa como essa jamais sucederá o caráter (ἰδέα) oposto à configuração (μορφῇ) que a determina" (*Fédon*, 104 d 10)[64]. Já Karsten apontava que em autores tardios, em Platão, Aristóteles e nos neoplatônicos, os termos εἶδος e

---

62. SANDOZ (1971), 58.
63. EURÍPEDES, *Troianas*, 192: a imagem de um defunto. ÉSQUILO, fragmento 312: as Plêiades têm "formas de aparições noturnas" (νυκτέρων φαντασμάτων ἔχουσι μορφὰς); *Prom.* 449: Prometeu evoca os balbucios dos primeiros homens, "semelhantes às formas de sonhos" (ὀνειράτων ἀλίγκιοι μορφαῖσιν). Cf. SANDOZ (1971), 60-61.
64. Cf. também *Timeu*, 50 c 3: o "lugar" pode receber todas as coisas, sem, porém, reter a configuração de nenhum dos seres que nele adentram (δέχεταί τε γὰρ ἀεὶ τὰ πάντα, καὶ μορφὴν οὐδεμίαν ποτὲ οὐδενὶ τῶν εἰσιόντων ὁμοίαν εἴληφεν οὐδαμῇ οὐδαμῶς).

ἰδέα significarão a "forma" separada da "matéria", e são discriminados de outros tais como σχῆμα e μορφή, enquanto em Parmênides uma tal distinção estaria ausente.

As μορφαί (as "formas") em questão não são ἀρχαί ("princípios"). Evidência disso é que Simplício, quando pretende falar dos princípios, cita também em conjunto o fragmento 9, onde se fala de Luz e de Noite. Tudo leva a crer, portanto, como bem viu Pulpito, que nas μορφαί encontremos um substituto para πάντα, "todas as coisas"[65]. Poderíamos dizer que se trata também de um sinônimo para τὰ δοκοῦντα, "as coisas opinadas": são as "formas" das coisas, tais quais elas se oferecem à opinião dos mortais, e que, sendo nomeadas, adquirem a aparência de ser (são aceitas "como se fossem entes", ἄπερ ὄντα, se adotamos a conjectura de Brague para B1,32).

O vocábulo μορφή tem ainda, como apontávamos, conotações estéticas. Em Homero, a expressão μορφὴ ἐπέων é fórmula para dizer do "charme das palavras" (*Odisseia*, VIII, 170; XI, 367). Há algo de sedutor na experiência sensível e o conhecimento é da ordem do desejo, como dirá Aristóteles ao início da *Metafísica*. Sexto Empírico interpretava alegoricamente as Jovens Helíades, no proêmio, como os impulsos e os desejos da alma[66]. As formas, aparências exteriores, encantam. E assim mobilizam os mortais em direção ao conhecimento.

κόσμον ἐπέων, "*ordem das palavras*"] É de notar que ἐπή não se refere propriamente a versos, mas às palavras e à série de palavras reguladas pelo metro[67]. Simplício, em uma das citações da passagem, explicitamente chama a atenção para o que é dito como sequência de palavras em versos (λέγων... ἔπεσι, 30,22). O que a deusa expõe não é apenas a oposição, mas também a sucessão de contrários: Fogo e a Noite, nos vv. 46 a 49, são paradigmáticos para a compreensão do devir. Que os dois elementos tenham ali um papel exemplar, isso indicam

---

65. Pulpito (2011b), 197-200.
66. Sexto Empírico, *Adversus mathematicus*, VII, 214,19ss.
67. Diller (1956), 47s.

as duas séries de adjetivos que se lhe atribuem, contrários entre si (suave/denso, leve/pesado, claro/escuro). O comentário de Simplício à passagem aponta para a generalização dessas oposições. A ordem ou o arranjo (κόσμος) das palavras da deusa mimetiza a estrutura da mudança no mundo físico. Há algo de "ilusório" nessa ordem, e, não obstante, a deusa exorta o discípulo a escutá-las, para delas aprender algo (cf. μάνθανε... ἀκούων, B8,52).

ἀπατηλόν, "*ilusório*"] Mas onde está a ilusão? Não, certamente, no próprio discurso da deusa enquanto tal, pois com toda a aparência não pretende ela enganar o Jovem, e sim ensiná-lo. Assumindo essa premissa, dois tipos de interpretações foram propostas: uma delas entende o adjetivo *apatêlos* como o correlato ("subjetivo") de um discurso que, não podendo ter a mesma evidência que o argumento ontológico da Verdade, representaria esclarecimento verossímil (*eoikôs*) acerca do universo[68]. Uma outra linha de interpretação, no fundo uma reelaboração da leitura hipotético-polêmica de Zeller e Diels, entende que o discurso cosmológico (que se iniciaria nessas linhas) seria oferecido como a construção de um falso sistema, apresentado com o fim pedagógico de incitar o discípulo a um exercício crítico: deveria ele refletir sobre o erro em que se funda um tal sistema, eventualmente abrindo a possibilidade de uma outra maneira de descrever o universo que estivesse isenta dos mesmos equívocos[69].

Contudo, uma outra via de interpretação é possível, atribuindo o caráter ilusório não ao discurso e à descrição — ponto comum das leituras mencionadas —, mas ao próprio estado de coisas que se descreve através da "sequência de palavras" da deusa. Parmênides repetidamente caracteriza o discurso ontológico da Verdade como aquele associado

---

68. HEITSCH (1974), 416.
69. Assim é para CURD (1992), 114: "...*I shall argue that the story that the goddess tells is deceptive, but that this does not entail that all accounts of human beliefs are to be rejected. In other words, the story that is told is wrong, but it is not wrong to tell such a story. Discovering the mistake in the goddess' story will help in determining what the correct story should be*".

à "fé verdadeira" (*pistis alêthês*, B1,30; B8,28), correspondente ao caminho de Persuasão (Πειθοῦς κέλευθος, B2,4). Ao argumento provido de "crédito" (*pistos logos*, B8,50), explicitamente, contrasta-se algo de "ilusório" (*apatêlos*, B8,52). Mas o que significa exatamente ilusório? A credibilidade do discurso da Verdade se fundava na perfeição de "o que é", em um discurso encerrado sobre si mesmo, em que os sinais ou provas (*sêmata*) do ser, remetendo uns aos outros, atestavam a sua veracidade; o maior indício da irrefutabilidade das provas apresentadas emanava da própria circularidade da demonstração. Ao objeto completo e sem falhas (τετελεσμένον, B8,42) correspondia um modo absoluto de evidência, o "âmago inabalável da verdade bem redonda" (Ἀληθείης εὐκυκλέος ἀτρεμὲς ἦτορ, B1,29). A tautologia é, formalmente, a segurança da não decepção: "É comum por onde comece, pois ali retornarei novamente" (B5). Ao falar do universo em devir, adentramos, porém, em um outro registro de sinais. Uma passagem de Homero pode nos dar uma pista sobre o contraste. Zeus atende o pedido de Tétis instando o apoio aos Aqueus:

> Tomo a meu cargo fazer o que pedes. / Para que tenhas confiança, far-te-ei o sinal com a cabeça, / que é o mais seguro penhor a obrigar-me com os deuses eternos. / Pois fatalmente se cumpre, jamais por ser duvidoso / nem revogável quanto eu prometer sacudindo a cabeça (*Ilíada*, I, 523-527)[70].

O sinal que Zeus faz com a cabeça indica que os acontecimentos estão determinados a se cumprirem, a alcançarem o seu *telos*, seu fim e sua perfeição. É nessa medida que o gesto não é duvidoso ou ilusório (*oud' apatêlon*): "duvidoso" ou "ilusório" é, pois, aquilo que jamais chega a completar-se, o que é desprovido de acabamento (*ateleutêton*). O mundo das "opiniões de mortais" é um mundo de expectativas — segundo um dos significados da palavra *doxa* — ilusórias: tudo que nasce está condenado ao perecimento, a existência humana é afetada pela

---

70. ἐμοὶ δέ κε ταῦτα μελήσεται ὄφρα τελέσσω· / εἰ δ' ἄγε τοι κεφαλῇ κατανεύσομαι ὄφρα πεποίθῃς· / τοῦτο γὰρ ἐξ ἐμέθεν γε μετ' ἀθανάτοισι μέγιστον τέκμωρ· / οὐ γὰρ ἐμὸν παλινάγρετον οὐδ' ἀπατηλὸν / οὐδ' ἀτελεύτητον ὅ τί κεν κεφαλῇ κατανεύσω. [Tradução nossa]

descontinuidade incessante. A lírica propugna um saber a respeito do *rhytmos*, o vaivém da fortuna que atinge os homens sujeitos ao acaso e à contingência, em sua diferença com os deuses que "são sempre". Parmênides, por vez, possui uma medida metafísica, que ultrapassa mesmo a teológica: apenas "o que é", enquanto tal, é perfeitamente completo, sempre acabado (τετελεσμένον, B8,42). A linguagem humana, no entanto, procura estabilizar o devir incessante: o nome (*onoma*) é capaz de dar uma aparência de identidade e de permanência para as coisas, sem que elas as tenham por si mesmas. Parmênides preocupou-se em ressaltar que a linguagem, estruturante da experiência humana, é essencialmente convencional (cf. κατέθεντο repetidamente associado a ὄνομα: B8,39; B8,53; B19,3)[71]. Se estamos corretos em entender que a fala da deusa destaca a sucessão de palavras (ἔπη) e que estas designam a mudança no mundo em devir, podemos extrair a seguinte conclusão: o ilusório se mede pela tentativa de fixar pelos nomes aquilo que possui apenas uma existência transitória; o estabelecer dos nomes pelos mortais é *eo ipso* ato de instauração das próprias "formas" (μορφαί) que eles nomeiam — exceto que os nomes que atribuem às coisas jamais terão a estabilidade do único nome "verdadeiro", aquele que nomeia o que é (*estin, eon*).

τῶν μίαν οὐ χρεών ἐστιν — ἐν ᾧ πεπλανημένοι εἰσίν, "*nenhuma é necessária — nisso são errantes*"] A expressão τῶν μίαν recebeu as mais diversas leituras pelos intérpretes. No entanto, seu sentido mais claro é como sinônimo de οὐδεμίαν, "nenhuma"[72]. A primeira frase diz do estatuto ontológico das formas (não do ὀνομάζειν dos mortais)[73]:

---

71. Reinhardt bem destacou que Parmênides estabelece as bases metafísicas da distinção *nomos/physis*, tão decisiva no movimento sofístico.
72. FURLEY (1989), 30-33. Ele dá como exemplo ARISTÓFANES, *Thesmophoriazousae*, 549: μίαν γὰρ οὐκ ἂν εἴπος / τῶν νῦν γυναικῶν Πηνελόπην.
73. As construções da frase como τῶν μίαν οὐ χρεών ἐστιν (ὀνομάζειν) são geralmente interpretações que procuram nas linhas uma descrição do *erro* dos mortais. Assim, os mortais errariam, por exemplo, ao nomear uma das formas, pois a outra corresponderia ao não ser. No entanto, o fato é que os mortais nomeiam, e o que a deusa procura explicar aqui não é mais o erro (de confundir ser e não ser), mas a errância.

nenhuma, nem sequer uma delas, tem necessidade, nenhuma "é" necessariamente (eis o sentido da cláusula modal do segundo caminho de investigação, οὐ χρεών ἐστιν). É ao nomeá-las, isto é, ao constituí-las como objetos de conhecimento, que os mortais são enredados na errância. ἐν ᾧ πεπλανημένοι εἰσίν, "nisso são errantes", remete à descrição do objeto do conhecimento, que explica o estado de errância (o contraste é com ἐν ᾧ πεφατισμένον ἐστίν, "no que dito está", B8,35, que completava a descrição do ser como objeto de conhecimento do νόος). "Nisso (ao nomear as formas, objetos inconsistentes) são errantes os mortais".

ἀντία δ᾽ ἐκρίναντο, "*discerniram em sua oposição*"] As "formas" da *Doxa* estão estreitamente ligadas ao problema da linguagem, mas em dois níveis distintos. Um deles é a linguagem humana e o que ela nomeia — por assim dizer o conteúdo manifesto das opiniões. De outro lado, há o que se nomeia sem saber que se nomeia, os fundamentos cosmológicos presentes em tudo aquilo que se dá a conhecer. Os mortais, nomeando as coisas, em certo sentido nomeiam apenas "o que é". Todas as coisas são, em última instância, apreensões de uma realidade inteira e permanente, e, portanto, seus nomes têm por referente último o ser, são nomes daquilo que "é" (οὖλον ἀκίνητόν τ᾽ ἔμεναι· τῷ πάντ᾽ ὄνομ(α) ἔσται κτλ. B8,38). "Todos os nomes que os mortais podem elaborar contêm a luz da verdade, mas ela é inevitavelmente apagada pelas contradições."[74]

Quem nomeia "chama" à chama (φλόξ), e à noite, "noite" (νύξ)? São os mortais, evidentemente. O que, porém, eles não fazem é a

---

Chalmers, apesar de subentender ὀνομάζειν e construir μορφας com δύο, está, contudo, mais próximo de nossa interpretação, à exceção de não fazer essa distinção entre erro e errância: "*It is in naming the two forms, and in thus treating them as though they possessed absolute reality that mortals have gone astray*" (17-18), "*If one starts with the assumption that What-is is all that matters, all the objects in this World of Belief lose their identity. It is not true in the Parmenidean sense to say that a man is, or that a table is, because man and table are not eternal beings*" (CHALMERS, 1960, 20).

74. WOODBURY (1958), 150.

A *Doxa* no Poema

conexão entre os termos que nomeiam. Da chama que se apaga, diz-se apenas que "não é" mais. Ao nomear as formas, os mortais separaram os sinais (σήματ' ἔθεντο χωρὶς). Simplício associa a errância à incompreensão do estatuto da oposição elementar:

Assim, ele (Parmênides) claramente apreendeu dois elementos em oposição. Isso porque anteriormente determinou que "o que é" é um, e diz estarem em estado de errância aqueles que não compreendem a oposição dos elementos que se combinam na geração ou não os revelam de maneira clara (SIMPLÍCIO, *In phys.*, 30-31).

O neoplatônico confirma que a passagem refere-se ao âmbito do devir (como, aliás, também a menção de Aristóteles no *Geração e corrupção*). O vir-a-"ser" e o "não"-mais-"ser" ocultam as relações profundas e perenes da *physis*. Ainda de interesse na notícia é a nuance: "Não compreendem... ou não os revelam de maneira clara (ἢ μὴ σαφῶς ἀποκαλύπτοντας)". Isso indica uma tensão: o discriminar dos mortais através dos nomes é já apreensão de algo principial. ἐκρίναντο tem uma conotação positiva — como o tem o verbo *krinô* na primeira parte do poema —, exceto que, na separação das formas, a oposição elementar, enquanto oposição, é encoberta. Ao que os mortais fixam pelos nomes atribui-se uma identidade que não tem valor ontológico: é uma necessidade da linguagem humana marcar as coisas, atribuindo-lhes sinais, σήματα, demarcando-lhes a sua individualidade (cf. também τοῖς δ' ὄνομ' ἄνθρωποι κατέθεντ' ἐπίσημον ἑκάστῳ, B19,3), sem que os mortais saibam verdadeiramente a que se referem esses sinais. É assim que as coisas adquirem o falso estatuto de ὄντα, como se fossem, mas elas não são "o que é". Elas possuem, enquanto tais, uma falsa identidade, o que se faz ver quando analisamos a diferença de seu fundamento nos vv. 57-58 em contraste com a identidade de τὸ ἐόν em B8,29:

ταὐτόν τ' ἐν ταὐτῷ τε μένον	καθ' ἑαυτό τε κεῖται
ἑωυτῷ πάντοσε τωὐτόν	τῷ δ' ἑτέρῳ μὴ τωὐτόν

Enquanto "o que é" permanece em si mesmo, e sua identidade é autofundada, cada forma discriminada e nomeada tem sua identidade "em tudo", isto é, "em todos os aspectos" (πάντοσε) dependente da alteridade (τῷ tem valor explicativo). Curd descreveu o estatuto das formas como de um "enantiomorfismo", de opostos que só se definem em termos daquilo que o outro não é[75]. Ela vê nesse estatuto o motivo de desabonar o que, segundo sua interpretação, seriam os princípios da cosmologia dos mortais. E, no entanto, talvez seja preciso ler nos versos uma distinção entre "formas" e "princípios", entre os objetos nomeados pelos mortais e os opostos que estão no fundamento desses nomes, sem que os mortais tenham consciência deles e de sua dinâmica própria[76]. É a deusa quem explicita a estrutura oposicional e a "participação essencial" do Fogo no Quente e no Suave, da Noite no Denso e no Escuro[77]. Os mortais, ao chamarem algo de "chama", nomeiam, sem o saberem, o Fogo e os pares de contrários que lhe pertencem.

A contrariedade se revela em um nível mais profundo que o das μορφαί, e a deusa ensina ao discípulo como deve buscá-la, para descobrir a "essência" (e não só a forma exterior), a *physis* de cada coisa individual (ἕκαστος). Pois a partir dos contrários se descobrem as suas relações profundas, que remontam à origem cósmica. Assim sabemos, por exemplo, que Parmênides estava interessado em determinar que o Sol e a Lua têm origem na Via Láctea, o primeiro da mistura mais rara, por isso sendo quente, a segunda da mistura mais densa, por isso

---

75. "*Enantiomorphic objects (such as left and right hands) cannot fit exactly into the same region of space. We can borrow this notion and say that enantiomorphic opposites cannot fit into the same logical space; this is because each of a pair of enantiomorphic opposites is defined in terms of what the other is not.*" (CURD, 1992, 12).

76. Cf. PULPITO (2011b), 208-210, que estabelece uma diferença entre as "formas" (μορφαί) e seus "aspectos constitutivos", que seriam nomeados por Parmênides δέμας. Não insistiríamos, porém, nessa diferença terminológica e tenderíamos a ver nos termos antes sinônimos. Isso porque a leitura ἐκρίναντο δέμας indicaria que os próprios mortais estariam cientes da oposição, enquanto a nós parece que é apenas a deusa quem revela essa estrutura subjacente às formas.

77. Há paralelo com PLATÃO, *Fédon*, 102 c-105 c, o que não é ademais surpreendente, em face das notícias de Simplício e de Aristóteles de que Parmênides foi uma referência importante na elucidação dos contrários.

sendo fria[78]; em circunscrever as zonas habitadas da Terra, repartindo suas regiões[79] e concluindo que os machos provêm do Norte, associado ao denso, e as fêmeas do Sul, associado ao raro[80]; em explicar que a velhice tem por causa uma diminuição do quente[81] etc. Enquanto os indivíduos são gerados e perecem, e mesmo as formas dos astros e dos animais comportam uma evolução, a estrutura profunda é a mesma. O "arranjo cósmico", διάκοσμος, é perene e garante inteligibilidade, até onde isso é possível, ao universo (pois o homem é constituído segundo a mesma lei).
Quais são os princípios, finalmente? Parmênides exprime a oposição fundamental como de Luz e Noite, no fragmento 9:

> Mas desde que todas as coisas (πάντα) têm o nome de Luz e de Noite, e também os nomes de suas potências, designando estas e aquelas (ἐπὶ τοῖσί τε καὶ τοῖς), tudo é cheio, igualmente, de Luz e de Noite sem claridade, igualmente de ambas, já que além delas nada há (οὐδετέρῳ μέτα μηδέν).

Πάντα finalmente aparece. Todas as coisas são nomeadas, sabendo-se ou não, a partir da oposição elementar. Bollack[82] prefere traduzir a última frase por "uma nada tem da outra", enfatizando a separação dos contrários. Mas o entendimento de μέτα μηδέν por "nada além" reforça o aspecto totalizante da postulação dos princípios e revela a Noite como alteridade insuperável, que demarca o limite do conhecimento humano. A Noite se exprime em uma força cósmica real, como aquilo que não é nomeável pelos mortais sem induzi-los em contrassenso. O adjetivo ἀδαῆ B8,59 o indica em sua dupla valência: a noite é "destruidora" (do ponto de vista dóxico, "segundo a opinião", do devir), mas também aquilo que "torna obscuro" ao conhecimento (do ponto de vista explicativo-epistemológico da *Doxa*). Traduz-se, portanto, segundo a perspectiva dóxica, naquilo que os mortais têm a tentação de

---

78. Aécio, II, 20 (*Dox.*, 349,10-11).
79. Aécio, III, 11 (*Dox.*, 377,18-20).
80. Aécio, V, 7 (*Dox.*, 419,12-23).
81. Aécio, V, 30.
82. Bollack (2006).

dizer "que não é". A deusa, porém, revela a estrutura permanente da realidade: ela é a dinâmica das transformações entre os polos opostos. A unidade dos opostos "é", sem que nenhum dos termos "seja" separadamente: as δυνάμεις não são ὄντα⁸³. Aristóteles viu bem a implicação para uma teoria "física", explicando a geração e corrupção relativa de "entes" individuais. Mas o significado cósmico é mais amplo: Parmênides parece ter visto também, na "dinâmica" das forças, a interconexão entre tudo que está presente no cosmo. A essência de cada coisa individual não está em sua suposta identidade, mas na participação que tem nos princípios e seus intermediários.

As "coisas" no universo jamais são nomeadas entes, e a deusa se lhes refere por dêiticos (ἐπὶ τοῖσί τε καὶ τοῖς), bem aqui quanto ao final da exposição da cosmogonia (τοῖς δ'... ἐπίσημον ἑκάστῳ., B19,3). Os mortais, mesmo inconscientes disso, descobrem algo da estrutura fundamental do universo através das conjecturas sobre a origem (ἐπίσημον não significa apenas conhecer as coisas individuais, mas, nelas, reconhecer os sinais dos princípios opostos). A crítica às *doxai*, desse ponto de vista, não é mais derrisória: Parmênides está preocupado em revelar os fundamentos da experiência humana e das conjecturas sobre a origem do universo, remetendo-as aos princípios. A visada da *Doxa* é, nesse sentido, epistemológico-crítica (com a análise das "formas", objeto da nomeação dos mortais), cosmologicamente positivadora (com o estabelecimento dos "princípios", no fragmento 9) e doutrinária (com a apresentação do "arranjo cósmico" como paradigma para a interpretação do universo).

Infelizmente, não temos informação sobre o contexto do fragmento 4. A declaração de Clemente, ao citá-lo, de que Parmênides ali "fala de maneira enigmática sobre a esperança"⁸⁴ faz-nos acreditar que a adver-

---

83. A posição de Schwabl o esclarece bem, exceto que (1) atribui "ser" a cada um dos princípios, o que, na terminologia de Parmênides, não é possível, (2) em vez de falar "na *Doxa*", o melhor seria dizer "para a opinião" (κατὰ δόξαν): "So sind die verschiedenen δυνάμεις (B9,2) im Bereich der Doxa alle eigentlich und 'in Wahrheit' Licht und Nacht. Ebenso 'sind' Licht und Nacht 'in Wahrheit'. Est ist dies kein System dinglicher Erscheinungen, sondern prinzipieller Kräfter" (SCHWABL, 1968 [1953], 402).

84. CLEMENTE, *Strom.*, V, 15,5.

sativa ὅμως ("contudo") possa referir-se a τελευτήσουσι de B19,2, que, encerrando a exposição cosmogônica, pode indicar que não apenas as coisas individuais, mas também toda a atual configuração do universo "terão um fim". Se assim for, a ontologia é retomada — ou não deixa jamais de estar presente — na cosmologia: a deusa exorta a recuperar e articular nas "coisas evanescentes" (ἀπεόντα) os seus fundamentos cosmológicos, segundo o dualismo de princípios garantidor de que, através das transformações, das aparentes gerações e destruições, dos processos de rarefação e condensação, a unidade dos opostos está sempre preservada — e assim também "o que é". No contínuo devir do universo, os dois polos de Luz e Noite estão sempre presentes (παρεόντα), cabendo àquele que investiga procurá-los e descobri-los:

B4:
Veja, contudo, as coisas evanescentes tornarem-se pelo pensamento firmemente presentes, pois não deceparás o que é, impedindo-o de aderir ao que é, nem quando está disperso em tudo totalmente, segundo a ordem das coisas, nem quando está concentrado[85].

4.8. Conclusão

Um dos pontos importantes que procuramos mostrar, ao longo destes quatro capítulos, é que o conceito parmenídeo de "o que é" (τὸ ἐόν) não pode ser aplicado às coisas individuais (seja no sentido dos objetos da experiência, seja no das entidades fundamentais constitutivas do universo, seja no da essência de algo). Isso, ao menos, segundo as melhores evidências que transmitem os comentários dos antigos. Essa é a interpretação de Simplício, como vimos, ao ler o texto do poema através das lentes do dualismo platônico: os objetos da opinião são os sensíveis, enquanto a Verdade trata dos inteligíveis. É ainda o que extraímos da crítica de Aristóteles, quando ele, de um lado, para os fins do estabelecimento de uma ciência da física, precisa retrabalhar o conceito de

---

85. λεῦσσε δ' ὅμως ἀπεόντα νόῳ παρεόντα βεβαίως / οὐ γὰρ ἀποτμήξει τὸ ἐὸν τοῦ ἐόντος ἔχεσθαι / οὔτε σκιδνάμενον πάντῃ πάντως κατὰ κόσμον / οὔτε συνιστάμενον.

ser de maneira a abranger os entes em movimento e, de outro, acusa as incoerências lógico-categoriais de Parmênides, mostrando que sua concepção não permite distinguir o atributo de seu sujeito ou substrato. Vimos que essas interpretações do poema — não obstante seus contextos particulares, inseridos em argumentações que pretendem os filósofos avançar nas ocasiões em que citam o Eleata, seja para criticá-lo, seja para conciliá-lo com suas próprias doutrinas — encontram apoio no texto do poema. Nesse sentido, é bastante admissível a conjectura de Brague para o verso corrompido B1,32 do prólogo, ἅπερ ὄντα, indicando o significado de τὰ δοκοῦντα como as coisas que são (consideradas "ser") para a opinião. O projeto ontológico da Verdade é, pois, delimitar o significado de "ser".

Ora, vimos que tal delimitação se esclarece também por uma análise de dois conceitos (não explicitados) de não ser em B8,6-21. A admissão de que Parmênides reconhece, ao lado de uma noção "absoluta", também um sentido relativo de não ser permite-nos compreender com maior clareza o papel do "segundo caminho de investigação" no argumento: sua postulação em B2,5 não se compreende como uma falsa tese, mas revela o pressuposto ontológico (e não apenas lógico) das opiniões dos mortais; e, assim, funda a possibilidade de sua crítica. Ao conferir sentido potencial forte a μὴ εἶναι na proposição do segundo caminho de investigação, detectamos a determinação ontológica daquilo que "não é (o que é)" (οὐκ ἔστι) e que corresponde à "essência" dos objetos da opinião, enquanto objetos da opinião — isto é, apreendidos como destinados "a não ser". Ademais, essa leitura enfatiza o caráter demonstrativo-probatório daquilo que Platão e Simplício denominam a "refutação" ou a "exclusão do não ser", a qual não é um pressuposto do argumento parmenídeo, mas o resultado de uma análise ontológica, que não exclui certas consequências cosmológicas (segundo a determinação do ser enquanto πάμπαν πέλεναι, B8,11).

Dessa maneira, podemos dizer que o "erro" dos mortais é ontologicamente motivado. Não se tratando de um mero equívoco lógico, a confusão de ser e não ser na linguagem dos mortais atesta a sua condição existencial de "errância", cuja elucidação, em Parmênides, compete ao campo da explicação cosmológica. A seção da

A Doxa no Poema

Doxa fornece, assim, uma crítica da linguagem dos mortais, que procura revelar os princípios implícitos em tudo aquilo que os humanos nomeiam para conhecer. A "filosofia da linguagem" de Parmênides pode ser encontrada na relação que estabelece entre os nomes e as formas, as quais, porém, não devem ser confundidas com os princípios expressos finalmente em B9 como Luz e Noite. Ao nomear as formas exteriores das coisas, os mortais reconhecem nelas, de toda maneira, sinais dos princípios (cf. ἐπίσημον ἑκάστῳ, B19,3), efetuam em alguma medida sua discriminação (cf. ἐκρίναντο, B8,55), mas a aparência de identidade proporcionada pela linguagem encobre o dualismo fundamental de sua verdadeira constituição cósmica. A Doxa, portanto, pode ser lida como uma elucidação cosmológica do convencionalismo — expresso no poema pelos verbos κατατίθημι e νομίζω — inerente à linguagem. Ali, junto com a postulação dos princípios e a exibição do "arranjo cósmico" (διάκοσμος), reside seu valor teórico positivo.

Esse aspecto positivo da Doxa (no sentido da positivação de ἀρχαί a um só tempo cosmológicas e epistemológicas) ficou encoberto, na interpretação moderna — embora seja insistentemente assinalado pela doxografia —, ao fazer, por efeito do princípio dicotômico da edição dos fragmentos inventado por Fülleborn, a assimilação de dois temas, demarcáveis, contudo, em duas "seções" distintas do poema, na elaboração do discurso da deusa parmenídea: a Doxa e o discurso cosmogônico propriamente dito, ambos componentes da Diakosmêsis parmenídea. Todo o trabalho de recolhimento da doxografia em função de circunscrever a Doxa aos versos B8,50/51-61 e ao fragmento 9 permitiu-nos dar-lhe uma interpretação unitária, apontando sua visada epistemológico-crítica com respeito à perspectiva dos mortais. Destacar o aspecto "dialético" de B8,34-41 permitiu mostrar como essas linhas do poema já preparam, ao final da Verdade, o desenvolvimento na Doxa de uma elucidação a respeito do fato da errância dos mortais, que se reflete em seus usos linguísticos inadequados de "ser" e "não ser". Confirma-se, assim, a plausibilidade da hipótese de Ebert-Barnes da transposição equivocada desses versos, que mais provavelmente antecedem imediatamente, ou quase, B8,50.

Na medida em que podemos aceitar o valor positivo dos princípios cosmológicos — pois o fato de serem eles enunciados em uma seção denominada *Doxa* não significa, como procuramos mostrar, que sejam postulados em uma perspectiva dóxica —, a cosmogonia parmenídea deve ser lida como relato que, por estar de alguma maneira amparado nos princípios, tem valor de verdade. Nessa medida, podemos extrair a conclusão de que Parmênides é continuador, em certa medida, da tradição jônia de investigação da natureza. No entanto, ele traz a ela uma série de considerações de segunda ordem: ontológicas, epistemológicas e sobre os fundamentos da linguagem humana. Nesse sentido, sugerimos ainda que o emprego terminológico de τὰ ὄντα para designar as "entidades fundamentais constitutivas do universo", à falta de material documental que permita uma posição definitiva, talvez se veja melhor como pertencendo à história dos efeitos do ἐόν parmenídeo, e não — como assumem mais frequentemente os historiadores da filosofia — que lhe seja anterior. Essa hipótese daria ainda maior razão a Long, quando caracteriza a investigação dos — mais ou menos arbitrariamente chamados — "pré-socráticos" como mais bem descrita sob a denominação de uma investigação acerca de "todas as coisas". Em razão dos muitos artifícios com que o termo πάντα se anuncia e se evita ao longo da obra de Parmênides (por exemplo com o uso adverbial de πᾶν etc.), seria possível ainda complementar a hipótese com a suspeita de que esse fosse efetivamente o termo-chave, à sua época, da cosmovisão "científica" nascente[86].

O tema, propriamente, do discurso cosmogônico que completa a *Diakosmêsis* parmenídea ficou, entretanto, excluído do escopo deste trabalho. A sua abordagem mais detalhada depende da lida com o complexo material dos testemunhos secundários, e principalmente terciários, apoiados no compêndio perdido de Aécio. Essa investigação está atualmente em curso, e é objeto de estudo de pesquisadores como Jaap Mansfeld e David Runia, citados neste trabalho, e ainda de Livio Rossetti. O esclarecimento crítico de seus conteúdos temáticos nos

---

86. Sobre a novidade da imagem de mundo veiculada pelo Poema, que se pode detectar desde o Proêmio, ver o Capítulo 6.

contextos das apropriações através da transmissão histórica é um trabalho que não pudemos aqui perseguir.

No entanto, é possível esboçar, a partir das aquisições de nossa pesquisa, algumas hipóteses de orientação hermenêutica, ao menos no que diz respeito a uma representação possível do plano formal da obra parmenídea. Uma vez que se aceite a posição deflacionária a respeito da seção da *Doxa*, como aqui defendemos, restringindo-a ao conjunto de 15 versos de B8,51-61 e B9,1-4, é quase forçoso inferir que seu papel no poema seja de operar uma transição. No entanto, não é preciso considerar que, abandonada a Verdade, onde a deusa parmenídea produz um discurso argumentativo firmemente encadeado, a cosmogonia seja, de outro lado, apenas um compêndio de conjecturas cosmológicas poeticamente elaborado. Algumas preocupações cosmológicas se impõem diretamente a partir das deduções ontológicas. Vimos que o argumento ontológico afirma a permanência do fato de ser, mas ele nada garante a respeito da durabilidade da configuração do universo atual. Defendemos que o adjetivo ἐοικός (B8,60) denota o caráter paradigmático dos contrários para a interpretação da realidade física do universo, remetendo a inteligibilidade das naturezas particulares ao reconhecimento, nelas, dos princípios. No entanto, a posição dos fundamentos é, na *Doxa*, apenas "pressuposta" ou "postulada", mas não provada. Supor a permanência do "arranjo cósmico" dos contrários é, como vimos, garantia da inteligibilidade do universo, permitindo especular sobre a origem e a interconexão de "todas as coisas". Mas a especulação não é vazia. Há claros indícios de que Parmênides se apropria dos novos saberes astronômicos, geográficos, biológicos, fisiológicos e embriológicos de sua época. Essa apropriação, portanto, não deveria apresentar-se, na cosmogonia, apenas sob a forma de um acúmulo repertoriado. O que possivelmente dá unidade à exposição é a intenção de "demonstrar" a presença dos princípios opostos em todas as descrições que oferece (διὰ παντὸς, B1,32). Daí explicar-se o dualismo detectável nos seus poucos fragmentos remanescentes: B12 (fêmea/macho), B14-15 (Lua/Sol), B18 (sementes femininas/masculinas). Se os princípios, de outro lado, são expressão dual da unidade do ser, evidenciá-los também na constituição cognitiva humana (νόος, B16,2) completa o propósito anunciado pela deusa de mostrar não apenas o erro dos mortais, mas a maneira como (ὡς..., B1,31-32) a errância, e mesmo o erro — que é apenas o seu reflexo —, é compreendido em bases ontológicas. Com a cosmologia, não há ruptura, mas continuidade da demonstração do fato de ser iniciada na Verdade, agora no que diz respeito à contingência da realidade cósmica e da natureza humana, ao exibir o acordo entre as coisas e o modo como elas se dão "para a opinião" (κατὰ δόξαν, B19,1). A cosmologia não se deduz da ontologia, mas é a sua confirmação, ao provar a possibilidade de em "todas as coisas", incluindo o homem como sujeito de conhecimento, recuperar os princípios, e com eles a unidade de "o que é". Por essa razão, talvez seja interessante ler no fragmento 3 não um pressuposto do discurso ontológico, mas o seu *demonstrandum* último: a identidade entre pensar/conhecer e ser[87].

---

87. Observamos que, em um interessante artigo, ALTMAN (2015) propôs a associação de B16/B3. Suas premissas poderiam ser revistas (parte ele, pois, da visão dicotômica tradicional sobre o Poema), e, parece-nos, suas conclusões seriam em parte confirmadas em função da hipótese que ora elaboramos.

CAPÍTULO 5
Os testemunhos acerca da "causa eficiente" em Parmênides

Uma série de testemunhos, a partir de Aristóteles — evidentemente empregando um vocabulário técnico tardio —, faz menção a uma causa eficiente produtiva ou eficiente (*poiêtikon*) em Parmênides. Ao acompanhar os testemunhos doxográficos remontando até Aristóteles, podemos obter mais precisões a respeito do que é assim interpretado, permitindo-nos especular quanto àquilo que poderia corresponder-lhe no Poema. Comecemos por Simplício, que oferece o relato mais tardio da série: suas notícias precisam que tal causa fosse reconhecida na figura mítica de B12, ali descrita como divindade "que tudo governa" (δαίμων ἣ πάντα κυβερνᾷ, B12,3). Simplício cita as três primeiras linhas do fragmento, em um contexto polêmico contra a interpretação de Alexandre:

> E, se Alexandre entendeu por "segundo a opinião do vulgo e os aparecimentos", como quer Parmênides, chamando de opinável ao sensível, isso está bem. Mas, se ele toma por completamente falsos os argumentos e se considera que a Luz ou o Fogo se interpretam como o causador eficiente, ele não compreende bem. Pois, tendo

completado o discurso a respeito do inteligível, Parmênides introduz os seguintes versos, tal como havia eu anteriormente exposto: (B8,50-61). Ele chama esse discurso de opinável e ilusório não porque seja este simplesmente falso, mas porque desceu da verdade inteligível ao sensível, isto é: ao aparente e opinado. Novamente, um pouco depois, após falar sobre os dois elementos, introduz o (causador) eficiente, assim dizendo: (B12,1-3)[1].

Simplício contesta a leitura de Alexandre ao fazer a identificação da "causa produtiva", em Parmênides, ao Fogo. Ele parece referir-se ali ao comentário de Alexandre a um passo de *Metafísica* I (984 b) — examinaremos pouco mais à frente tanto este texto quanto a afirmação original de Aristóteles. Simplício faz uma distinção importante entre os fundamentos do mundo da *Doxa*, os elementos ou as forças de Luz-Fogo e Noite, e a divindade cósmica de B12, apontando que nesta figura mítica deve-se localizar aquilo que Aristóteles reconhece como a causa em questão. Apesar de mencionar alhures a seção "sobre os dois elementos" (περὶ τῶν δυεῖν στοιχείων), ela não é citada por ele nessa ocasião, pois sua preocupação é precisar o estatuto do "opinável" (δοξαστόν) parmenídeo, relevando que ele não deve ser considerado como simplesmente falso, mas seria equivalente ao que, em linguagem platônica, é nomeado o "sensível" (τὸ αἰσθητόν).

Mas uma tradição, de fato, parece ter se formado segundo a qual tal causalidade seria atribuída ao Fogo: Clemente, por exemplo, atribui-lhe um poder demiúrgico[2]. Os estudiosos fazem recuar a interpretação a Teofrasto[3], acreditando encontrar indícios dessa tendência já em

---

1. SIMPLÍCIO, *In phys.*, 38,24-39,16: καὶ εἰ μὲν κατὰ τὴν τῶν πολλῶν δόξαν καὶ τὰ φαινόμενα οὕτως ὁ Ἀλέξανδρος ἐξεδέξατο, ὡς ὁ Παρμενίδης βούλεται δοξαστὸν τὸ αἰσθητὸν καλῶν, εὖ ἂν ἔχοι· εἰ δὲ ψευδεῖς πάντῃ τοὺς λόγους οἴεται ἐκείνους καὶ εἰ ποιητικὸν αἴτιον τὸ φῶς ἢ τὸ πῦρ νομίζει λέγεσθαι, οὐ καλῶς οἴεται. συμπληρώσας γὰρ τὸν περὶ τοῦ νοητοῦ λόγον ὁ Παρμενίδης ἐπάγει ταυτί, ἅπερ καὶ πρότερον παρεθέμην (B8,50-61) δοξαστὸν οὖν καὶ ἀπατηλὸν τοῦτον καλεῖ τὸν λόγον οὐχ ὡς ψευδῆ ἁπλῶς, ἀλλ' ὡς ἀπὸ τῆς νοητῆς ἀληθείας εἰς τὸ φαινόμενον καὶ δοκοῦν τὸ αἰσθητὸν ἐκπεπτωκότα. μετ' ὀλίγα δὲ πάλιν περὶ τῶν δυεῖν στοιχείων εἰπὼν ἐπάγει καὶ τὸ ποιητικὸν λέγων οὕτως (B12,1-3).
2. Ver também BOLLACK (2006), 122-123.
3. MCDIARMID (1953), 121.

Aristóteles[4]. Contudo, a crítica de Simplício[5], veremos ao longo desta exposição, parece fornecer evidência razoável para supor que a identificação da causa eficiente ao Fogo é tardia, talvez iniciada pelo próprio Alexandre, e que a passagem aristotélica, lida com cuidado, talvez não chegue a necessariamente corroborar essa identificação.

A questão acerca da origem da interpretação do Fogo como causa eficiente depende diretamente da leitura do texto de Alexandre:

> Acerca de Parmênides e de sua opinião, fala também Teofrasto no primeiro livro das *Opiniões dos físicos*: "Seguindo-se a ele" (fala ali de Xenófanes) "Parmênides de Eleia, filho de Pireto, tomou as duas vias". Pois mostra que o Todo é eterno e procura também expor a gênese dos seres. Não opina ele de maneira semelhante acerca de ambos os assuntos, mas supõe que de acordo com a verdade o Todo é um, inengendrado e esférico; de acordo, por vez, à opinião do vulgo, a fim de expor a sua gênese, faz de dois dos aparecimentos princípios, o Fogo e a Terra, um como matéria e o outro como causador e agente. Por isso diz (A.) "salvo por Parmênides", e nesse sentido na medida que postulou duas causas, não na medida que afirmou ser um aquilo que é[6].

A passagem é fonte de um fragmento da obra perdida de Teofrasto sobre as *Opiniões físicas*. Diels, ao recolher o texto, entende que a citação se estenderia até ὡς αἴτιον καὶ ποιοῦν, "como causador e agente". Este é o motivo pelo qual os intérpretes puderam fazer remontar a interpretação ao discípulo imediato de Aristóteles. Contudo, podemos

---
4. JOURNÉE (2014), 18.
5. JOURNÉE (2014), 19. Teste.
6. ALEXANDRE, *In Met.*, 31,7-16 *ad* 984 b 3 = TEOFRASTO, *Phys. dox.*, fr. 6, *Dox.* 482: Περὶ Παρμενίδου καὶ τῆς δόξης αὐτοῦ καὶ Θεόφραστος ἐν τῷ πρώτῳ Περὶ τῶν φυσικῶν οὕτως λέγει "τούτῳ δὲ ἐπιγενόμενος Παρμενίδης Πύρητος ὁ Ἐλεάτης" (λέγει δὲ καὶ Ξενοφάνην) "ἐπ᾽ ἀμφοτέρας ἦλθε τὰς ὁδούς". καὶ γὰρ ὡς ἀίδιόν ἐστι τὸ πᾶν ἀποφαίνεται καὶ γένεσιν ἀποδιδόναι πειρᾶται τῶν ὄντων, οὐχ ὁμοίως περὶ ἀμφοτέρων δοξάζων, ἀλλὰ κατ᾽ ἀλήθειαν μὲν ἓν τὸ πᾶν καὶ ἀγένητον καὶ σφαιροειδὲς ὑπολαμβάνων, κατὰ δόξαν δὲ τῶν πολλῶν εἰς τὸ γένεσιν ἀποδοῦναι τῶν φαινομένων δύο ποιῶν τὰς ἀρχάς, πῦρ καὶ γῆν, τὸ μὲν ὡς ὕλην τὸ δὲ ὡς αἴτιον καὶ ποιοῦν. διὰ τοῦτο εἶπε τὸ "πλὴν εἰ ἄρα Παρμενίδῃ," καὶ τούτῳ δὲ καθ᾽ ὅσον δύο αἰτίας ἔθετο, ἀλλ᾽ οὐ καθὸ ἓν εἶναι τὸ ὂν ἔλεγε.

levantar algumas razões em defesa de uma hipótese mais conservadora, com a citação direta terminando em "tomou as duas vias" (ἐπ' ἀμφοτέρας ἦλθε τὰς ὁδούς).

Do ponto de vista de uma análise imanente, καὶ γὰρ introduz afirmações que se apresentam como uma explicação da fórmula que certamente é parte da citação a Teofrasto. Não há nada no texto que indique claramente se essa explicação é de Alexandre ou do próprio Teofrasto. A repetição de καὶ nas linhas anteriores nos inclinaria a ver uma indicação de que Alexandre enumera rapidamente alguns pontos, apontando já para que, se não é ele mesmo o autor da explicação que se segue, faz um sumário do que lê em Teofrasto (sendo assim o responsável pela interpretação do que tem diante dos olhos). Esse ponto sozinho seria contestável. Ocorre, porém, que Simplício destaca os termos que servem de objeto a sua crítica; se não nomeia a Teofrasto, é porque eles só podem pertencer à fraseologia do próprio Alexandre: "Segundo a opinião do vulgo" (κατὰ δόξαν τῶν πολλῶν), "os fenômenos" (τὰ φαινόμενα). Se assim é, a frase onde aparecem não pode pertencer à citação, razão pela qual seria desejável recuar as aspas, onde as havia colocado Diels, para algumas linhas antes, após a fórmula das "duas vias".

Seria compreensível que Alexandre considerasse a fórmula teofrasteana importante o bastante a ponto de citá-la sozinha. Ela se elabora a partir de algo que diz Aristóteles ao final de *Física*, I 8, a saber: que o desconhecimento da distinção entre ato e potência teria levado os antigos a "afastarem-se da via da geração e da corrupção e da mudança em geral" (ἐξετράπησαν τῆς ὁδοῦ τῆς ἐπὶ τὴν γένεσιν καὶ φθορὰν καὶ ὅλως μεταβολήν, 193 b 32-33). Teofrasto faria então uma precisão, distinguindo da colocação geral de Aristóteles o caso particular de Parmênides, que de alguma maneira teria percorrido esta "via". E o ponto em questão será este, precisamente: apesar da elaboração da categoria do "eleatismo", a posição precisa de Parmênides não pode ser completamente assimilada à descrição mais geral pela qual Aristóteles procura sistematicamente aproximar os diferentes pensadores que trataram do "Um". Parmênides é, pois, uma honrosa exceção: a citação que se extrai do Estagirita — "salvo por Parmênides" — corresponde precisamente aquela de Teofrasto, ao dizer que o Eleata "percorreu as duas vias". Isto é, ao pensar a causa eficiente, teria ele assumido, sob algum aspecto, o movimento e a geração.

É ainda preciso notar que a caracterização por Alexandre do Fogo "como causador e agente" (ὡς αἴτιον καὶ ποιοῦν) não o compromete, no rigor dos termos, com a interpretação do elemento como "eficiente". O ser-agente é, de ordinário, uma das categorias ao lado da essência, da qualidade, da quantidade, da relação, do ser-paciente, do lugar e do tempo[7] — não fala imediatamente da espécie de causa e pode ser dito em mais de um sentido[8]. Quando Aristóteles deseja indicar com o termo a causalidade eficiente, ele pode fazê-lo acompanhado de um καί epexegético, interpretando-o expressamente como tal (por exemplo, em *Metafísica*, Z, 7, 1032 b 32: τὸ ποιοῦν καὶ ὅθεν ἄρχεται ἡ κίνησις). Talvez por isso Simplício conceda a Alexandre o benefício da dúvida, condicionando a crítica a uma possibilidade de leitura de seu comentário (cf. εἰ νομίζει, "se considera...").

Vejamos, enfim, a passagem de Aristóteles à origem do comentário de Alexandre e da polêmica de Simplício:

> Se, pois, com efeito, toda geração e corrupção procedem de um ou mais princípios, por que isso assim sucede e qual é disso o causador? Pois, certamente, não é o próprio substrato que faz mudar a si mesmo... Investigá-lo é buscar outro princípio, aquele, como dizemos, o princípio de onde procede o movimento. (i) Ora, aqueles que logo ao início empreenderam o caminho de uma investigação desse tipo, afirmando ser Um o substrato, em nada se puseram em dificuldade. (ii) Mas ao menos alguns dentre aqueles que discutiram o Um, como que vencidos por tal investigação, afirmaram ser imóvel o Um, e também a natureza em sua totalidade, não apenas quanto à geração e à corrupção (pois isso é antigo e quanto a isso estão todos de acordo), mas também quanto a todas as outras espécies de alteração, e essa doutrina lhes é particular. (iii) Daqueles, pois, que afirmaram ser Um o todo, nenhum chegou a conceber tal causa, salvo por Parmênides, e isso na medida em que postula ser não apenas o Um, mas

---

7. ARISTÓTELES, *Anal.*, 83 a 22.
8. Cf. *De gen. et corr.*, 324 a 26ss.

de alguma maneira também duas causas. (iv) E àqueles, então, que postulam mais causas, mais compete enunciá-la, como por exemplo aqueles que admitem o Quente e o Frio, ou o Fogo e a Terra, pois servem-se do Fogo enquanto este possui natureza motriz, da Água, da Terra e de elementos tais como esses para o contrário[9].

É importante apreender a perspectiva do recolhimento de Aristóteles nessa passagem. O Estagirita persegue os desenvolvimentos históricos da investigação das causas. Após percorrer as afirmações daqueles que "filosofaram sobre a verdade" (983 b 2), recolhendo as expressões da causalidade material (a água em Tales e nas cosmogonias antigas, o ar em Anaxímenes e Diógenes de Apolônia, o fogo em Hipaso e Heráclito, os quatro elementos em Empédocles, as homeomerias em Anaxágoras), reconhece como elaboração da investigação a procura da causalidade eficiente. Dentro de uma reconstrução sistemática da investigação pelas causas em geral (assim entendemos a expressão τῆς μεθόδου τῆς τοιαύτης), procura-se precisar o surgimento de uma posição onde é possível reconhecer a intuição da especificidade desse tipo de causa. Não se coloca aqui primariamente em questão o número dos seres ou elementos como critério de classificação, mas distinguem-se diferentes naturezas de causalidade[10].

---

9. ARISTÓTELES, *Metafísica*, I, 3, 984 a 19-b 9: εἰ γὰρ ὅτι μάλιστα πᾶσα γένεσις καὶ φθορὰ ἔκ τινος ἑνὸς ἢ καὶ πλειόνων ἐστίν, διὰ τί τοῦτο συμβαίνει καὶ τί τὸ αἴτιον; οὐ γὰρ δὴ τό γε ὑποκείμενον αὐτὸ ποιεῖ μεταβάλλειν ἑαυτό... τὸ δὲ τοῦτο ζητεῖν ἐστὶ τὸ τὴν ἑτέραν ἀρχὴν ζητεῖν, ὡς ἂν ἡμεῖς φαίημεν, ὅθεν ἡ ἀρχὴ τῆς κινήσεως. οἱ μὲν οὖν πάμπαν ἐξ ἀρχῆς ἁψάμενοι τῆς μεθόδου τῆς τοιαύτης καὶ ἓν φάσκοντες εἶναι τὸ ὑποκείμενον οὐθὲν ἐδυσχέραναν ἑαυτοῖς, ἀλλ' ἔνιοί γε τῶν ἓν λεγόντων, ὥσπερ ἡττηθέντες ὑπὸ ταύτης τῆς ζητήσεως, τὸ ἓν ἀκίνητόν φασιν εἶναι καὶ τὴν φύσιν ὅλην οὐ μόνον κατὰ γένεσιν καὶ φθοράν (τοῦτο μὲν γὰρ ἀρχαῖόν τε καὶ πάντες ὡμολόγησαν) ἀλλὰ καὶ κατὰ τὴν ἄλλην μεταβολὴν πᾶσαν· καὶ τοῦτο αὐτῶν ἴδιόν ἐστιν. τῶν μὲν οὖν ἓν φασκόντων εἶναι τὸ πᾶν οὐθενὶ συνέβη τὴν τοιαύτην συνιδεῖν αἰτίαν πλὴν εἰ ἄρα Παρμενίδῃ, καὶ τούτῳ κατὰ τοσοῦτον ὅσον οὐ μόνον ἓν ἀλλὰ καὶ δύο πως τίθησιν αἰτίας εἶναι· τοῖς δὲ δὴ πλείω ποιοῦσι μᾶλλον ἐνδέχεται λέγειν, οἷον τοῖς θερμὸν καὶ ψυχρὸν ἢ πῦρ καὶ γῆν· χρῶνται γὰρ ὡς κινητικὴν ἔχοντι τῷ πυρὶ τὴν φύσιν, ὕδατι δὲ καὶ γῇ καὶ τοῖς τοιούτοις τοὐναντίον.

10. A reconstrução aristotélica parece entreter uma importante diferença em comparação com a classificação de Platão no *Sofista* (242 c-243 a): ali, monistas (eleatas) e pluralistas são colocados em uma oposição a ser dialeticamente superada pela

Na elaboração segundo esses critérios, a primeira posição cabe, negativamente, à posição de um estrito "materialismo" (i), onde não se enxergaria nenhum traço de um tipo diferente de causalidade. Essa concepção reconhece a causalidade naquilo "a partir de quê" as coisas são, sem que se coloque o problema de determinar a causa eficiente (aquilo "de onde procede o movimento").

E, não obstante, as doutrinas materialistas postulam uma unidade primordial, interpretada por Aristóteles em termos de "substrato" (τὸ ὑποκείμενον); ao fazê-lo, permitem que se articule logicamente essa posição com aquela da etapa seguinte na reconstrução sistemática, a de um "monismo" ao estilo do eleatismo (ii). Com efeito, os eleatas são aqueles que, cf. 986 b 15, "falam de outro modo", e não postulam o Um para depois gerar a partir dele, "como se fosse a partir da matéria", ὥς ἐξ ὕλης. Na passagem de que nos ocupamos, a doutrina eleata é compreendida como resultado de uma investigação sobre o Um enquanto tal, como se esta segunda posição fosse uma etapa necessária — ainda que também negativa —, implicada pelo monismo material. Ela seria uma consequência das primeiras investigações sobre a causalidade, no que diz respeito à natureza una do substrato; contudo, de acordo com a narrativa aristotélica, os eleatas são "vencidos" (ἡττηθέντες) pela investigação a que se dedicam, pois terminam por afirmar a imobilidade do

---

afirmação do uno e do múltiplo (por Empédocles e Heráclito). Aqui, porém, o ângulo parece ser outro: a posição eleática é vista como um desdobramento extremo — e por fim desviante — do pensamento originário do "substrato", na medida em que este se apresenta como unidade fundamental. No caso do relato platônico, a questão do "número" dos seres produz a oposição de monismo e pluralismo; no de Aristóteles, porém, sob a perspectiva da investigação da causalidade, há certa continuidade, ao menos de princípio: o materialismo dos primeiros filósofos implica o monismo, e o eleatismo é então sua consequência lógica, muito embora esta versão radicalizada do monismo, ao suprimir toda espécie de movimento, termine por cancelar o significado histórico da própria investigação, como se a deseja reconstruir. Contribui para as dificuldades de interpretação da passagem aristotélica a importação da oposição de monismo e pluralismo, quando esta não parece estar aqui diretamente em questão. Se o Estagirita reelabora a historiografia platônica do *Sofista*, ele o faz em função de uma problemática completamente diversa, dali ausente, a investigação das espécies de causas e sua diferenciação, sendo sob essa perspectiva secundária ou subsidiária a questão de seu número.

Um segundo qualquer espécie de movimento[11]. Ao fazê-lo, subvertem o próprio sentido da pesquisa em questão, pois o Um tornado absoluto não pode mais, a rigor, ser considerado causa ou princípio de nada[12].

Ora, é bastante peculiar, no entanto, a posição (iii) ocupada por Parmênides nesse relato, pois ele é ali separado da posição eleática mais radical: o Estagirita não deixa de ver em seu pensamento, a despeito da postulação do Um, também uma expressão da causalidade eficiente e, dada a organização "teleológica" do recolhimento, sua citação é significativa, sugerindo-nos que nele tal espécie de causa apareceria em sua primeira elaboração filosófica.

Os tradutores costumam enfraquecer essa declaração, ao atribuir "de alguma maneira" à postulação das duas causas, em contraposição ao Um (πως qualificaria δύο, e ἀλλὰ καὶ diria da oposição de δύο a ἕν)[13]. Contudo, o acento em (iii) não parece ser sobre a diferença quanto ao "número" de causas postuladas. A despeito da possibilidade de *constructio ad sensum*, desprezando a concordância de gênero, talvez Aristóteles pudesse empregar o feminino μία, em vez do neutro ἕν, se desejasse realmente insistir na interpretação do Um como causa, αἰτία: mas o ponto, como dizíamos, é que os eleatas, à exceção de Parmênides, suprimem a própria ideia de causa ao afirmar a unidade absoluta.

Com respeito ao Um, o que se mostra mais coerente de um ponto de vista gramatical, e interpretativamente compatível com a crítica do eleatismo entabulada por Aristóteles na *Física*, é a construção οὐ μόνον ἕν (εἶναι τίθησιν) para dizer daquilo que Parmênides postula exclusivamente ou não e "ser": quer-se mostrar que ele não está limitado, como os demais eleatas, à hipótese de que apenas "é" o Um imóvel e singular

---

11. A notar que, diferentemente de muitas reconstruções modernas, Aristóteles não entende que a doutrina de que nada pode se gerar do que não é tenha origem especificamente eleata, mas que todos os pré-socráticos, incluindo os primeiros monistas, partilham dela (LESZT, 2006, 366).

12. *Fís.*, I, 2, 184 b 21-185 a 4.

13. Duminil e Jaulin: "*Et cela dans la mesure où il pose l'existence non seulement d'une cause, mais en quelque sorte de deux*"; Yebra: "*en tanto en cuanto afirma que no sólo un elemento, sino dos, en cierto modo, son causas*"; Tricot: "*et encore est-ce dans la mesure où il suppose qu'il y a non seulement une cause, mais aussi, en un certain sens, deux causes*".

(εἰ ἓν μόνον καὶ οὕτως ἓν ἔστιν, *Fís.*, I, 2, 185 a 3). O que excede essa posição, em particular inibidora de uma ciência física e em todo caso pouco fecunda para uma investigação das causas em geral, é a elaboração, não obstante, de uma teoria da duplicidade de elementos — não pode ali tratar-se senão do passo do poema a respeito do *diakosmos* dos contrários —, em cujo contexto, afirma o Estagirita, se poderia reconhecer a expressão de uma causa eficiente. Aristóteles, contudo, precisa tomar precauções, pois sabe que o Eleata não atribui, como vimos, "ser" a essas duas causas, na *Doxa*, da mesma maneira como fala do Um, na Verdade, e por isso atenua a afirmação, dizendo que Parmênides "de alguma maneira postula" que elas também "são" (πως qualificando τίθησιν αἰτίας εἶναι). Parmênides não pode ser considerado um pluralista, mesmo quando trata de cosmologia: suas causas não correspondem a "seres" no sentido que pretende o pensador reservar ao termo.

Mas a que precisamente se atribuiria, em Parmênides, algo como uma causa eficiente, se os elementos contrários possuem, como já vimos, um estatuto ontológico fraco? Para abrir caminho à resposta a essa pergunta, é preciso ainda resolver uma última dificuldade com o texto da *Metafísica*, colocada pelas declarações em (iv) ("E àqueles..."). Aristóteles continua ali a falar de Parmênides?[14] Se assim se entende, a passagem indicaria que ele identifica a causa eficiente, na doutrina do Eleata, ao Fogo[15]. É possível, e uma tradição de interpretação se formará associando a Terra à matéria e o Fogo à causa eficiente, ao menos desde Teofrasto, se podemos confiar no relato de Alexandre de Afrodísia[16]. É curioso, porém, que Simplício explicitamente combata esse

---

14. LESZT (2006), 365, reconhece que a divisão é entre os primeiros monistas, os eleatas e os pluralistas, representados especialmente pelos atomistas. Ele distingue os eleatas dos pluralistas, mas não destaca, como nos parece ser o caso, a posição de Parmênides nesse esquema enquanto uma distinta.
15. Assim leem JOURNÉE (2014), 18, e MCDIARMID (1953), 121.
16. ALEXANDRE, *In Met.*, 31,7ss: Περὶ Παρμενίδου καὶ τῆς δόξης αὐτοῦ καὶ Θεόφραστος ἐν τῷ πρώτῳ Περὶ τῶν φυσικῶν οὕτως λέγει "τούτῳ δὲ ἐπιγενόμενος Παρμενίδης Πύρητος ὁ Ἐλεάτης" (λέγει δὲ καὶ Ξενοφάνην) "ἐπ' ἀμφοτέρας ἦλθε τὰς ὁδούς. καὶ γὰρ ὡς ἀίδιόν ἐστι τὸ πᾶν ἀποφαίνεται καὶ γένεσιν ἀποδιδόναι πειρᾶται τῶν ὄντων, οὐχ ὁμοίως περὶ ἀμφοτέρων δοξάζων, ἀλλὰ κατ' ἀλήθειαν μὲν ἓν τὸ πᾶν καὶ ἀγένητον καὶ σφαιροειδὲς ὑπολαμβάνων, κατὰ δόξαν δὲ τῶν πολλῶν εἰς τὸ γένεσιν

entendimento da passagem aristotélica[17], o que nos faz considerar se ela não poderia ser lida de outra maneira. No *Sofista*, pois, apresenta-se o ensinamento — bastante semelhante ao relatado por Aristóteles — de alguém que, "falando de dois seres, úmido e seco, ou quente e frio, os faz coabitar e os une em matrimônio" (242 d 2-4). Essa doutrina é expressamente distinguida, no diálogo, daquela do "grupo eleata" e poderia corresponder às teorias de Alcméon ou de Arquelau[18]. A frase introduzida por τοῖς δὲ, de fato, parece mais indicar a distinção do que a associação com Parmênides. A descrição de posições pluralistas, diversas da doutrina parmenídea das duas causas e dela ali diferenciadas, parece bem ser o que se sugere, não apenas com o emprego de δὲ δή conectivo[19], mas também pela vagueza na designação dos elementos passivos (cf. καὶ τοῖς τοιούτοις). Uma vez que compreendamos, em toda a passagem citada da *Metafísica*, o problema da discriminação de naturezas de causalidade como determinante, e o do número de causas como relevante apenas em subordinação a ele, vê-se que a afirmação de Aristóteles é que, nas doutrinas em que um verdadeiro pluralismo de causas é afirmado (não sendo este, propriamente, o caso para Parmênides), é mais fácil detectar o papel de atividade de um elemento com relação aos demais, e assim reconhecer a especificidade da causa eficiente (associada ao fogo), em distinção à material (representada pela terra, pela água, ou por outros elementos)[20].

ἀποδοῦναι τῶν φαινομένων δύο ποιῶν τὰς ἀρχάς, πῦρ καὶ γῆν, τὸ μὲν ὡς ὕλην τὸ δὲ ὡς αἴτιον καὶ ποιοῦν." διὰ τοῦτο εἶπε τὸ "πλὴν εἰ ἄρα Παρμενίδη," καὶ τούτῳ δὲ καθ᾽ ὅσον δύο αἰτίας ἔθετο, ἀλλ᾽ οὐ καθὸ ἓν εἶναι τὸ ὂν ἔλεγε. Se a redução da causa eficiente parmenídea ao Fogo, em Teofrasto, parece um fato — veremos melhor a seguir —, isso não significa em todo caso que Alexandre esteja correto em apropriar-se dessa interpretação para ler o passo em questão.

17. Cf. acima p. 201s.
18. Cf. Cordero em PLATON (1993), 241, n. 191.
19. A partícula δή, explica Denniston, tem seu uso conectivo derivado do enfático: exprime uma sequência pouco lógica, ou marca uma progressão por uma conexão intermediária entre lógica e tempo; a combinação δὲ δή é "quase puramente conectiva" e, nesse caso, δέ pode até mesmo ter valor "definitivamente adversativo" (DENNISTON, 1954, 236-239, 259).
20. A passagem de *Metafísica*, I, 3, assim lida, apresenta uma progressão em quatro etapas: (i) monismo material, em que não se coloca em nada a questão da causa

Se Aristóteles, no excerto que acabamos de analisar, não precisa a identificação da causa eficiente em Parmênides — veremos, em breve, que ele tem razões para não fazê-lo nesse momento de sua argumentação —, Simplício, por sua vez, é assertivo ao designá-la à continuação da passagem que comentávamos mais acima: a causa eficiente (ποιητικὸν αἴτιον) é representada pela divindade cósmica mencionada nos versos fragmento 12, do qual ele cita os versos 2-6 na ocasião[21]. Algumas páginas mais à frente, prevenindo do equívoco de atribuir-se tal causa ao Fogo — pode-se suspeitar que essa tivesse sido uma interpretação aventada na tradição por aqueles que comentam Parmênides de segunda mão, a partir da leitura do pouco claro relato aristotélico, sem dispor, como o neoplatônico, de uma cópia do poema —, ele confirma a identificação, detalhando ainda que os versos em que a dêmone aparece vêm seguidos pela passagem a respeito do *diakosmos* dos contrários[22].

As informações fornecidas por Simplício ajudam a entender por que Aristóteles menciona a doutrina parmenídea das "duas causas": trata ele de fornecer o contexto em que a divindade cósmica de B12 é descrita no poema (sem haver a intenção de atribuir a causa eficiente ao Fogo enquanto um desses dois elementos, como nos parece). Simplício nos faz ainda saber que essa mesma deusa é causa das divindades incorpóreas e identifica-se àquela do verso recolhido em B13, onde se diz que "concebeu" Éros[23]. Este último fragmento tem sua mais remota citação no *Banquete* de Platão. Ao fazer o elogio do deus, Fedro,

---

eficiente; (ii) monismo radicalizado, em que a questão da causalidade apresenta-se de maneira negativa, sem resolução; (iii) posição de Parmênides que, apesar do monismo, dá expressão à causa eficiente, sem, contudo, endossar propriamente um pluralismo; (iv) pluralismo propriamente dito, em que o papel de causa eficiente é mais facilmente reconhecido em um dentre os múltiplos elementos postulados.
21. SIMPLÍCIO, *In phys.*, 31,10-17: καὶ ποιητικὸν δὲ αἴτιον οὐ σωμάτων μόνων τῶν ἐν τῇ γενέσει ἀλλὰ καὶ ἀσωμάτων τῶν τὴν γένεσιν συμπληρούντων σαφῶς παραδέδωκεν ὁ Παρμενίδης λέγων...
22. SIMPLÍCIO, *In phys.*, 39,12-13: μετ' ὀλίγα δὲ πάλιν περὶ τῶν δυεῖν στοιχείων εἰπὼν ἐπάγει καὶ τὸ ποιητικὸν λέγων οὕτως... Segue-se a citação dos versos B12,1-3.
23. SIMPLÍCIO, *In phys.*, 39,17: ταύτην καὶ θεῶν αἰτίαν εἶναί φησι λέγων "πρώτιστον μὲν Ἔρωτα θεῶν μητίσατο πάντων". Cf. ἀσωμάτων (31,11), referindo-se aos deuses (BREDLOW, 2010, 284).

recorrendo a fontes que atestariam a sua antiguidade, indício de sua importância, cita, após Hesíodo, o verso de Parmênides:

> Pois de Éros não há pais, que não são nunca mencionados pelo vulgo ou pelos poetas; narra Hesíodo que primeiro surgiu o Caos, "veio então, a seguir, / Terra de amplos seios, firme assento eterno das coisas, / e depois Éros" † afirma que depois do Caos nasceram estas duas divindades, Terra e Éros. Parmênides, por vez, relata a respeito da geração: "Éros primeiríssimo de todos os deuses concebeu". Acusilau também concorda com Hesíodo. De todos os lados, Éros é considerado estar entre os mais antigos dos deuses[24].

O texto dos manuscritos apresenta uma dificuldade de estabelecimento, assinalada pelo *obelus*, e foi emendado pelos editores de maneiras diversas. Delas não nos ocuparemos. Notável é a ausência de sujeito na citação do verso de B13 (o que se repete, outrossim, em todas as fontes do fragmento). G. Journée, estudando o problema, propõe que τήν γένεσιν, no acusativo, se não é o sujeito gramatical de μητίσατο, pode introduzir a citação desempenhando papel de sujeito lógico, em discurso indireto: Platão colocaria na boca de Fedro a sugestão de que a Geração personificada seria a divindade que "concebeu" Éros[25]. Não é preciso chegar a tanto: o que importa em primeira instância é reconhecer que a fala de Fedro antecipa o tema da "parturição no Belo" e associa de maneira insistente a divindade parmenídea ao motivo da geração: a repetição de γενέσθαι e γένεσις em poucas linhas de texto é prova suficiente, sem contar a articulação com o problema do πρῶτον, que o discurso de Diotima relatado por Sócrates tingirá de tons metafísicos. A fala do jovem amante de discursos sofísticos bem pode reproduzir o florilégio de Hípias de Élis, do qual temos notícia através de Clemente de

---

24. PLATÃO, *Banquete*, 178 b 2-c 2: γονῆς γὰρ Ἔρωτος οὔτ' εἰσὶν οὔτε λέγονται ὑπ' οὐδενὸς οὔτε ἰδιώτου οὔτε ποιητοῦ, ἀλλ' Ἡσίοδος πρῶτον μὲν Χάος φησὶ γενέσθαι "αὐτὰρ ἔπειτα / Γαῖ' εὐρύστερνος, πάντων ἕδος ἀσφαλὲς αἰεί, / ἠδ' Ἔρος" † φησὶ μετὰ τὸ Χάος δύο τούτω γενέσθαι, Γῆν τε καὶ Ἔρωτα. Παρμενίδης δὲ τὴν γένεσιν λέγει "πρώτιστον μὲν Ἔρωτα θεῶν μητίσατο πάντων". Ἡσιόδῳ δὲ καὶ Ἀκουσίλεως ὁμολογεῖ. οὕτω πολλαχόθεν ὁ Ἔρως ἐν τοῖς πρεσβύτατος εἶναι.

25. JOURNÉE (2014), 12-13.

Alexandria²⁶, um compêndio temático de citações de poetas e filósofos que pode estar na base da aproximação de Parmênides e Hesíodo tanto em Platão quanto em Aristóteles. Ambos os autores dialogam com essa tradição sofística, mas submetem o paralelo à interpretação filosófica da investigação da ἀρχή. É saliente, nessa perspectiva, a intervenção de Agatão, que pretende corrigir o relato de Fedro, apontando "querelas muito antigas entre os deuses", anteriores a Éros, envolvendo "mutilações e encadeamentos mútuos" que se devem atribuir à Necessidade²⁷. Se a fala parece um pastiche, em que se misturam imagens hesiódicas e parmenídeas — e provavelmente também outras de extração empedocliana, ao sugerir um "reinado" de Éros-φιλία —, como se o anfitrião do simpósio quisesse demonstrar sua erudição superior, é fácil reconhecer que, se não há notícia de violências entre os deuses reportadas no que dispomos da obra de Parmênides, de outro lado Necessidade está ausente dos poemas de Hesíodo. Divindade autenticamente parmenídea, a descrição de sua agência "encadeadora" corresponde verbalmente ao que se diz dela, no fragmento 8, com respeito ao ser, e de maneira semelhante se lhe atribui o papel cósmico de manter "em limites" os astros, no fragmento 10.

Mas, sob a máscara de Agatão, é Platão quem parece sugerir que essa divindade represente algo de mais "primitivo" do que Éros, em uma encenação bem calculada no *Banquete*. No *Timeu*, pois, a Necessidade é uma força atribuída ao devir carente de uma orientação teleológica. É um princípio de movimento, mas ao qual Timeu recusa dar o nome de "causa" (αἰτία), cioso de preservar uma visão racional do cosmo, cuja ordem deve estar fundada sobre um princípio inteligente. Tanto Pseudo-Plutarco quanto Estobeu, ao tratarem da necessidade, colocam Parmênides ao lado de Demócrito, ressaltando seu significado cosmológico nesses pensadores²⁸. Teodoreto, ainda,

---
26. Cf. MANSFELD (1986), 25-26.
27. PLATÃO, *Banquete*, 195 b-c.
28. AÉCIO I, 25, 3 Diels (*Dox.*, 321) = PS.-PLUTARCO, *Plac.*, I, 25, 3; ESTOBEU, *Anth.*, I, 4, 7 c: Περμενίδης καὶ Δημόκριτος πάντα κατὰ ἀνάγκην· τὴν αὐτὴν δὲ εἶναι εἱμαμένην καὶ δίκην καὶ πρόνοιαν καὶ κοσμοποιόν.

afirma que Parmênides chama à necessidade cósmica "Dêmone" e "Justiça"[29]. Se, em Parmênides, a dêmone de B12 se identifica ou não com a Necessidade de B10, é algo que não podemos afirmar com certeza[30]. Mas o mínimo a que estamos autorizados supor é que, desde Platão, uma tradição parece ter-se formado em que a divindade cósmica de B12, que é dita "tudo governar" (δαίμων ἣ πάντα κυβερνᾷ, v. 3), se interpreta como Necessidade. O seu entendimento como uma espécie de causalidade mecânica convida à sua redução ao Fogo já em Teofrasto[31].

Se em Aristóteles, contudo, essa redução não nos parece tão clara, é porque ele separa o seu relato em *Metafísica*, I, 3-4 em duas etapas. A explicação puramente mecânica ou material, onde terminava a exposição que citávamos anteriormente (com a menção dos elementos Fogo, Terra e outros), da qualidade meramente "motriz" (κινητικός, 984 b 6) de um elemento não basta para caracterizar a causa eficiente: esta, para ser digna do nome — parece estarmos aqui diante de uma reedição da exigência de Timeu —, deve também ser causa do belo e da ordem. Adicionada essa nota ao conceito da causa em questão, o Estagirita encontra a sua primeira expressão filosófica mais evidente

---

29. Teodoreto, *Graec. aff. cur.*, VI, 13: Οὐ μόνον δὲ οἱ ἀμφὶ τὸν Δημόκριτον καὶ Χρύσιππον καὶ Ἐπίκουρον πάντα κατ' ἀνάγκην ἔφασαν γίνεσθαι, ἀνάγκην καλοῦντες τὴν εἱμαρμένην, ἀλλὰ καὶ Πυθαγόρας ὁ πολυθρύλητος ἀνάγκην εἶπε περικεῖσθαι τῷ κόσμῳ. Ὁ δὲ Παρμενίδης τὴν ἀνάγκην καὶ Δαίμονα κέκληκε καὶ Δίκην καὶ Πρόνοιαν· καὶ ὁ Ἡράκλειτος δὲ πάντα καθ' εἱμαρμένη εἴρηκε γίνεσθαι· ἀνάγκην δὲ τὴν εἱμαρμένην καὶ οὗτος ὠνόμασεν. Journée observa, contudo, que Teodoreto parece reproduzir as notícias de Pseudo-Plutarco e Estobeu (cf. πάντα κατ' ἀνάγκην), e que a presença do termo Δαίμονε possa ser um acréscimo, inspirado em uma passagem de Aécio em que a divindade é associada às coroas cósmicas (II, 7, 1 Diels, *Dox.*, 335 = Estobeu, *Anth.*, I, 22, 1a): Παρμενίδης στεφάνας εἶναι περιπεπλεγμένας ἐπαλλήλους, τὴν μὲν ἐκ τοῦ ἀραιοῦ, τὴν δὲ ἐκ τοῦ πυκνοῦ· μικτὰς δὲ ἄλλας <ἐκ> φωτὸς καὶ σκότους μεταξὺ τούτων· καὶ τὸ περιέχον δὲ πάσας τείχους δίκην στερεὸν ὑπάρχειν, ὑφ' ᾧ πυρώδης στεφάνη· καὶ τὸ μεσαίτατον πασῶν περὶ ὃ πάλιν πυρώδης· τῶν δὲ συμμιγῶν τὴν μεσαιτάτην ἁπάσαις αἰτίαν πάσης κινήσεως καὶ γενέσεως ὑπάρχειν, ἥντινα καὶ δαίμονα κυβερνῆτιν καὶ κληδοῦχον ἐπονομάζει, δίκην τε καὶ ἀνάγκην (Journée, 2014, 27).
30. Guthrie (1965), 62ss, admite a identificação.
31. Cf. Journée (2014), 33-34, que vê, entretanto, essa redução operar-se desde Aristóteles, ao ler a passagem de *Metafísica*, I, 3 à maneira tradicional, influenciada pelo comentário de Alexandre.

no νοῦς de Anaxágoras[32]. Mas, uma vez alcançado o novo estágio da argumentação, Aristóteles recua para identificar em Éros uma representação pré-filosófica, mítico-poética, do aspecto que deve completar a determinação da causalidade eficiente: é que o desejo — o Estagirita não oculta sua interpretação alegórica de Éros como ἐπιτυμία —, por ser direcionado a fins, é algo essencialmente diverso de uma causa cega. Nesse momento, volta então a citar Parmênides, em paralelo com Hesíodo:

> Assim, pois, os que pensavam desse modo afirmaram que a causa do bem era o princípio dos entes e, ao mesmo tempo, o princípio de onde procede o movimento. Pode-se suspeitar que Hesíodo tenha sido o primeiro a haver buscado uma tal explicação, bem como qualquer outro que tenha posto em existência, como princípio, o amor ou o desejo, e é como faz também Parmênides. Pois este, quando prepara a gênese do Todo, diz que "Éros primeiríssimo de todos os deuses concebeu", e Hesíodo, que "primeiro de todos surgiu o Caos, então, a seguir, / Terra de amplos seios... / e depois Éros, que se distingue entre todos os imortais", pois deve existir entre os seres certa causa que os põe em movimento e congrega as coisas[33].

A especificação da natureza de uma divindade através da linhagem a que dá descendência é uma marca do pensamento mítico. Se Aristóteles, como pensamos, identifica na dêmone de Parmênides o que melhor pode exprimir, no poema, aquilo que ele mesmo define como causa eficiente, a retomada de sua citação com a menção da primogenitura de Éros é mais do que o acréscimo de um detalhe: ela completa e revalida a narrativa que mostrava o Eleata na vanguarda dos filósofos

---

32. ARISTÓTELES, *Metafísica*, I, 4, 984 b 8-20.
33. ARISTÓTELES, *Metafísica*, I, 3, 984 b 20-31: οἱ μὲν οὖν οὕτως ὑπολαμβάνοντες ἅμα τοῦ καλῶς τὴν αἰτίαν ἀρχὴν εἶναι τῶν ὄντων ἔθεσαν, καὶ τὴν τοιαύτην ὅθεν ἡ κίνησις ὑπάρχει τοῖς οὖσιν· ὑποπτεύσειε δ' ἄν τις Ἡσίοδον πρῶτον ζητῆσαι τὸ τοιοῦτον, κἂν εἴ τις ἄλλος ἔρωτα ἢ ἐπιθυμίαν ἐν τοῖς οὖσιν ἔθηκεν ὡς ἀρχήν, οἷον καὶ Παρμενίδης· καὶ γὰρ οὗτος κατασκευάζων τὴν τοῦ παντὸς γένεσιν "πρώτιστον μέν" φησιν "ἔρωτα θεῶν μητίσατο πάντων", Ἡσίοδος δὲ "πάντων μὲν πρώτιστα χάος γένετ', αὐτὰρ ἔπειτα / γαῖ' εὐρύστερνος... / ἠδ' ἔρος, ὃς πάντεσσι μεταπρέπει ἀθανάτοισιν", ὡς δέον ἐν τοῖς οὖσιν ὑπάρχειν τιν' αἰτίαν ἥτις κινήσει καὶ συνάξει τὰ πράγματα.

que de alguma maneira discerniram este tipo de causalidade. Se o relato parece truncado, isso se deve, a nosso ver, ao cuidado de diferenciar, de um lado, o caminho que vai do mítico ao filosófico, e, de outro, o da concepção mecânico-materialista da causa àquela teleologicamente orientada (sem que esses trajetos coincidam com as sequências cronológicas). As voltas do texto de Aristóteles se justificam, se pensarmos que Parmênides está posto no meio de uma encruzilhada: nem a sua descrição do princípio é suficientemente filosófica, recorrendo ele à figuração de uma entidade mítica, em vez de nomeá-lo conceitualmente como o νοῦς de Anaxágoras, nem a sua divindade cósmica assim representada deveria, contudo, parecer suficientemente inteligente ou demiúrgica — salvo pela ligação com Éros, que um discípulo de Platão não poderia deixar de associar ao Belo —, estando ela mesma provavelmente mais próxima de algo como a Necessidade do *Timeu*, se é que não fora nomeada como tal no próprio poema.

A comparação da cosmogonia do poema com um texto como o *Timeu* é um expediente proveitoso e em certa medida necessário, pois permite balizar a especulação sobre a estrutura do discurso parmenídeo, que nos chegou incompleto, a partir de uma obra da qual possuímos a integralidade e que permite ver com clareza o desenho de um esquema cosmo-antropogônico que certamente não é invenção de Platão[34]. E, todavia, uma diferença importante deve ser relevada, em prol de uma compreensão, acreditamos, mais precisa de ambos os autores, dos contextos e eventuais polêmicas em que suas obras se inserem, e de seus aspectos de originalidade. A divindade cósmica de Parmênides, a que Simplício explicitamente confere o papel de princípio — e que, como procuramos mostrar, é uma leitura que pode estar já em Aristóteles — não pode ser confundida, em suas características definidoras, com o Demiurgo retratado no *Timeu*. As ações do personagem platônico divino, na narrativa cosmogônica, buscam produzir um universo bem ordenado, na medida do possível, a partir de um modelo inteligível. Trata-se de mostrar que este mundo, na medida que se reconhece

---

34. NADDAF (2008).

sua participação no belo e no bem, atesta a presença de uma causa inteligente nele operante. Na cosmogonia de Parmênides, porém, o acento parece recair em outro lado: sobre a contingência do mundo sensível, a precariedade da constituição cognitiva e a limitação das possibilidades da experiência humana.
Eis como a deusa é descrita no fragmento 12:

> Os (anéis?) mais estreitos estão cheios de puro fogo; / os seguintes, de noite, mas entre eles escapa uma porção de chama. / Em meio a estes encontra-se a deusa que tudo dirige. / Pois de tudo ela rege o terrível parto e a união, / impelindo a fêmea a unir-se ao macho e, por vez, o oposto, / macho à fêmea³⁵.

A geração comandada pela divindade é marcada pelo negativo: "terrível" parturição; todo o universo das "misturas" contrasta com a pureza dos elementos antitéticos (fragmento 9) e devem ser sinal de instabilidade. Assim é o caso para o que lemos nos fragmentos sobre a geração do homem, onde a identidade sexual pode ser perturbada por uma má combinação das sementes (B18). Ao descrever os astros, sabemos, ao menos no caso da Lua, que esta é descrita propriamente como um "planeta", isto é, como um corpo errante (cf. περὶ γαῖαν ἀλώμενον, B14,1), formado a partir de uma mistura do elemento claro e leve, que compartilha com o Sol, e pelo denso e pesado, que a aproxima da Terra.

Mas é nesse contexto que encontraremos a atenção dedicada por Parmênides às descobertas astronômicas de seu tempo: desde Anaximandro, investiga-se o problema da eclíptica e da obliquidade do zodíaco³⁶. Ora, é verossímil que, enquanto causa eficiente da geração e da

---

35. 28 DK B12: αἱ γὰρ στεινότεραι πλῆντο πυρὸς ἀκρήτοιο, / αἱ δ᾽ ἐπὶ ταῖς νυκτός, μετὰ δὲ φλογὸς ἵεται αἶσα. / ἐν δὲ μέσῳ τούτων δαίμων ἣ πάντα κυβερνᾷ· / πάντων γὰρ στυγεροῖο τόκου καὶ μίξιος ἄρχει / πέμπουσ᾽ ἄρσενι θῆλυ μιγὲν τό τ᾽ ἐναντίον αὖθις / ἄρσεν θηλυτέρῳ. Para a πάντων, lição de W, cf. SIDER (1979), 68.
36. PLÍNIO, Nat. hist., II, 31 = K 12 A 5; cf. AÉCIO, II, 25, 1 (DK 12 A 22), Anaximandro teria afirmado que o círculo da Lua, como o do Sol, "posta-se inclinado" (κείμενον λοξόν). Consulte-se o livro de Heath, referência pioneira no recolhimento dos testemunhos astronômicos antigos (HEATH, 1913). A precisão técnica sobre quais

corrupção, a deusa de Parmênides se identifique, não exatamente com um elemento como o Fogo, mas com o fenômeno da inclinação do trajeto do Sol ao longo do ano, que introduz a irregularidade dos períodos em que se observa um mais da geração ou um mais da corrupção. Diz, pois, Aristóteles:

> ...a causa da geração e da corrupção não é a primeira translação (do Céu), mas a translação ao longo da Eclíptica[37].

Esse parece-nos ser o sentido da função psicopompa da deusa, reportada por Simplício, que consiste em "enviar almas ora do visível ao invisível, ora, reversamente, do invisível ao visível"[38]. Tal função, enfim, adquire uma interpretação física precisa se a entendermos em termos cosmológicos e astronômicos, através da tradição de associar os trópicos de Câncer e de Capricórnio a "dois portais" (δύο πύλας), com a representação mítica da "subida" e "descida" das almas[39].

---

são as descobertas astronômicas que se podem atribuir a Anaximandro e Parmênides foi objeto de debate entre Kahn e Dicks (KAHN, 1960, 1970; DICKS, 1966, 1970).
37. ARISTÓTELES, Sobre a geração e a corrupção, 336 a 31: οὐχ ἡ πρώτη φορὰ αἰτία ἐστὶ γενέσεως καὶ φθορᾶς, ἀλλ' ἡ κατὰ τὸν λοξὸν κύκλον.
38. SIMPLÍCIO, In phys., 39,19-20: καὶ τὰς ψυχὰς πέμπειν ποτὲ μὲν ἐκ τοῦ ἐμφανοῦς εἰς τὸ ἀειδές, ποτὲ δὲ ἀνάπαλίν φησιν.
39. NUMÊNIO, fragmento 31 (PORFÍRIO, o. c., 21-24; 70, 25-72, 19 Nauck; 22, 2 — 24, 3 West.), onde é feito ainda o paralelo da cosmologia de Parmênides com as descrições de Platão no Mito de Er na República. Para um estudo da relação de Parmênides com o Mito de Er, cf. MORRISON (1955).

CAPÍTULO 6
A poética de Parmênides e sua nova imagem de mundo[1]

Uma das características mais salientes do poema de Parmênides é o contraste que nele se estabelece entre a "verdade" e as "opiniões dos mortais" (B1,30). A tais opiniões e aos seus portadores (os "mortais") atribui-se sistematicamente um valor negativo: naquelas não se encontra "credibilidade verdadeira" (B1,30), estes são "tão surdos quanto cegos", gente desprovida da capacidade de bem julgar (B6,7). Às opiniões opõe-se o "âmago inabalável da verdade bem redonda" (B1,29) — ou da verdade "persuasiva", segundo uma outra tradição de manuscritos —, e assim uma parte substancial do discurso parmenídeo se constrói em explícita tensão com a elas, ao longo de todo um conjunto de versos que compõem uma Primeira Parte de sua obra — a que se convencionou nomear de Verdade, a partir de uma designação do próprio Poema

---

1. Este artigo foi publicado inicialmente na revista Hypnos com a seguinte referência: A poética de Parmênides e sua nova imagem de mundo. *Hypnos*, v. 37, 2º sem., 2016, 225-251. Disponível em: <https://hypnos.org.br/index.php/hypnos/article/view/503>. Acesso em: 27/01/2023.

(cf. ἀμφὶς ἀληθείης, B8,51). Os antigos nos comunicam a centralidade dessa oposição: Diógenes Laércio, por exemplo, relata que, para Parmênides, "a filosofia é dupla, segundo a verdade e segundo a opinião"[2]. Uma oposição tão marcada não poderia deixar de levantar a questão: que significam tais "opiniões"? Sexto Empírico as entende em um registro evidentemente platônico, segundo a distinção do sensível e do inteligível, e oferece sua análise em associação a uma leitura do proêmio — graças a seu recolhimento, temos os versos que descrevem, por meio de uma narrativa em primeira pessoa, a viagem e o encontro com a deusa que revela a verdade[3]. Para o trajeto do carro conduzido por éguas, acompanhando as Filhas do Sol, atravessando as portas de Noite e Dia guardadas por Dikê, até o encontro com a divindade, que então substitui a voz do narrador (e que Sexto identifica à mesma Dikê), o pensador cético oferece uma interpretação alegórica, visando demonstrar que Parmênides assume a razão científica (*epistêmonikon logos*) como critério de verdade, em oposição à "opinativa" (*doxaston*). Seu método consiste em procurar equivalências, quase ponto por ponto, com aspectos cognitivos de uma epistemologia de fundo platônico[4]. As éguas representariam os impulsos irracionais da alma; o caminho até a deusa, a contemplação filosófica, entendendo que a razão estaria personificada na figura de uma condutora divina; as rodas do carro seriam uma imagem para se referir aos ouvidos que recebem o som; as Filhas do Sol, saindo das moradas da Noite para a luz, os atos da visão que necessitam da luminosidade; a Justiça detentora de "chaves alternantes" simbolizaria o raciocínio (*dianoia*) capaz de cognições seguras.

6.1. A poética imanente

A leitura alegórica de Sexto tem um claro inconveniente. A intenção do leitor é projetada na intenção do autor analisado: Parmênides é compreendido retroativamente, a partir da elaboração posterior de uma ideia

---

2. Dióg. Laércio, IX, 3, 2.
3. Sexto Empírico, *Adversus mathematicus*, VI, 111-114.
4. Cassin (1998), 14-19.

de "filosofia" e segundo uma noção anacrônica de *doxa* (em oposição a *epistêmê*). A filologia moderna tomaria um rumo bastante diferente, e hipóteses foram formuladas procurando referências concretas e históricas para as *doxai*, sugerindo que, ao nomeá-las, Parmênides abordaria criticamente certas "opiniões" ou "doutrinas" de pensadores ou escolas rivais (de Heráclito ou dos Pitagóricos, por exemplo). Mas, a despeito de seu anacronismo, Sexto nos oferece uma pista em outra direção, ao chamar a atenção sobre a conexão do proêmio com a oposição entre a "verdade" e as "opiniões", como ele — que é, em todo caso, um leitor antigo — a percebe. Isso dá ensejo a colocar a pergunta por aquilo que talvez surpreenda a nós, leitores modernos: por que Parmênides, apesar de a prosa já estar disponível à sua época — e utilizada por "filósofos da natureza" desde ao menos Anaximandro —, escreve em hexâmetros dactílicos, a forma do épico empregada por Homero e por Hesíodo?

A esse respeito, Most observou que, anterior à disciplina que examina explicitamente a natureza e os objetivos da poesia — servindo também de instrumento de autolegitimação do discurso filosófico —, e que virá a ser denominada "Poética" (a partir da obra de Aristóteles assim intitulada), é possível, a respeito dos primeiros filósofos, falar na elaboração de uma "poética imanente": um uso sistemático de dispositivos poéticos colocados à serviço da comunicação filosófica, em autores como Xenófanes, Parmênides, Empédocles e Heráclito. O estudo da forma de comunicação por esses pensadores se justifica por duas razões principais: em primeiro, a cultura literária grega apresenta a peculiaridade de ser marcada pelo sucesso de alguns poucos textos, a herança de Homero e de Hesíodo, que estabelece os parâmetros para a reflexão sobre o cosmo; em segundo, pelo fato de que os primeiros filósofos gregos não escrevem para outros filósofos profissionais: apenas na Antiguidade tardia, com os neoplatônicos, há algo como a institucionalização de um sistema social mais ou menos fechado em que o autor e sua audiência se definem claramente como pertencentes a um segmento característico da sociedade, os primeiros passos nessa direção aparecendo apenas no século IV a.C., com a formação de uma série de escolas filosóficas em Atenas que competem entre si. Os primeiros filósofos, entretanto, escrevendo para um extrato maior da sociedade, sabem de sua dependência quanto aos textos básicos de sua cultura e precisam elaborar conscientemente suas estratégias discursivas, independentemente da estrutura do argumento, buscando uma forma aceitável de comunicação filosófica[5].

Em Homero, aprende-se sobre as consequências da cólera de Aquiles e as vicissitudes que sofre Ulisses em seu retorno ao lar; em Hesíodo, narra-se, na *Teogonia*, a genealogia dos deuses e a constituição do reinado justo de Zeus, e, nos *Trabalhos e os dias*, descreve-se a precariedade da condição humana, que implica a necessidade do trabalho, em um mundo onde a injustiça acaba por ser punida e a piedade recompensada. O épico apresenta dois traços característicos — a veracidade do relato e a essencialidade do conteúdo[6] — traços que são preservados na obra de Parmênides por força de uma tradição constituída. Sua linguagem alerta o ouvinte de que ele é introduzido a um domínio diverso daquele do cotidiano e da vida ordinária, o que é confirmado pela deusa ao afirmar que a via percorrida pelo jovem "está fora da senda dos homens" (B1,27). Se Parmênides, pois, utiliza-se não apenas da métrica mas também de motivos do épico — em que se destaca a viagem, recordando a *Odisseia* —, vincula-se ao gênero ocupando o lugar tradicional do poeta que tem uma verdade a comunicar e um ensinamento a transmitir através de um poema didático. A dicção épica não apenas prepara psicologicamente o ouvinte dispondo-o ao aprendizado[7], ela também se afirma — através do emprego de uma pluralidade de signos — como discurso legítimo, portador da Verdade, em oposição a outros discursos e saberes, dos quais o ouvinte é interpelado a distanciar-se.

O emprego da forma (ou do "gênero"), entretanto, não necessariamente se interpreta em termos de uma continuidade ou de uma adesão aos mesmos valores que a ela se associam. Uma obra literária, ao mesmo tempo em que aparece na reprodução de um gênero, pode também operar uma "mudança do horizonte de expectativa", analisável do ponto de vista de uma estética da recepção:

---

5. Most (1999), 334-336.
6. Most (1999), 342-344.
7. Robbiano (2006), 37-50.

Mesmo no momento em que ela aparece, uma obra literária não se apresenta como uma novidade absoluta surgindo em um deserto de informação; através de todo um jogo de anúncios, de sinais — manifestos ou latentes —, de referências implícitas, de características já familiares, seu público é predisposto a certo modo de recepção. Ele evoca coisas já lidas, coloca o leitor em tal ou qual disposição emocional e, desde o início, cria certa expectativa pela "sequência", o "meio" e o "fim" da narrativa (Aristóteles), expectativa que pode, na medida em que avança a leitura, ser preenchida, modulada, reorientada, rompida pela ironia, segundo regras de jogo consagradas pela poética explícita ou implícita de gêneros e estilos (JAUSS, 1978, 55).

O que Jauss afirma acerca das obras literárias escritas não deixa de se aplicar, em sua essência, ao poema de Parmênides, mesmo na suposição — mas não temos nenhuma pista certa a esse respeito — de que ele fosse eminentemente destinado à oralidade e à declamação. Essa observação nos serve de alerta contra uma possível tendência a procurar interpretar a presença de imagens tradicionais apenas em termos de uma expressão orgânica das mesmas, obliterando a intenção do autor de, embora movendo-se no mesmo registro de representações, promover uma transformação de seu significado.

Peculiar em Parmênides, contudo, é que encontramos indícios de que um afastamento das tradições seja de certo modo "tematizado", através de suas cuidadosas construções poético-imagéticas, bem como argumentativas. O distanciamento é figurado uma vez, imageticamente, pela narrativa da viagem de um "eu" que deixa a terra onde habitam os homens e, uma segunda vez, mais abstratamente, pela fala da deusa ao tratar do "segundo caminho de investigação", associado ao não ser e às "opiniões dos mortais":

B7,2-5a:
Tu porém desta via de inquérito afasta o pensamento; / nem o hábito multiexperiente por esta via te force, / exercer sem visão um olho, e ressoante um ouvido, e a língua...[8]

---

8. ἀλλὰ σὺ τῆσδ' ἀφ' ὁδοῦ διζήσιος εἶργε νόημα / μηδέ σ' ἔθος πολύπειρον ὁδὸν κατὰ τήνδε βιάσθω, / νωμᾶν ἄσκοπον ὄμμα καὶ ἠχήεσσαν ἀκουήν / καὶ γλῶσσαν. [Tradução de José Cavalcante de Souza]

Se lemos a passagem com um viés platonizante, como faz Sexto, o olho, o ouvido e a língua poderiam ser referências concretas aos órgãos sensoriais, e a deusa comunicaria uma desconfiança sobre o "sensível" enquanto tal. Mas o "ver", de um lado, e o par "dizer-ouvir", de outro, parecem ali muito mais significar a diferença entre o que se aprende por experiência própria e o que se sabe pelo testemunho de outrem, por ouvir-dizer[9]. Os conhecimentos transmitidos pela tradição — que devem coincidir, no todo ou em parte, com as denominadas "opiniões" (*doxai*) — são rebaixados a "ecos"; o saber da deusa se lhes opõe, apresentando-se como revelação a um iniciado, e é nessa medida que Parmênides assemelhar-se-ia aos poetas que opõem sua visão inspirada ao conhecimento do homem simples: àqueles concedem as Musas um conhecimento supra-humano, fornecendo-lhes a prerrogativa de dizer a verdade a respeito de acontecimentos distantes no passado ou daquilo que está além da capacidade normal dos homens, como a origem dos deuses[10]. O Eleata assume, à primeira vista, o lugar tradicional do poeta que tem uma verdade a comunicar através de um poema didático. Em consideração a isso, não é negligenciável[11] que a revelação da deusa se configure na forma de um *mythos*, assim nomeado (cf. B2,1;

---

9. MANSFELD (1999), 331-332, faz reservas quanto a ler que a série γλῶσσα, ὄμμα, ἀκουη diga dos órgãos sensoriais, o que permitiria inferir ali uma doutrina parmenídea da percepção: trata-se antes do comportamento cognitivo e da experiência dos homens em geral, do "fato social da experiência" (ainda nem psicológico nem biológico). O intérprete observa que a junção olho-orelha, visão-audição, ver-escutar indica para o grego antigo as fontes de informação.

10. HOMERO, *Ilíada*, II, 484-486: As Musas estão presentes em tudo e tudo conhecem (ἐστε πάρεστέ τε ἴστέ τε πάντα), enquanto os homens sabem apenas por ouvir dizer (κλέος οἶον ἀκούομεν). *Odisseia*, VIII, 487-491: o aedo Demódoco é um discípulo das Musas e, por isso, vê os acontecimentos passados como se estivesse neles presente (παρεὼν), e não por ouvir de outrem (ἄλλου ἀκούσας). PÍNDARO, *Peãs*, V, 53-58: aquilo que os mortais são incapazes de descobrir (βροτοῖσιν δ'ἀμάχο[ν εὐ]ρέμην), conhecem as Musas, Moira, Zeus e Memória. *Olímpicas*, II, 85-87: sábio (σοφός) é o que sabe muito de nascença (ὁ πολλὰ εἰδὼς φυᾷ), enquanto aqueles que precisam aprender (μαθόντες δὲ) são ávidos de falatório (λάβροι παγγλωσσίᾳ). Sobre a função poética da memória e da inspiração das Musas, espécie de revelação direta que transporta o aedo aos acontecimentos que narra, cf. VERNANT (1990 [1988]), 136-143, e MOST (1999), 342-344.

11. *Pace* CORDERO (2011b), 45-46.

B8,1): a palavra, que apenas no período da sofística se diferencia do *logos* como "discurso racional argumentado"[12], tem por vezes em Homero o sentido marcado de uma maneira autorizada de falar, palavra eficaz, que produz efeitos de poder[13]. Dirigindo-se a um "iniciado", a deusa proclama imperativamente a palavra a ser escutada e guardada (κόμισαι δὲ σὺ μῦθον ἀκούσας, B2,1); o conteúdo, porém, dessa revelação "acusmática" inaugura algo como uma "razão crítica" (cf. κρῖναι δὲ λόγῳ, B7,5), que discrimina o "ser" do "não ser"[14], apontando a diferença entre verdade e opiniões.

O que poderia nos parecer uma tensão entre a forma e o conteúdo é, contudo, resolvido de maneira imanente na dicção parmenídea. Não precisamos nem nos render a um procedimento alegorizante, externo aos contextos culturais do Poema, nem tampouco simplesmente absorvê-lo, por exemplo, em algo como uma doutrina religiosa, tomando certos índices presentes no proêmio em uma relação completamente orgânica com esses contextos[15]. Para esclarecer esse ponto, ex-

---

12. A distinção é saliente na representação que faz Platão de Protágoras: para defender que a virtude é ensinável, apesar da aparente contradição de que os atenienses consultem qualquer cidadão em assuntos políticos, o sofista diz poder recorrer tanto a um *mythos* quanto a um *logos* (PLATÃO, *Protágoras*, 320 c ss).
13. Cf. LINCOLN (1996); MARTIN (1989). Um exemplo em Homero em que a palavra tem esse sentido mais forte do que o mero "dizer", pelo qual se traduz de ordinário a expressão *mythos eipen*, pode ser encontrado no início da *Ilíada*. Agamênon humilha o sacerdote de Apolo, recusando seus presentes e proclamando um *mythos*: não quer vê-lo esgueirando-se por entre as naus, esperando que lhe devolva a filha. Agamênon não argumenta: o *mythos* que dirige a Crise estabelece ou confirma uma relação de domínio e subordinação. Em um quadro histórico mais amplo, Detienne examinou a palavra eficaz dos "mestres da verdade" (tais como o rei de justiça, o poeta e o adivinho), homens excepcionais cuja fala é inseparável de condutas e de valores simbólicos, fala mágico-religiosa que coincide com a ação instaurada em um mundo de forças e potências invisíveis, diferenciando-a da "palavra-diálogo", fundada na discussão mútua, manifesta na aprovação ou desaprovação pelo grupo social: seus primeiros traços encontram-se nas assembleias de guerreiros descritas por Homero, evolui na substituição dos procedimentos ordálicos e do juramento pelo estabelecimento do direito e constitui-se em sua autonomia no espaço do diálogo político na *polis* (DETIENNE, 2006, 94-104). Cf. também VERNANT (1984), 103-104.
14. Cf. FATTAL (2001), 112-120.
15. Tal direção era apontada já por GERNET (1995 [1945]): "Parmênides não desejou privar-se de um procedimento tradicional de encantamento" (241); "o que importa

trairemos a seguir algumas consequências da investigação, no campo da teoria literária, a respeito da especificidade do *epos*, procurando mostrar por que a escolha do gênero pelo Eleata não é, absolutamente, incidental.

6.2. Os *sêmata* tradicionais

Mourelatos analisou a dicção parmenídea naquilo que ela imita de Hesíodo e, especialmente, de Homero. Ele propõe uma distinção, análoga à empregada por Panofsky, entre os "motivos", as puras formas ou configurações (objetos da descrição iconográfica) e os "temas" ou "conceitos" aos quais aquelas puras formas servem de veículo (sua identificação sendo trabalho da iconografia), os quais se inserem em um "sentido total" ou representam certos "valores simbólicos" (cuja investigação compete à iconologia). O ponto decisivo da metodologia que Mourelatos procura transportar do campo da história da arte ao dos estudos literários é que ela permite encontrar, para um "motivo" semelhante, sua apropriação como veículo para um "tema" diferente[16].

Quando Mourelatos elabora a sua reflexão, ele tem por base os estudos de Milman Parry e Albert Lord sobre a "fraseologia épica" na poesia homérica e no épico iugoslavo, e o estudo das expressões formulares como um elemento fundamental de composição. A essa altura, considerava-se o estilo "formular" um recurso originalmente ligado à improvisação oral, que deveria apoiar-se em um conjunto de frases de comprimentos diferentes, disponíveis na memória do bardo-poeta, aptas a preencher a métrica dos versos no ato de sua declamação[17]. Fórmulas de epítetos nominais como "Atena de olhos glaucos", certas cenas recorrentes e mesmo padrões de história indicariam a manipulação de uma

---

constatar é como a tradição mística, que organiza essas imagens (o Carro, as Portas, as Filhas do Sol, Dikē) em proveito de uma doutrina da salvação, pôde infletir-se, sem deixar de ser mística, no sentido de uma filosofia" (243).

16. Assim, por exemplo, o motivo presente na estátua grega do pastor em uma cerimônia religiosa (μοσχοφόρος) pode ser transformado na figura do Cristo-Pastor; o motivo é idêntico, mas os temas diferem (MOURELATOS, 2008, 11-12).

17. MOURELATOS (2008), 6-7.

linguagem pronta (*ready-made*), sendo Homero o último e mais fino praticante de um estilo já tradicional. Entrementes[18], a teoria da composição oral tradicional de Parry-Lord recebeu críticas por privilegiar quase exclusivamente a composição sobre a recepção, por utilizar-se de evidências e conceitos textuais-literários para testemunhar de uma tradição oral, e por opor "oral" e "escrito" em tipologias opostas, mutuamente exclusivas. Desde então, uma atenção maior tem sido dada aos chamados *sêmata* tradicionais: signos ou "palavras" — incluindo também frases, cenas ou padrões mais extensos — cujo referente encontra-se fora do contexto imediato da performance ou do texto, implicando um enorme pano de fundo tradicional. Operando por metonímia, tais signos ativam uma rede de significados que ultrapassa o sentido lexical de uma palavra; sua força reside, em última instância, na arbitrariedade da relação de signo e significado institucionalizada no contexto tradicional que propicia tanto a composição quanto a recepção:

> Assim, frases de epítetos nominais tais como "Atena de olhos glaucos" ou "naus de mínia fronte" referem-se não apenas — e nem mesmo principalmente — aos olhos da deusa ou à tonalidade das embarcações; em vez disso, utilizam-se as frases desses detalhes característicos, mesmo nominais, para projetar conceitos tradicionais holísticos. Tal sinédoque estende a arbitrariedade fundamental da linguagem, ao mesmo tempo em que estende seu "alcance" significativo, na medida em que a frase indexa um personagem ou objeto em seu todo extrassituacional, extratextual. Conquanto não haja, certamente, nada de literal nos olhos acinzentados ou nas proas púrpuras que projete lexicalmente essa complexidade, tais frases engajam seus referentes institucionalmente por via da metonímia. Pelo uso tradicional, a simples parte projeta uma riqueza complexa e imanente (FOLEY, 1997, 64-65).

Essas considerações permitem responder, de maneira pregnante, à pergunta de por que Parmênides escolhe a forma do épico: trata-se de um gênero já constituído pela possibilidade da expressão através de signos que colocam em jogo as referências tradicionais. O contexto

---

18. Cf. FOLEY (1997).

específico do épico permite ir além de ver no poema simplesmente um uso de antigos "motivos" para transmitir novos conteúdos de pensamento[19]. Para Mourelatos, os "motivos" extraídos do repertório tradicional se permitem retrabalhar de acordo com a dinâmica da metáfora, que comporta, além da substituição e da comparação, uma função "interativa", operando por associações de ideias e lugares comuns. Por outro lado, em consideração ao caráter dos signos tradicionais, é por algo da ordem da metonímia que o Eleata evoca o fundo cultural a que pertence e o transforma: a composição épica potencializa o emprego de "palavras" (nomes, frases, cenas, padrões narrativos) capazes de mobilizar certos idiomas tradicionais e suas respectivas "redes de implicação"[20].

Charles Kahn sustentou que não é incomum encontrarmos nos textos de poetas e filósofos a presença de uma ambiguidade controlada, associada à prolepse, pela qual uma obra pode apresentar um sentido imediato, mais evidente aos originais receptores em seu enquadramento cultural, mas que, com as sucessivas leituras, revela um sentido mais profundo ou níveis diversos de compreensão, exigindo intencionalmente um esforço exegético. Ele demonstrou, particularmente em seu livro sobre Heráclito, a pertinência metodológica de buscar-se reconstituir as tramas originais desses significados, esclarecendo a maneira pela qual um jogo de ressonâncias e antecipações pode ser detectado no conjunto dos fragmentos do Efésio[21].

Mas é sobretudo o *epos*, a dicção no interior de um gênero já marcado pelo emprego de "sinais tradicionais" — porque não se trata de entendê-la de maneira vaga, simplesmente como uma narrativa "mítica" —, o que permite em especial a Parmênides utilizar-se de meios de expressão que são menos ambíguos do que polissêmicos; fórmulas que, para os receptores originais do poema, carregam em si um valor proléptico e certas expectativas que o autor pode preencher ou ressignificar. O poema traz a peculiaridade de apresentar uma multiplicidade de idiomas: reconhecemos não só a fraseologia homérica e hesiódica,

---

19. MOURELATOS (2008), 37-40.
20. FOLEY (1997), 66-67.
21. KAHN (2009 [1981]), 109-112.

mas também algo da lírica[22] e do orfismo. A capacidade da narrativa épica de integrar diferentes tradições de composição pode ser atestada em Homero: tal integração é ela mesma tradicional[23]. Ao exprimir-se através de símbolos lastreados pelo uso tradicional, servindo-se da dicção épica como *medium* privilegiado, Parmênides pode atualizá-los, transformando seu conteúdo, em prol de uma nova imagem do mundo. O tradicional e a inovação se relacionam dialeticamente na poética imanente de Parmênides, através de um uso estratégico de fórmulas e motivos bem assentados, o que lhe é possibilitado pelo gênero de composição em que sua obra se insere.

Tendo em vista essas considerações sobre a "poética imanente" presente na obra parmenídea, vamos destacar alguns pontos de seu Proêmio onde parece estar em jogo uma dinâmica de antecipações e de ressignificações. O trabalho está longe de ser exaustivo, mas procura apenas indicar a pertinência desse tipo de análise para os estudos sobre Parmênides. Em um segundo momento, procuramos identificar a novidade da imagem de mundo veiculada pelo Poema, do ponto de vista da representação do espaço.

6.3. As primeiras linhas do Proêmio (B1,1-5)

B1,1-5:
As éguas, que me levam onde chegasse o ímpeto, / conduziam-me, pois guiaram-me até a via loquaz / da divindade, que, passando por tudo, ali leva o homem que sabe. / Por ali era levado. Por ali, muito sagazes me levaram as éguas, / o carro puxando, e as moças dirigiam o caminho[24].

---

22. Sobretudo na caracterização dos "mortais" em B6: eles recebem o epíteto de "ignorantes" (εἰδότες οὐδέν, v. 4), são afetados pela "carência de recursos" (ἀμηχανίη, v. 5) e possuem um "intelecto errante" (πλακτὸν νόον, B6,6). São todos termos encontrados em Arquíloco e Semônides. A esse respeito, confira-se MANSFELD (1964), cap. 1.
23. NAGY (1999), 6, 42-43.
24. ἵπποι ταί με φέρουσιν, ὅσον τ' ἐπὶ θυμὸς ἱκάνοι, / πέμπον ἐπεί μ' ἐς ὁδὸν βῆσαν πολύφημον ἄγουσαι / δαίμονος, ἣ κατὰ πάντα τῇ φέρει εἰδότα φῶτα· / τῇ φερόμην· τῇ γάρ με πολύφραστοι φέρον ἵπποι, / ἅρμα τιταίνουσαι, κοῦραι δ' ὁδὸν ἡγεμόνευον.

ἵπποι, "*éguas*"] A primeira imagem a que alude o Poema é a de um carro conduzido por éguas. Dado significativo para nossa investigação dos meios de expressão através dos quais o Eleata procura legitimar o seu discurso e transmitir o seu saber. Na base, o "carro" é, socialmente, símbolo de prestígio aristocrático e de grandeza. Na *Ilíada*, os deuses viajam por esse veículo do Olimpo para a terra (VIII, 41; XIII, 23; V, 720ss; V, 536ss). A imagem é tão presente que poderia ser tomada por um índice da linguagem homérica enquanto tal[25]. Esses já são traços da aura de dignidade e de autoridade que o Eleata procura conferir à sua mensagem.

Mas, em especial, é possível ainda detectar um fundo tradicional mais preciso, em que as imagens do "carro" e do "caminho" servem para descrever uma viagem "metafísica", que diz da própria atividade poética[26]. Teógnis fala da fama de Cirno transportada por cavalos que são "presentes das Musas" (Μουσάων δῶρα, *Nem.*, VII, 12). Píndaro a emprega para dizer de sua habilidade e inspiração divina, que o faz transcender os limites do comum dos mortais, isto é: trata-se de símbolo a enfatizar o *valor* da poesia[27]. Em Parmênides, a posterior associação às Filhas do Sol (Ἡλιάδες, B1,9) sugeriria ainda um privilégio inaudito: o narrador seria conduzido pelo Carro que miticamente leva o astro, "luminária dos deuses", em seu percurso diuturno (insinuando ainda outras associações míticas, a serem ainda comentadas).

Um mais estreito paralelo com os primeiros versos do nosso Poema é, pois, encontrado em Píndaro, fato que permite inferir a possível existência de uma fonte comum do século VI a.C., imitada por ele e por Parmênides[28]:

---

25. BOLLACK (2006), 72.
26. BOWRA (1937), 100-102.
27. *Pítica*, X, 64-66; cf. SIMPSON (1969): "*By means of the figure he attributes to his art the grandeur, mobility, and speed of a chariot, the magical aura derived from its use in epic and myth by the gods, and its consequent access to the divine realm. To himself, a practitioner of that art, he attributes the skill and control of a charioteer who, if not a god himself, can move among them in their realm*" (440).
28. FRÄNKEL (1955), 158.

Ó, Fíntis, então vai, atrela-me agora à força das éguas, rápido, que por um caminho puro façamos passar a carruagem e que eu alcance a raça dos homens; pois entre todas sabem elas conduzir o trajeto, porque coroas em Olímpia receberam. Pois bem, é preciso abrir-lhes portas de hinos (*Olímpicas*, VI, 37ss = 22ss Snell-Mahler)[29].

Os pontos de semelhança são notáveis: ambos descrevem uma viagem por carros através de portas (cf. πύλαι B1,17), levados por éguas sábias (as de Parmênides são πολύφραστοι, as de Píndaro ἐπίστανται); a construção do texto é próxima: os animais "conduzem o trajeto" (ὁδὸν ἀγεμονεῦσαι, ἐς ὁδόν... ἄγουσαι B1,2), portas são "amplamente abertas" (ἀναπτάμεναι, ἀναπιτνάμεν B1,18) para permitir a passagem ao carro. Isso, no entanto, não nos deve fazer perder de vista importantes diferenças de conteúdo. O poeta tebano concretiza em símbolos seu pensamento e as palavras que encontra, por inspiração, para espalhar a fama; a dicção é apropriada ao público, a sabedoria das éguas sendo explicada pelo laço com a cidade (elas são coroadas em Olímpia). Sua intenção, ao evocar as Musas, é que seu discurso, metaforizado na imagem do "caminho", alcance a raça dos homens (ἵκωμαί τε πρὸς ἀνδρῶν καὶ γένος). Um importante significado, em Píndaro, do motivo do caminho, a reter, é a sua representação do pensar e do dizer, caminho da linguagem que conduz o ouvinte. O destino a que leva o "caminho", contudo, na articulação das imagens do poema de Parmênides, é bastante diverso: não transporta a glória às cidades, mas conduz "para longe da senda dos homens" (ἀπ' ἀνθρώπων ἐκτὸς πάτου, B1,27). Os agentes que impelem o narrador têm outra proveniência e conduzem, assim, a outras paragens: às éguas — se são estas signo tradicional do trabalho poético —, mesmo inteligentes, acrescenta-se a direção de forças cósmicas, as Jovens Helíades (κοῦραι δ' ὁδὸν ἡγεμόνευον); as portas não são as "portas de hinos", πύλαι ὕμνων, mas

---

29. ὦ Φίντις, ἀλλὰ ζεῦξον ἤδη μοι σθένος ἡμιόνων, ᾇ τάχος, ὄφρα κελεύθῳ τ' ἐν καθαρᾷ βάσομεν ὄκχον, ἵκωμαί τε πρὸς ἀνδρῶν καὶ γένος· κεῖναι γὰρ ἐξ ἀλλᾶν ὁδὸν ἁγεμονεῦσαι ταύταν ἐπίστανται, στεφάνους ἐν Ὀλυμπίᾳ ἐπεὶ δέξαντο· χρὴ τοίνυν πύλας ὕμνων ἀναπιτνάμεν αὐταῖς. [Tradução nossa]

abertura para o conhecimento a respeito da realidade do ser e da ordem do universo[30].

θυμὸς, *"ímpeto"*] O *thymos* é, em Homero, sede de emoções e desejos, exprimindo também as volições[31]. Por seu caráter ativo, que inclui movimentos como o de "bater", e pelas descrições que frequentemente o localizam "no peito" (ἐνὶ στήθεσσι πάτασσεν, *Ilíada*, VII, 216), traduz-se o termo frequentemente por "coração" (e assim faz Cavalcante de Souza para o verso de Parmênides), embora Homero empregue *kardiê* para denotar o órgão mais estritamente fisiológico. Santoro atribui o *thymos* às éguas ("a quanto lhes alcança o ímpeto", 79). Mas é mais provável tratar-se do ímpeto ou do desejo do próprio narrador (como em *Ilíada*, XXIII, 370-371, onde se descreve a ânsia por vitória dos condutores das carruagens: πάτασσε δὲ θυμὸς ἑκάστου / νίκης ἱεμένων), em uma imagem poética na qual o movimento de seu "órgão" se confunde com o dos animais que o transportam (tal é a base para a interpretação de Sexto Empírico, quando identifica as éguas aos impulsos "irracionais" da alma; cf. também o paralelo com Píndaro, acima citado: ζεῦξον μοι σθένος ἡμιόνων).

ἐς ὁδὸν πολύφημος, *"até a via loquaz"*] Segundo Chantraine, o substantivo φήμη — do verbo φημί, "declarar, afirmar, pretender, dizer (enfaticamente)" — possui os significados de "presságio", "rumor, ruído que corre", "tradição, lenda"[32]. Em *Odisseia*, II, 150, a assembleia é "de muita fala", ἀγορὴ πολύφημος. Não se trata ali, porém, de mero ruído ou falatório, mas do lugar onde se pronunciam as palavras significativas, que produzem efeitos (o adjetivo pode ser formular,

---

30. A outra linha de associações propiciada pela passagem pelas "portas", guardadas por uma Justiça vingadora (δίκη πολύποινος, B1,14), é com o Além órfico (Bernabé, 2008, 1149s). No entanto, não trataremos, nesta ocasião, desse aspecto.
31. Onians (1951), 49ss.
32. Chantraine (1999 [1968]), s. v. φημί.

cf. *infra*)³³. O aedo Fêmio, πολύφημος ἀοιδός (*Odisseia*, XXII, 376), é cantor "de muitas lendas" (Autentrich: "*of many songs*"), aquele que espalha o renome, que transmite a glória. Em Píndaro, as Musas difundem o lamento "em muitas vozes" (ἐπὶ θρῆνόν τε πολύφαμον ἔχεαν, *Ist*., VIII, 124-129 = 55-58 Maehler-Snell). O único sentido atestado por paralelos é, portanto, "de muita fala" (Mourelatos: "*route of much speaking*")³⁴. Se o caminho é "multifalante" (Cavalcante) ou "loquaz" (Santoro), o é, forçosamente, no sentido figurado: não daquele que fala, mas do que provoca o rumor (cf. Trindade Santos, o caminho é "famoso"). Marques Pimenta lê no adjetivo uma "pista para riqueza polissêmica"³⁵ implicada pelas múltiplas referências do motivo do caminho: é possível que sua intuição tenha alguma razão, mas nenhum estudo comparativo o fundamenta.

Resta que, considerando a expressão formular ἐς πολύφημον ἐξενεῖκαι, "levar a discussão à ágora" (Heródoto, V, 79), sugira-se um paralelo ou antecipação com πολύδηρις (B7,5): o "autor" do poema se engaja nas discussões — no caso, não políticas, mas — científicas e cosmológicas de sua época, sob o fundo das tradições mítico-poéticas e cosmo-teogônicas, levado pelo ímpeto de sua juventude. O relato é uma ficção de autobiografia, mas o conteúdo é universalizável. O argumento sobre o ser, apresentando-se como a revelação da deusa, é como o resultado de sua reflexão sobre esse debate, mas o transcende, questiona suas bases polemicamente, construindo um discurso irrefutável, superior a todas as especulações físicas e todas as δόξαι (embora nem por isso deixe Parmênides de dedicar-se também a dar uma explicação a respeito delas). Em suporte a essa interpretação, podemos confrontar o mito da parelha alada no *Fedro* de Platão, na seção sobre a procissão das almas, que sem dúvida imita elementos do proêmio do nosso Poema. Ali distinguem-se as almas divinas, que contemplam a verdade, daquelas humanas, que se esforçam por fazê-lo, e mal o conseguem (ficando adstritas ao campo das opiniões):

---

33. FRÄNKEL (1955), 159, n. 4.
34. MOURELATOS (2008), 41, n. 93.
35. MARQUES (1990), 45-46.

...tombam, atropelando umas às outras. Sucedem-lhes o tumulto — o clamor confuso da assembleia (θόρυβος) —, a contenda (ἄμιλλα), e o suor; por conta da imperícia do condutor, muitas são estropiadas, muitas sofrem danos vários às suas plumagens — todas, esgotadas por muita fadiga, afastam-se sem se terem iniciado na contemplação da realidade (ἀτελεῖς τῆς τοῦ ὄντος θέας) e, estando afastadas, têm a opinião por alimento (τροφῇ δοξαστῇ χρῶνται) (248 a 8-b 5).

κοῦραι, "*moças*"] Se Parmênides emprega os mesmos símbolos de prestígio que o poeta tradicional, sua Verdade, porém, é transfigurada. A ausência de evocação às Musas, filhas de Mnemosine, o indica.

ἣ κατὰ πάντα τῇ φέρει, "*que, passando por tudo, ali leva*"] Em muitas traduções do Poema, encontramos a versão "por todas as cidades" (Cavalcante de Souza, Trindade Santos, Casertano, Bollack). Essa interpretação apresenta uma contradição com a designação do caminho que "afasta da via dos homens". Esse não é apenas um detalhe, se entendemos que a dicção parmenídea, apropriando-se dos signos tradicionais pelos quais o fazer poético se representa, tem a intenção de promover uma transformação cultural, imanente aos registros simbólicos da época, conferindo um valor diferente à metaforização da linguagem segundo o motivo do caminho. De outro lado, um argumento filológico se impõe contra a leitura mencionada, por apoiar-se em um equívoco no estabelecimento do texto de Sexto Empírico, reproduzido na edição Diels-Kranz: κατὰ πάντ'ἄστη, "por todas as cidades", como descobriu Coxon[36], não figura em nenhum dos manuscritos e deve-se provavelmente a uma falha na leitura do *cod.* N (*Laurentianus* 85.19) por Mutschmann, editor do *Adversus dogmaticos*, que a teria transmitido a Diels. Como constatou posteriormente Cordero, a lição κατὰ πάντα τῇ encontra-se em A (*Parisinus* 1963), um manuscrito de autoridade, no *cod.* C (*Cicensis* 70), que se pode considerar, segundo ele, como de origem independente, e também hipoteticamente em uma série de

---

36. COXON (1968).

outros elaborados por copistas que não transcrevem o iota mudo — Z (*Paris*. 2081), H (*Vesontinus* 409), *Paris*. 1965 e *Paris. sup*. 133 —, além de aparecer a versão κατὰ πάντα φέρει τῇ na *editio princeps* em grego do *Adv. math*. (Genebra/Paris, 1621, 57), cujos editores não informam a respeito dos manuscritos utilizados[37]. A fim de corrigir o problema de métrica, o estudioso argentino propõe, para o trecho corrompido de N, a emenda κατὰ πάν τα<υ>τῇ. Trindade sugere que "o percurso realizado será aquele que o sol descreve durante a noite"[38]. Guthrie identifica o caminho ao trajeto solar, lendo κατὰ παντ᾽ἄστη, que traduz de maneira mais engenhosa: "Por sobre todas as cidades"[39]. Conquanto tenhamos apontado tratar-se de uma *falsa lectio*, interpretação semelhante pode ser obtida a partir de κατὰ πάντα (ou πάν), dando sentido distributivo à preposição ("por toda parte", "passando por tudo"). O interessante a notar é o contraste com τῇ (ou ταὺτῃ), "aí". No verso seguinte, a repetição enfatiza o efeito dramático, quase encantatório[40], obtido pela repetição das palavras (τῇ... τῇ..., v. 4): o narrador — e com ele a imaginação do ouvinte — é conduzido a um "ali", lugar sem localização, sem referência, produto do poder significativo da linguagem; na dicção parmenídea o "eu" é transportado, passando da totalidade e extensão do universo, ou do Todo, à unidade do "ali" aparentemente móvel da narrativa (mas o movimento não é só aparência?), lugar virtual que em breve será também o da revelação. Como diz Bollack, trata-se do "mundo em vias de ser deixado". A passagem é do múltiplo ao uno, do registro empírico ao "metafísico". O esquema é reproduzido no *Fedro*: há, de um lado, o espaço, no interior do céu, onde um exército de deuses e daimones faz sua ronda habitual (διέξοδοι ἐντὸς οὐρανοῦ, 247 a 4); de outro,

---

37. CORDERO (1982b), 167ss.
38. PARMÊNIDES (2002), 56-57.
39. GUTHRIE (1965), 7.
40. Cf. KINGSLEY (1999), 119, que nota a repetição dos verbos para "transportar", sugerindo um efeito efetivamente encantatório. Sobre essa interpretação, podemos exprimir a reserva de que tudo nesses versos trata de imitação, inclusive de uma iniciação mística. Sobre a imagem do transporte da inspiração poética, vimos que ela não é original.

descreve-se uma passagem ao exterior do céu (cf. ἔξω πορευθεῖσαι, b 7), a um lugar supraceleste (ὑπερουράνιος τόπος, c 3), região associada à verdade (ἀλήθεια, c 5) e à realidade essencial (οὐσία ὄντως οὖσα, c 7), sem cor, sem figura e intangível. De outro lado, em conexão com o motivo tradicional do "caminho" como metáfora da dicção poética, que a ressignificação não suprime, a imagem cósmica não deixa também de exprimir o alcance universal do discurso parmenídeo (lendo κατὰ πάντα de alguns mss.). A glória do herói cantada pelo bardo corre amplamente "por Argos e pela Hélade" (καθ' Ἑλλάδα καὶ μέσον Ἄργος, Odisseia, I, 344). A mensagem, por vez, do Poema parmenídeo, se dirige a "todos", o homem que sabe pode vir de qualquer lugar. Todo aquele que contempla o Céu e se coloca a questão sobre a estrutura última do universo e sobre a consistência essencial da realidade é destinatário potencial da revelação da deusa. "Transportado" pelo movimento que observa nos confins do mundo visível, ele pode se perguntar: "O que é tudo isto?" E esta é talvez uma interrogação prévia, condição para uma outra pergunta, decisiva: o que significa esse "é"? À diferença, porém, da palavra poética tradicional, cuja intenção é espalhar o *kleos*, sobrevivendo a narrativa ao esquecimento por ser sempre novamente cantada e tanto mais aumentada pela pluralidade dos relatos, o discurso da deusa parmenídea procura concentrar o ouvinte na reflexão sobre o ser, com respeito ao qual um só é o discurso (μόνος δ' ἔτι μῦθος ὁδοῖο, B8,1). O contraste prepara as condições da passagem do registro empírico-cosmológico para a ontologia.

δαίμονος, "*da divindade*"] Apenas tardiamente, a partir de uma sistematização do platônico Xenócrates, os δαίμονες tornam-se uma categoria claramente diferenciada dos heróis e dos deuses, seres intermediários que fazem a comunicação entre os divinos e os humanos: de ordinário, mal se diferenciam, nos textos mais antigos, do "divino" ou dos "deuses" (θείων, θεόι), embora haja a tendência a designar seres menos personalizados ou potências impessoais[41]. A qual

---

41. BURCKHARDT (2003), 172; GERNET; BOULANGER (1970), 204-205.

divindade o termo se refere no verso? Que se tratasse já ali da deusa que saúda o poeta, muitas linhas à frente (θέα, v. 22), é uma identificação que o ouvinte não seria capaz de fazer[42]. A indeterminação indica uma construção progressiva do significado[43]. A nomeação das Filhas do Sol sugeriria, antes, por associação e metonímia, que a divindade em questão fosse o Sol[44]. Deixando a identificação em suspenso, insinua-se, porém, uma referência "real", cosmológica, segundo uma espacialidade que já não é a do mito tradicional. A jornada, embora ficcional, permite-se, assim, localizar em um sistema de coordenadas, em determinada região do universo esférico[45].

Posteriormente no Poema, δαίμων nomeia — nos versos que nos chegaram — apenas a divindade cósmica do fragmento 12, "aquela que tudo dirige" (ἣ πάντα κυβερνᾷ, B12,3). Seguindo essa indicação, a palavra, nos versos iniciais do poema, parece-nos, enfim, ter por função antecipar o conteúdo desenvolvido na segunda parte do poema. Tal hipótese é tanto mais provável quanto, neste último contexto, as descrições cosmológicas sejam introduzidas com a declaração da deusa de que ela as veicula a fim de que nenhum juízo de mortais "ultrapasse" (παρελάσσῃ, B8,61) o ouvinte. Isso nos remete novamente à trama de significações do motivo do "carro" e sua valoração poética. O vocábulo aparece, pois, em Homero, na descrição da corrida em homenagem a Pátroclo (*Ilíada*, XXIII, 382, 427). Retomando a imagem do carro no Proêmio e sugerindo a metáfora de uma corrida, Parmênides ali expõe o seu *logos* sobre "todas as coisas" do universo (πάντα), através da boca da deusa, como superior e capaz de vencer qualquer disputa: da mesma maneira como a sua *Alêtheia* se impõe sobre as "opiniões

---

42. BURKERT (1969), 7.
43. Cf. Bollack. Isso, no entanto, não precisa nos encerrar no artifício da linguagem construtora de sentido; é possível haver uma referência real (cósmica), que se determina progressivamente ao longo do poema.
44. GUTHRIE (1965), 7.
45. Como quer COXON; MCKIRAHAN (2009 [1986]), 13-15, que localiza o destino da viagem na região do Éter. Não é necessário, porém, assumir com ele a equivalência de δαίμων com a θέα do v. 22.

dos mortais", também a *Diakosmêsis* é apresentada como superior a outros relatos cosmoteogônicos do gênero.

Se confirmamos o valor proléptico dos versos iniciais do poema, formando a associação com a seção cosmológica onde se retoma, alusivamente, o motivo do "carro", pode-se julgar que Parmênides pretenda apropriar-se da imagem tradicional do trajeto do Sol, conferindo-lhe uma significação cosmológica inédita: a representação, através de figuras divinas, das forças que o conduzem. Conforme o relato encontrado em um tratado atribuído a Menandro de Laodiceia[46], Parmênides é incluído entre autores de "hinos científicos" (φυσικοὶ ὕμνοι) nos quais as divindades são personificações de substâncias ou forças físicas. O retórico inclui ainda o Eleata — ao lado de Empédocles — entre autores que explicitam o significado cosmológico das divindades (οἱ ἐξηγηματικοί), em distinção daqueles — a exemplo de Platão — que se pronunciam de maneira abreviada (οἱ ἐν βραχεῖ προαγόμενοι). Ora, a notícia confirma a relação entre as divindades figuradas no proêmio e uma possível explicação "naturalista" na seção cosmológica, da qual possuímos poucos fragmentos. Tal relação — que podemos outrossim estabelecer a partir do texto disponível, ao relevar o procedimento de antecipações e de ressonâncias entre as partes do poema — fundamenta os relatos das fontes secundárias e terciárias que atribuem nomes como Justiça e Necessidade às entidades cósmicas.

O motivo tradicional do caminho é homérico, e não menos hesiódico ou mistérico. Mas o termo ὁδός possui ainda uma acepção astronômica, de proveniência babilônica: nos textos denominados *mul apin*, datados de 700 a.C., as estrelas são dispostas em três "vias", a mais central sendo a faixa equatorial com cerca de 30 graus[47]. Extrairíamos disso uma indicação do destino "real" da viagem? Na seção cosmológica, a afirmação de que a divindade encontra-se "no meio" (ἐν μέσῳ, B12,3) — em paralelo ao testemunho de Teofrasto recolhido por Aécio, ao mencionar certas "guirlandas" ou "coroas", **στηφάναι**, dando

---
46. *De epideiktikon*, I, 5.
47. NEUGEBAUER (1969), 101.

destaque àquela "mais ao meio", τὴν μεσαιτάτην[48] — apresenta notórias dificuldades de interpretação. Diversas tentativas de solução foram propostas: a divindade estaria no ponto central do universo, correspondendo a um núcleo ígneo da Terra, semelhante ao Fogo Central ou Héstia pitagórica; ou então, no meio, entre o centro e a periferia do cosmo; ou, ainda, em uma região intermédia, parte do Todo, denominada por Parmênides "Céu" (Οὐρανός). Menos aceita tem sido a leitura astronômica, em que o "meio" corresponderia à zona equatorial ou ao zodíaco, a faixa por onde atravessa o Sol (com o círculo de seu trajeto diário inclinando-se obliquamente com relação ao Equador Celeste ao longo do ano). O conjunto de associações promovidas pelas imagens do proêmio, em sua referência ao Sol (o Carro, as Helíades, o uso polissêmico de ὁδός, incluindo possivelmente o eco da terminologia babilônica), dão alguma razão para considerá-la (não sendo ela incompatível com aquelas hipóteses que situam a divindade cósmica, verticalmente, em uma região intermédia do céu).

ἔνθα πύλαι νυκτός τε καὶ ἤματος, "lá estão as portas (aos caminhos) de Noite e Dia", B1,11] O mais claro exemplo do jogo de evocações e das frustrações de antecipações, através do emprego dos signos tradicionais, encontra-se nas descrições formulares do destino da viagem empreendida pelo "eu" da narrativa, em companhia das Filhas do Sol, algumas linhas mais à frente no Proêmio: "É lá que estão as portas aos caminhos de Noite e Dia". Na *Teogonia*, descreve-se o lugar onde Noite e Dia se encontram e se alternam (ἀμειβόμεναι) como um grande "umbral de bronze" (οὐδὸν χάλκεον, 749-750); em suas imediações encontram-se a morada dos Filhos da Noite e o palácio subterrâneo de Hades, erguido sobre o Tártaro nevoento, nos confins da terra, vasto abismo — χάσμα — no qual se cairia por mais de um ano sem atingir o solo. Toda essa descrição é, em Hesíodo, marcada pela repetição de ἔνθα (729-731, 736-738, 740-743, 758). Bastaria a

---

48. Estobeu, *Anth.*, I, 22, 1 a 7-10 (= Aécio, II, 7; *Dox.*, 335).

Parmênides empregar a fórmula para ativar, no contexto, todas essas implicações "topográficas". Mas ele completa ainda os elementos do cenário com a menção de um "vão escancarado" (χάσμ' ἀχανὲς) produzido pela abertura de "umbrais de pedra" (λάινος οὐδός, B1,12), fazendo girar, "alternadamente" (ἀμοιβαδὸν), "brônzeos eixos" (πολυχάλκους ἄξονας, B1,18-19). Se insiste, de um lado, na ressonância com o texto hesiódico, as pequenas transformações já se fazem notar: em primeiro lugar, as portas, designadas como "etéreas" (αἰθέριαι, B1,13), não condizem com a descrição hesiódica da região subterrânea, sendo o éter associado à parte mais brilhante da atmosfera[49].

Na evocação do cosmo hesiódico, todos os sinais indicariam uma viagem ao Hades e ao mundo dos mortos, uma *nekia* como a de Ulisses na *Odisseia* ou aquela do mito de Orfeu. A separação dos vivos e dos mortos está na base de símbolos e ritos religiosos, é um limite que não se pode transgredir senão em condições muito particulares e perigosas. Quando Ulisses, descido aos infernos, ali encontra sua mãe, pergunta-lhe por que não poderia tirá-la de lá: ela responde que tal é a δίκη dos mortais (*Odisseia*, XI, 218). A justiça é ali uma norma que determina a sorte e o modo de ser de certa categoria de entes[50]. Em uma outra linha de associações, sugerida pela aparente ambiguidade da descrição das portas etéreas, o jovem transportado em um carro realizando uma viagem celeste recordaria a história de Faetonte, irmão das Filhas do Sol, de quem se conhece o trágico destino. No mito tradicional, Faetonte tenta, sem permissão, guiar a carruagem de seu pai Hélios, mas, sem saber comandar os cavalos, cai dos céus e é levado à destruição pelo raio de Zeus, impedindo-o de atingir a terra, tocando-a em chamas. Em Parmênides, o aspecto transgressivo é, contudo, mitigado desde as primeiras linhas do poema: são as éguas que, "muito sábias" (πολύφραστοι), conhecedoras do percurso[51], levam o narrador em segurança. Qualquer implicação de *hybris* — que sugeriria, do ponto de vista tradicional,

---

49. Conche (1999), 49.
50. Benveniste (1969), 110.
51. Mourelatos (2008), 22, lê o adjetivo em conexão com o verbo φράζω, que tem em Homero a conotação de "planejar, prever" (cf. 20, n. 28).

seja uma catábase ao mundo dos mortos, seja um trajeto ascensional pelos céus —, senão da morte efetiva do narrador[52], é finalmente excluída pela fala da divindade anônima, ao recebê-lo em sua morada, quando afasta um "destino funesto" (οὔτι σε μοῖρα κακὴ, B1,26) — fórmula que é expressamente associada, em Homero, à morte[53].

6.4. A nova imagem de mundo

Parmênides evoca constantemente o pano de fundo das referências tradicionais, através de signos estabelecidos, mas modifica o seu significado. As tentativas de localizar "literalmente" a direção e o destino da viagem, confrontando os textos mais antigos[54], falham ao não considerarem a relação dialética que Parmênides entretém com essas referências, sem suspeitarem de que em questão está a transformação da própria representação do "espaço". Norman Austin mostrou, a propósito de Homero, como estamos longe de uma concepção do Leste e do Oeste que seria semelhante ao que compreendemos enquanto pontos cardeais: *Eos* e *Zophos*, a partir do circuito do trajeto solar, constituem uma oposição polar primária formando um nexo complexo que inclui não apenas Oriente e Ocidente, mas também Norte e Sul, alto e baixo — a que se associam a aurora e o anoitecer, a claridade e a escuridão, a frente e o atrás, os começos e os finais, o nascer e o morrer, a alegria e a rudeza etc.[55]. A esse sistema de oposições qualitativas, valorativas, devemos contrastar uma representação "geométrica" do espaço, emergente das especulações jônias. J.-P. Vernant destacou como a concepção esférica do universo, definindo o espaço por relações simétricas e

---

52. Também a presença das Helíades poderia insinuá-la, pois o rapto por um deus, especialmente por uma ninfa, é eufemismo para a morte (como a viagem aos Elíseos em HOMERO, *Odisseia*, IV, 563ss; cf. S. FERRI, *Divinità ignote*. Firenze, 1929, 118-119 *apud* UNTERSTEINER (1958), LV, n. 14).
53. Cf. *Ilíada*, XIII, 602-603, a respeito do combate de Menelau com Pisandro: "O destino funesto conduziu-o a seu fim pela morte" (DIELS, 1897, 53; BOLLACK, 2006, 91; seguido por ROBBIANO, 2006, 73).
54. O mais extremo exemplo do emprego de um tal procedimento é o estudo comparativo que faz PELLIKAAN-ENGEL (1974) com o texto de Hesíodo.
55. AUSTIN (1975), 91.

reversíveis de distância e de posição, de maneira a fundamentar a estabilidade da Terra por sua posição central com respeito à circunferência, rompe com a configuração do espaço "mítico", estruturado por oposições carregadas de valores religiosos — onde o alto é espaço dos deuses imortais, o meio o dos homens, o de baixo o dos mortos e dos deuses subterrâneos; a direita é propícia, a esquerda é funesta etc.[56].

Não dispomos, contudo, de uma documentação clara de todos os passos da formação das noções fundamentais que darão nascimento a uma astronomia científica — o modelo esférico do universo, a iluminação da Lua pelo Sol, a explicação do mecanismo dos eclipses, uma compreensão da distinção entre o equador celeste e a eclíptica — antes do final do século V a.C.[57]. Uma superestimação da antiguidade dessas descobertas pode ser apontada como um dos motivos da desvalorização da cosmologia e da *Doxa* parmenídeas, tidas muitas vezes por um pastiche de noções científicas consideradas já bem estabelecidas, em vez de considerar-se, como é agora o julgamento mais recente de alguns intérpretes[58], que Parmênides vivencia o tempo de seu surgimento, transmitindo uma imagem de mundo que talvez estivesse longe do conhecimento e da aceitação geral entre seus contemporâneos.

6.4.1. O modelo esférico do universo

Se o significado geral da evolução de uma concepção "mítica" para uma representação "geométrica" do espaço é seguro, a precisão a respeito do aparecimento das noções fundamentais que darão nascimento a uma astronomia científica foi, contudo, objeto de importantes debates na metade do século passado.

A explicação da estabilidade da Terra pela "simetria" (ὁμοιότης) é atribuída a Anaximandro por Aristóteles[59]. Ch. Kahn — no estudo sobre Anaximandro em que se apoia Vernant — viu ali, juntamente com

---
56. Vernant (1990 [1988]), 243-248.
57. Cf. *infra*, § 6.4.1.
58. Mourelatos (2011), 168-170.
59. *De caelo*, 295 b 11-16.

os testemunhos de Aécio acerca de uma especulação sobre as proporções dos círculos da Lua e do Sol com respeito ao da Terra[60], a aplicação de uma intuição matemática à cosmologia, preparando as bases de uma abordagem puramente geométrica da astronomia, a qual pareceria ter sido minorada pelas gerações seguintes de pensadores jônios, mais empíricos[61]. Sua posição foi duramente criticada por D. R. Dicks, que rejeita uma prática "científica" da astronomia entre os pré-socráticos, e em particular contesta a possibilidade de que Anaximandro tivesse conhecimento de fenômenos como a obliquidade da eclíptica ou que estivessem disponíveis os meios técnicos e teóricos para determinar os equinócios. Apenas a partir do final do século V a.C. poder-se-ia falar em uma astronomia matemática: ela dependeria da suficiente acumulação de dados empíricos e de sua elaboração, o cálculo dos solstícios e equinócios que marcam as estações tendo por condição a introdução dos calendários astronômicos (*parapegmata*) de Meton e Euctemon (em cerca de 430 a.C.)[62]; em conexão, é apenas a essa época que surge, associado ao nome de Oinópedes, o conceito do zodíaco como curso oblíquo do Sol entre as estrelas. A partir de então, as ideias astronômicas poderiam se desenvolver rapidamente com Platão e, sobretudo, Eudoxo, obtendo-se uma descrição sistemática do céu e uma correta compreensão das relações dos vários círculos da esfera celeste (eclíptica, equador, trópicos, coluros solsticiais e equinociais etc.)[63].

Em resposta às críticas[64], Kahn aceita a máxima metodológica de que é preciso explicitar os pressupostos científicos que se reconhece a um determinado autor, levando em consideração o problema de que,

---

60. O círculo da lua é dezenove vezes maior do que o da Terra (II, 25, 1 = *Dox.*, 355); o do Sol vinte e sete vezes maior (II, 21, 1 = *Dox.*, 351).
61. *Dox.*, 981, 9. Cf. KAHN (1960), 79-81.
62. As invenções, na Babilônia — de onde provavelmente as recebem os gregos —, do calendário luni-solar e do zodíaco como círculo dividido em doze setores, servindo de sistema de referência para o movimento do Sol, são situadas por Neugebauer não antes de 450 a.C. a primeira, e mais provavelmente no século IV a.C. a segunda (NEUGEBAUER, 1969, 102-103).
63. DICKS (1966), esp. 39-40; DICKS (1970), 45.
64. KAHN (1970).

frequentemente, as fontes secundárias e terciárias têm a tendência de veicular suas notícias nos termos do nível alcançado de precisão técnica de seu próprio tempo. Mas, argumenta Kahn, se os autores mais antigos não teriam os recursos para calcular com exatidão, por exemplo, as datas dos equinócios, ou se não conheciam a linha da eclíptica como o círculo preciso no interior da faixa do zodíaco por onde o Sol desempenha a sua progressão anual, não é impossível que dispusessem de noções empíricas a seu respeito, que prescindem de uma determinação matemática exata. A noção original de equinócio (*isêmeria*) poderia ser uma mera assunção de que há duas ocorrências, ao longo do ano, em que a duração dos dias e das noites se igualam, na metade do período entre dois solstícios — já que o conhecimento empírico dos solstícios, isto é, dos dias, ou, de maneira mais vaga, das "estações" em que o Sol nasce, durante o verão, no(s) ponto(s) mais ao Sul, e, durante o inverno, no(s) ponto(s) mais ao Norte do horizonte[65], para depois reverter o seu trajeto, conhecimento que não depende de especulação teórica ou de cálculo, é algo já nomeado por Homero e por Hesíodo: são as *tropai hêliou*[66].

Há um ponto sobre o qual ambos os autores estão de acordo: a introdução do modelo da esfera celeste é uma invenção peculiar aos gregos, constituindo um pressuposto de todo o refinamento matemático posterior — em especial com o desenvolvimento da trigonometria por Hiparco de Samos (séc. II a.C.), a partir da divisão babilônica do círculo em 360 partes iguais, avanços que se consolidam, ao final, no sistema de Ptolomeu (I a.C.). A esse respeito, divergem, porém, os estudiosos quanto ao momento do nascimento do modelo esférico: Kahn o atribui já a Anaximandro, enquanto Dicks o assume em Parmênides, que o teria adotado dos pitagóricos.

---

[65]. Consideramos aqui, evidentemente, esses fenômenos como são observados pelos habitantes do hemisfério Norte do planeta.
[66]. *Odisseia*, XV, 404; *Os trabalhos e os dias*, 564, 663. Com respeito aos equinócios, encontra-se ainda em Hesíodo um verso que provavelmente lhes faz referência, mas que é geralmente excluído pelos editores: ἰσοῦσθαι νύκτας τε καὶ ἤματα (v. 562). Cf. KAHN (1970), 113.

6.4.2. *"Semelhante à massa de uma esfera" (B8,43)*

A questão de saber se Parmênides assume um universo esférico e de que maneira ele assim elabora essa representação — à parte o problema de saber qual seria, para o Eleata, a figura da Terra[67] — parece-nos fundamental para compreender o significado geral do proêmio, do ponto de vista da originalidade da concepção da realidade "espacial" que pretende ele veicular. Os testemunhos que partem de Aécio o dizem afirmativamente[68]. Não é tão fácil, porém, determinar se as citações disponíveis corroboram essa informação. Podemos inferi-lo a partir do fragmento 8, em meio à argumentação sobre o ser, onde encontramos a analogia com a massa de uma esfera (σφαίρης ἐναλίγκιον ὄγκῳ, B8,43)[69]? Há dificuldade em fornecer rapidamente uma resposta positiva, uma vez que, como destacaram os estudiosos, não se trata ali senão do emprego de um símile[70]. Para Tarán, por exemplo, que recusa qualquer implicação espacial, o ponto da comparação concentra-se sobre a massa ou o corpo (ὄγκωι) de uma esfera, em um passo que pretende estabelecer a "homogeneidade" ou negar qualquer diferença de "grau de ser" aqui ou ali: Parmênides insistiria apenas na "indiferenciação", em uma igualdade de "intensidade" que não seria mais do que uma expressão da identidade lógica do ser consigo mesmo[71].

Em uma época em que os conceitos geométricos não estão bem definidos, *sphaira* é mais provavelmente, como para Homero, algo concretamente "redondo"[72]. Mas a própria ideia de uma figura geomé-

---

67. BERGER (1906), 442, por exemplo, aceita o testemunho de Teofrasto que atribui a ele a concepção de uma Terra com forma redonda.
68. Hipólito, bem como Eusébio, atribuem a τὸ πᾶν o ser eterno, inengendrado/ imutável e a forma esférica (σφαιροειδές) (*Dox.*, 564,19-20; 169).
69. Assim pensa DICKS (1970), 51.
70. NATORP (1890), 11, n. 1; COXON (1934), 40.
71. *"The point is that the mass of a sphere in equilibrium around the middle is in all parts of equal strenght. Such an equilibrium is obtained by the homogeneiy of the mass, i. e. it is everywhere the same... That Being is complete everywhere means that everywhere it is just Being, and this preserves the identity of Being as the homogeneity of the sphere keeps it in equilibrium. Being is complete everywhere because everywhere Being is just Being"* (TARÁN, 1965, 159).
72. FRÄNKEL (1955), 196.

trica, implicando um interior e um exterior, seria contraditória com a afirmação absoluta do ser, ao se considerarem os limites com um circundante de essência diversa, vazio ou "não ser". Se Parmênides insiste sobre a "massa", é certamente para evitar o embaraço necessariamente posto pela superfície da esfera enquanto seu limite[73]. O fato é que qualquer esfera, "empírica" ou mesmo matemática, apresentaria o problema, razão pela qual o Eleata seria de todo modo forçado a empregá-la apenas como símile, para dizer de algo limitado em si mesmo, de natureza idêntica em toda parte, sem inferir a existência de uma exterioridade. Se podemos extrair uma implicação "estereométrica" de suas considerações lógicas ou metafísicas[74], é apenas nesse sentido especial e certamente impróprio da palavra: o ser se projeta de maneira equilibrada, como uma esfera bem redonda, a partir do centro e em todas as direções (cf. μεσσόθεν ἰσοπαλές πάντηι, B8,44), não havendo mais ou menos "ser" no centro do que em qualquer outro ponto (vv. 44-45), sem, contudo, assumir qualquer sorte de limite externo que seria decorrência do conceito próprio de figura (fosse ela qual fosse).

Mas pode-se ir ainda mais longe. O espaço como pura abstração, desprovido de forma, sem centro ou circunferência, é um pressuposto da geometria euclidiana: constitui a condição para descrever as figuras geométricas perfeitas. Os sistemas atomistas, como lemos em Lucrécio — e a concepção pode remontar a Epicuro, contemporâneo de Euclides —, representam um Todo infinito em todas as direções do espaço, assumindo, como fato, a realidade física do Vazio, que serve de limite à matéria. Uma flecha lançada de não importe onde se fixem os confins do universo, diz Lucrécio, não atingiria jamais um fim[75]. O problema, porém, pode ser completamente estranho a Parmênides: ninguém se colocaria a questão, à época, de uma infinidade do lugar não ocupado; ele não se perguntaria pelo que haveria no exterior do ser semelhante à massa de uma esfera bem redonda. É pelo nosso preconceito euclidiano que supomos a necessidade de o espaço estender-se sem limite,

---

73. FRÄNKEL (1962), 409, n. 23.
74. CORNFORD (1933), 103-106; GIGON (1945), 268.
75. LUCRÉCIO, *De rerum natura*, I, 965-983.

projetando um nada sem fim após a esfera[76]. Nada exclui que Parmênides pense a organização espacial do universo a partir da esfera como modelo, sendo tal organização, por vez, um "símile" da realidade lógica perfeita, fechada em si mesma.

Podemos, de todo modo, buscar alhures indicações mais concretas de que Parmênides se utiliza de algo como um modelo esférico para pensar o universo. Segundo o testemunho de Aécio, ele teria fornecido uma explicação semelhante à de Anaximandro da posição central da Terra pela "simetria"[77], ὁμοιότης, o que implica a equidistância com uma periferia. Se não dispomos de citações diretas apoiando o testemunho, temos ao menos a descrição dos movimentos da Lua, através de dois versos que enunciam suas "obras revolventes" (ἔργα... περίφοιτα, B10,4) — muito provavelmente dizendo respeito às suas fases ao longo da progressão mensal — e outro que fala de seu trajeto "em torno da Terra" (περὶ γαῖαν, B14,1). Some-se a isso a afirmação de que a Lua não possui luz própria, mas que é iluminada pelo Sol[78], e podemos concluir que Parmênides possui a representação de uma profundidade do espaço, onde os corpos celestes desempenham trajetos circulares (formando as bases, por exemplo, para a explicação correta da causa do eclipse pela interposição da Terra[79]).

---

76. CORNFORD (1976 [1936]), 11. Cornford nota ainda que, nas teorias físicas contemporâneas que abandonam a concepção do espaço euclidiano, pode-se aceitar que a luz viaje em torno de todo o espaço retornando ao seu ponto de partida.
77. *Dox.*, 980, 13 (= A44).
78. AÉCIO, II, 28, 5 (*Dox.*, 357,9-10): Π. ἴσην τῷ ἡλίῳ καὶ παρ' αὐτοῦ φωτίζεσθαι.
79. HEATH (1913), 48, rejeita que a explicação fosse conhecida antes de Anaxágoras. Ver, porém, KAHN (1960), 116, n. 1.

ANEXO
Disposição sugerida dos fragmentos do poema de Parmênides *Sobre a natureza*

Sobre a Verdade (*ta pros alêtheian*)

B1

As éguas, que me levam onde chegasse o ímpeto, / conduziam-me, pois, guiaram-me até a plurifamosa via / da divindade, que, com respeito a tudo, ali leva[1] o homem que sabe. / Por ali era levado. Por ali, muito sagazes me levaram as éguas, / o carro puxando, e as moças dirigiam o caminho...

B1,28-32

...pois é preciso que de tudo te instruas, / tanto do coração inabalável da verdade bem redonda / quanto de opiniões de mortais, em que não há fé verdadeira. / E, ainda, isto aprenderás: de que maneira as

---

1. πάντα τῇ AC: πάν τα<υ>τῇ CORDERO (1982), 171, πάν τ'ατη NL, πάντ' ἄντην Heyne, πάντ' ἀδαῆ Karsen, πάντ'ἄστη MUTSCHMANN (cod. N *falsa lectio* cf. COXON, 1968).

coisas opinadas / deveriam validamente ser, todas, por toda parte, como se fossem entes[2].

B2
Pois bem, eu te direi, e recebe tu a palavra, escutando, / quais são os únicos caminhos de investigação a pensar: / que é, e que não há de não ser, / é caminho de Persuasão (acompanha-o, pois, a Verdade[3]), / que não é, e que devidamente é para não ser, / este te indico ser atalho de todo incrível, / pois nem conhecerias o que não é (pois não é exequível) / nem o indicarias.

B6
Isto é preciso: recolher em palavras o inteligir ser o que é. Há, pois, ser, / e nada não é. Isso te ordeno proclamar. / Pois <conhecerás>[4], primeiro, a partir deste caminho de investigação, / e, então, a partir daquele outro, em que mortais que nada sabem / erram, duplas cabeças. Pois a carência de recursos em seus / peitos conduz errante pensamento. São levados, / tão cegos quanto surdos, estupefatos, gente sem capacidade de julgar; / consideram que ser é também o mesmo que não ser, / e não o mesmo, já que reversível é o caminho de todas as coisas.

B7
Pois que isto jamais se imponha: serem não entes, / mas, tu, desse caminho de investigação afasta o pensamento / nem por essa via te force o hábito multiexperiente / a exercer sem visão um olho, e ressoante um ouvido / e a língua; julga, ao invés, mediante o raciocínio, a prova polêmica / por mim exposta.

---

2. <πάνθ'ἄπερ> ὄντα Brague (1987), 56: πάντα †περ† ὄντα DEF: πάντα περῶντα A.
3. ἀληθείῃ MSS.: ἀληθείη Bywalter.
4. <εἴσῃ> conj.: <εἴργω> Diels, <ἄρξει> Cordero.

Anexo: Disposição sugerida dos fragmentos do poema de Parmênides *Sobre a natureza*

Sobre o ser único (*ta peri tou henos ontos*)

B8,1-5
Resta, então, um único enunciado do caminho: / que é. Sobre ele, muitos são os sinais / de que o que é é inengendrado e imperecível, / pois é todo inteiro, inabalável e sem fim: / nem foi, nem será, senão que é agora, todo junto.

B8,5bis(?)-6a
Nem foi[5], nem será[6] completamente homogêneo, mas é, único, / de natureza total[7].

B8,6b-21
Pois que surgimento dele encontrarias? / Por onde, donde teria crescido? A partir do que não é / não te permitirei nem dizer nem pensar. Pois não é dizível nem pensável / que não seja. E que necessidade o teria impelido / depois, e não antes, surgindo do nada, a nascer? / Assim, é preciso que seja inteiramente, ou de modo algum. / Nem deixará a força da convicção que jamais possa, / do que não é[8], surgir algo ao seu lado. A fim de que nem se gere / nem se destrua, a Justiça não deixa relaçarem-se os liames, / mas os mantém. O julgamento a esse respeito está no seguinte: / é ou não é. Foi decidido, conforme a necessidade, / a um deixar impensado e inominado (não é, pois, / caminho verdadeiro), e que o outro se efetue e seja genuíno. / Pois como o que é seria em seguida? Como poderia ter sido gerado? / Se foi gerado, não é, nem se é para ser no futuro. / Assim, fica extinta a geração e fora de inquérito o perecimento.

B8,22-23

B8,42-49

---

5. οὐ γὰρ ἔην: οὐχ ἦν Philop.
6. ἔσται: ἔστιν Ascl. 37.
7. οὐλοφυές Ascl. 42: ἓν συνεχές Simpl. 77, 144.
8. ἐκ μὴ: ἐκ γε μὴ Simpl. 78, 145F.

B5
Para mim é comum / de onde comece, pois para ali retornarei novamente.

B8,34-41
O mesmo é pensar e o pensamento de que é. / Pois sem o que é, no que dito está, / não encontrarás o pensar. Pois não há nem haverá / nada à parte do que é, pois a Moira o força / a permanecer inteiro e imóvel. Dele todos serão os nomes, / porquanto mortais os tenham estabelecido, persuadidos de verdadeiramente serem, / nascer e perecer, ser e também não, / e mudar de lugar, por cor aparente alternar.

Sobre a Opinião (*ta pros doxan*)

B8,50-61
Aqui, para ti, chegas ao termo[9] do raciocínio e do pensamento fidedigno / acerca da verdade. A partir disso, as opiniões humanas apreende, a ordem ilusória de minha sequência de palavras escutando. / Ao nomear segundo duas perspectivas[10], estabeleceram formas; / delas, nenhuma é necessária — nisso são errantes —, / mas discerniram em sua oposição[11] o aspecto e puseram sinais / separados um do outro: este, Fogo etéreo de chama, suave e / levíssimo, em tudo o mesmo que si mesmo, / por não ser mesmo que o outro; e não menos discerniram aquele outro, / por si mesmo na sua oposição, Noite ignota, aspecto denso e pesado. / A ti revelo todas as coisas em acordo com esse arranjo, / para que jamais uma perspectiva de mortais te ultrapasse.

Sobre os dois elementos (*peri tôn duein stoikheiôn*)

B9
Mas, desde que todas as coisas têm o nome de Luz e de Noite, / e também os nomes de suas potências, designando estas e aquelas, / tudo

---

9. παύσω 38 DEF, 41 DEE^a, *De Cael.*: παύω 30, 38a, 41 aF, 144.
10. γνώμαις 30, 39a, 180 DEF²: γνώμας 39 DEE^aF, 180 aF¹.
11. ἀντία: ἐναντία 30 DE.

é cheio, igualmente, de Luz e de Noite sem claridade, / igualmente de ambas, já que além delas nada há.

A causa eficiente (*to poiêtikon aition*)

B12
Os (anéis?) mais estreitos estão cheios de puro Fogo; / os seguintes, de Noite, mas entre eles escapa uma porção de chama. / Em meio a esses encontra-se a deusa que tudo dirige. / Pois de todas as coisas[12] ela rege o terrível parto e a união, / impelindo a fêmea a unir-se ao macho e, por vez, o oposto, o macho à fêmea.

Sobre as divindades (*peri tôn theôn*)

B13
Éros, primeiríssimo de todos os deuses, concebeu.

A ordenação dos sensíveis (*hê tôn aisthêtôn diakosmêsis*)

O "segundo proêmio"

B10
Conhecerás a natureza etérea e todos os signos / que estão no Éter, e as obras invisíveis da pura / chama do Sol brilhante, e de onde provieram; / e obras revolventes saberás da Lua cintilante / e sua natureza; saberás também do Céu que ambos separa, / de onde surgiu, e como a Necessidade, conduzindo, cingiu-o / a manter os limites dos astros.

B11
...como a Terra, o Sol e a Lua, / o Éter comum, o Leite celeste, o Olimpo / extremo e a força cálida dos astros foram impulsionados / a surgir.

---

12. πάντων W (SIDER, 1979, 68): πάντα aDEF (πάντα γὰρ <ἥ> Diels).

A geração dos sensíveis (*hê tôn aisthêtôn genesis*)
Sobre a Terra ("peri gês...")
B15a
Sobre o Céu, o Sol e a Lua ("...kai peri ouranou kai hêliou kai selênês...")

B14

B15
Sempre relanceando os raios do Sol.

Sobre a geração dos humanos ('...kai genesin anthrôpôn')
B18

B17

Epílogo
B16

B19
Assim, a ti, para a opinião, estas coisas tiveram sua proveniência e agora são, / e depois disso, longe daqui, crescendo elas terão um fim. / Os homens fixaram-lhes o nome, reconhecendo os sinais em cada uma.

B4
Veja, contudo, as coisas evanescentes tornarem-se pelo pensamento firmemente presentes, / pois não deceparás o que é, impedindo-o de aderir ao que é, / nem quando está disperso em tudo totalmente, segundo a ordem das coisas, / nem quando está concentrado.

B3
Pois é o mesmo pensar e ser.

Bibliografia

Edições dos fragmentos de Parmênides

BRANDIS, C. A. (1813). *Commentationum Eleaticarum pars prima. Xenophanis, Parmenidis et Melissi doctrina e propriis philosophorum reliquiis veterumque auctorum testimoniis*. Altona: J. F. Hammerich.

DIELS, H. (1897). *Parmenides Lehrgedicht. Griechisch und Deutsch*. Berlin: Georg Reimer.

DIELS, H. (1956). *Die Fragmente der Vorsokratiker*. 7. ed. Berlin: Weidmannsche Verlagsbuchhandlung.

FÜLLEBORN, G. G. (1795). Fragmente des Parmenides. Neu gesammelt, übersetz und erläutert. In: FÜLLEBORN, G. G. (Ed.). *Beyträge zur Geschichte der Philosophie*. VI. Züllichau/Freistadt: Frommannische Buchhandlung. 1-102.

KARSTEN, S. (Ed.) (1835). *Parmenidis Eleatae carminis reliquiae*. Amsterdam: J. Müller.

MULLACH, G. A. (Ed.) (1860). Parmenidis carminum reliquiae. In: *Fragmenta Philosophorum Graecorum. Poeseos Philosophiquae*. Paris: Didot. v. 1. 2 vols., 114-130.

PEYRON, A. (Ed.) (1810). *Empedoclis et Parmenidis Fragmenta*. Lipsiae: Goeschen.

Traduções dos fragmentos em português

CAVALCANTE DE SOUZA, J. (Ed.) (1978). *Os Pré-Socráticos: fragmentos, doxografia e comentários*. Os pensadores. 2. ed. São Paulo: Abril Cultural.

CORDERO, N.-L. (2011). *Sendo, se é*. Tradução de E. Wolf. São Paulo: Odysseus.

PARMÊNIDES (2002). *Da natureza*. Tradução de J. Trindade Santos. São Paulo: Loyola.

SANTORO, F. (Ed.) (2011). *Filósofos épicos*. Tradução de Fernando Santoro. Rio de Janeiro: Hexis/Fundação Biblioteca Nacional. v. I: Parmênides e Xenófanes, fragmentos.

VIEIRA PINTO, A. (1951). O poema de Parmênides: tradução literal sobre o texto grego, segundo Mullach. *FNF: Publicação do Diretório Acadêmico da Faculdade Nacional de Filosofia da Universidade do Brasil*, 11-16, mar.

Edições e traduções de fontes primárias

ARISTOTE (2002). *Physique*. Tradução de Pierre Pellegrin. Paris: GF Flammarion.

ARISTOTE (2004). *Traité du Ciel*. Tradução de C. Dalimier e P. Pellegrin. Introdução de Pierre Pellegrin. Paris: GF Flammarion.

ARISTOTE (2005). *De la génération et de la corruption*. Ed. e trad. de M. Rashed. Paris: Les Belles Lettres.

ARISTOTE (2008). *Métaphysique*. Tradução de M.-P. Duminil e A. Jaulin. Paris: GF Flammarion.

ARISTÓTELES (1982). *Metafísica*. Tradução de V. G. Yebra. 2. ed. Madrid: Gredos.

ARISTÓTELES (2002). *Metafísica*. Ed. de G. Reale. Tradução de G. Reale e M. Perine. São Paulo: Loyola. v. II: Texto grego com tradução ao lado. 3 vols.

ARISTOTLE (2002). *De Generatione et Corruptione*. Trad. e anot. de C. J. F. Williams. Oxford: Clarendon.

BURNET, J. (Ed.) (1900-1907). *Platonis Opera*. Oxford: Clarendon.

COXON, A. H.; MCKIRAHAN, R. (Eds.) (2009 [1986]). *The fragments of Parmenides*. Rev. and expanded ed. Las Vegas/Zurich/Athens: Parmenides Publishing.

DIELS, H. (1879). *Doxographi graeci*. Berlin: Reimer.

DIELS, H. (Ed.) (1882). *Simplicii in Aristotelis Physicorum libros quattuor priores commentaria*. Commentaria in Aristotelem graeca 9. Berolini: Reimer.

Bibliografia

DIELS, H. (Ed.) (1895). *Simplicii in Aristotelis Physicorum libros quattuor posteriores commentaria*. Commentaria in Aristotelem graeca 10. Berlin: Reimer.

HEIBERG, I. L. (Ed.) (1894). *Simplicii in Aristotelis de Caelo commentaria*. Commentaria in Aristotelem graeca 7. Berlin: Reimer, 1894.

LUCRÈCE (1997). *De la nature (De rerum natura)*. Trad. anot. e introd. de J. Kany-Turbin. Paris: GF Flammarion.

PHILOPONUS (2006). *On Aristotle's "Physica 1.1-3"*. Tradução de C. Osborne. Ithaca, New York: Cornell University Press.

PINDARE (2004). *Oeuvres complètes*. Tradução de J.-P. Savignac. Paris: Minos, La Différence.

PLATÃO (2001). *Teeteto — Crátilo*. Platão Diálogos. Tradução de C. A. Nunes. 3. ed. Belém: Edufpa.

PLATÃO (2011). *O Sofista*. Tradução de H. Murachco, J. Maia Jr. e J. T. Santos. Lisboa: Fundação Calouste Gulbenkian.

PLATON (1993). *Le Sophiste*. Tradução de Nestor-Luis Cordero. Paris: Flammarion.

ROSS, D. (Ed.) (1951). *Aristotelis Physica*. Oxford Classical Texts. Oxford: Oxford University Press.

SOFISTAS (2005). *Testemunhos e fragmentos*. Tradução de A. A. A. de Souza e M. J. V. Pinto. Lisboa: Imprensa Nacional/Casa da Moeda.

SORABJI, R. (Ed.) (2009). *Simplicius: On Aristotle On the Heavens 3.1-7*. Ancient commentators on Aristotle. Tradução de I. Mueller. London/New York: Bloomsbury.

Literatura secundária

ALGRA, K. (2004). On Generation and Corruption I. 3: Substantial Change and the Problem of Not-Being. In: HAAS, F. de; MANSFELD, J. (Eds.). *On Generation and Corruption*, Book I. Symposium Aristotelicum. Oxford: Oxford University Press.

ALTMAN, W. H. F. (2015). Parmenides B3 Revisited. *Hypnos*, n. 35, 197-230.

ANNÉE, M. (2012). *Fragments Poème. Précédé de Énoncer le verbe Être*. Paris: Vrin.

AUSTIN, N. (1975). *Archery at the dark of the moon: poetic problems in Homer's Odyssey*. Berkeley: Univ. of California Press.

BALTUSSEN, H. (2002). Philology or Philosophy? Simplicius on the Use of Quotations. In: *Epea and grammata: oral and written communication in ancient Greece*. Leiden, Boston, Köln: Brill, 94-102.

BALTUSSEN, H. (2005). The Presocratics in the doxographical tradition. Sources, controversies, and current research. *Studia Humaniora Tartuensia*, v. 6, n. A.6.

BALTUSSEN, H. (2008). *Philosophy and exegesis in Simplicius: the methodology of a commentator*. London: Duckworth.

BARNES, J. (1979). Parmenides and the Eleatic One. *Archiv für Geschichte der Philosophie*, v. 61, n. 1, 1-21.

BARNES, J. (1982). *The Presocratic Philosophers*. 2. ed. London: Routledge & Kegan Paul.

BÄUMKER, C. (1886). Die Einheit des parmenideischen Seienden. *Jahrbucher für klassische Philologie*, v. 133, 541-561.

BENVENISTE, E. (1969). *Le vocabulaire des institutions indo-européennes*. Paris: Les Éditions de Minuit.

BERGER, H. (1906). Die ältere Zonenlehre der Griechen. *Geographische Zeitschrift*, v. 12, n. 8, 440-449.

BERNABÉ, A. (2008). El orfismo y los demás filósofos presocráticos. In: BERNABÉ, A.; CASADESÚS, F. (Eds.). *Orfeo y la tradición órfica. Un reencuentro*. Madrid: Akal, 1141-1160.

BERTI, E. (2011). O nascimento da "Física" em Aristóteles. In: *Novos estudos aristotélicos*. São Paulo: Loyola, 86-99. (Coleção aristotélica.)

BOLLACK, J. (1965). *Empédocle. I: Introduction à l'ancienne physique*. Paris: Gallimard.

BOLLACK, J. (1990). La cosmologie parménidienne de Parménide. In: BRAGUE, R.; COURTINE, J. F. (Eds.). *Hérmeneutique et Ontologie: Hommage à Pierre Aubenque*. Paris: PUF, 17-53.

BOLLACK, J. (2006). *Parménide: de l'Étant au Monde*. Lagrasse: Verdier.

BOWRA, C. M. (1937). The Proem of Parmenides. *Classical Philology*, v. 32, 97-112.

BRAGUE, R. (1982). Pour en finir avec le "temps image mobile de l'eternité". In: *Du temps chez Platon et Aristote*. Paris: PUF, 11-71.

BRAGUE, R. (1987). La vraisemblance du faux (Parménide, fr. I, 31-32). In: *Études sur Parménide: Problèmes d'interprétation*. 2. [S.l.] Paris: Vrin.

BREDLOW, L. A. (2010). Cosmología, cosmogonía y teogonía en el poema de Parménides. *Emerita*, v. 78, n. 2, 275-297.

BRÉMOND, M. (2016). *Lectures de Mélissos*. Édition, Traduction et Interprétation des témoignages sur Mélissos de Samos. Paris/München: Paris IV Sorbonne e Ludwig-Maximilians Universität.

BRISSON, L. (2002). Plato's Parmenides "Is the World One?" *Oxford Studies in Ancient Philosophy*, v. XXII, 1-20.

BURCKHARDT, J. (2003). *Griechische Kulturgeschichte*. Frankfurt am Main/Leipzig: Insel Verlag.

BURKERT, W. (1969). Das Proömium des Parmenides und die "Katabasis" des Pythagoras. *Phronesis*, v. 14, n. 1, 1-30.

BURNET, J. (1892). *Early Greek Philosophy*. London Edinburgh: Black.

CALVO, T. (1977). Truth and Doxa in Parmenides. *Archiv für Geschichte der Philosophie*, v. 59, n. 3, 245-260.

CASERTANO, G. (1989). *Parmenide: il metodo la scienza l'esperienza*. 5. Napoli: Loffredo.

CASSIN, B. (1998). *Sur la nature ou sur l'étant: La langue de l'être?* Paris: Seuil.

CHALMERS, W. R. (1960). Parmenides and the Beliefs of Mortals. *Phronesis*, v. 5, n. 1, 5-22.

CHANTRAINE, P. (1999 [1968]). *Dictionnaire étymologique de la langue grecque*. Paris: Klincksieck.

CHERNISS, H. F. (1935). *Aristotle Criticism of Presocratic Philosophy*. Baltimore: The Johns Hopkins Press.

COLLOBERT, C. (2002). Aristotle's review of the presocratics: Is Aristotle finally a historian of philosophy? *Journal of the History of Philosophy*, v. 40, n. 3, 281-295.

CONCHE, M. (1999). *Parménide. Le Poème: Fragments*. 2. ed. Paris: Presses universitaires de France.

CORDERO, N.-L. (1982a). La version de Joseph Scaliger du poème de Parménide. *Hermes*, v. 110, 391-398.

CORDERO, N.-L. (1982b). Le vers 1.3 de Parménide ("La Déesse conduit a l'égard de tout"). *Revue Philosophique de la France et de l'Étranger*, v. 172, n. 2, 159-179.

CORDERO, N.-L. (1987). L'histoire du text de Parménide. In: AUBENQUE, P. (Ed.). *Études sur Parménide*. Volume II: Problémes d'interprétation. Paris: Vrin. 3-24.

CORDERO, N.-L. (1991). L'invention de l'école éléatique. Platon, Sophiste, 242 D. In: NARCY, M. (Ed.). *Études sur le Sophiste de Platon*. Naples: Bibliopolis, 91-124.

Cordero, N.-L. (1997). *Les deux chemins de Parménide*. 2. ed. Bruxelles: Ousia.

Cordero, N.-L. (2010). The "Doxa of Parmenides" Dismantled. *Ancient Philosophy*, v. 30, n. 2, 231-246.

Cordero, N.-L. (2011a). Una consecuencia inesperada de la reconstrucción actual del Poema de Parménides. *Hypnos*, v. 27, 222-229.

Cordero, N.-L. (2011b). *Sendo, se é*. Tradução de Eduardo Wolf. São Paulo: Odysseus.

Cordero, N.-L. (2013). *Las "partes" del poema de Parménides: un prejuicio interpretativo trágico*. Disponível em: <https://www.academia.edu/12672060/>. Acesso em: 5 jun. 2016.

Cornford, F. M. (1933). Parmenides' Two Ways. *The Classical Quarterly*, v. 27, 97-111.

Cornford, F. M. (1935). A New Fragment of Parmenides. *The Classical Review*, v. 49, n. 4, 122-123.

Cornford, F. M. (1976 [1936]). The Invention of Space. In: Čapek, M. (Ed.). *The Concepts of Space and Time. Boston studies in the philosophy of science*. Dordrecht: Springer, 3-16.

Cosgrove, M. R. (2014). What are "True" Doxai Worth to Parmenides? Essaying a Fresh Look at his Cosmology. *Oxford Studies in Ancient Philosophy*, v. 46, 1-31.

Couloubaritsis, L. (1997). *La Physique d'Aristote: L'avènement de la science Physique*. 2. ed. Bruxelles: Ousia.

Couloubaritsis, L. (2008). *La pensée de Parménide*. Bruxelles: Ousia.

Coxon, A. H. (1934). The Philosophy of Parmenides. *The Classical Quarterly*, v. 28, 134-144.

Coxon, A. H. (1968). The Text of Parmenides fr. 1. 3. *The Classical Quarterly*, v. 18, n. 1, 69.

Curd, P. (1991). Parmenidean Monism. *Phronesis*, v. 36, n. 3, 241-264.

Curd, P. (1992). Deception and Belief in Parmenides' Doxa. *Apeiron*, v. 25, n. 2, 109-134.

Curd, P. (2004). *The Legacy of Parmenides: Eleatic Monism and later Presocratic Thought*. Las Vegas: Parmenides.

Dehon, P. (1988). Les recomendations de la déesse. Parménide, fr. 1.28-32. *Revue de Philosophie Ancienne*, v. 6, n. 2, 271-289.

Denniston, J. D. (1954). *The Greek Particles*. 2. ed. London: Oxford University Press.

DETIENNE, M. (2006). *Les maîtres de vérité dans la Grèce archaïque*. Paris: Librairie Génerale Française.

DICKS, D. R. (1966). Solstices, Equinoxes, & the Presocratics. *The Journal of Hellenic Studies*, v. 86, 26-40.

DICKS, D. R. (1970). *Early Greek Astronomy*. Bristol: Thames; Hudson.

DIELS, H. (1887). Über die ältesten Philosophieschulen der Griechen. In: *Philosophische Aufsätze: Eduard Zeller zu seinem fünfzigjährigen Doctor-Jubiläum gewidmet*. Leipzig: Pues.

DIELS, H. (1897). *Parmenides Lehrgedicht*. Griechisch und Deutsch. Berlin: Georg Reimer.

DIÈS, A. (1932). *La définition de l'Être et la nature des idées dans le Sophiste de Platon*. 2. ed. Paris: Vrin.

DILLER, H. (1956). Der vorphilosophische Gebrauch von κόσμος und κοσμεῖν. In: *Festschrift Bruno Snell*. München: C. H. Beck, 47-60.

DIXSAUT, M. (2000). *Platon et la question de la pensée*. Paris: Vrin.

DODDS, E. R. (2002). *Os gregos e o irracional*. São Paulo: Escuta.

EBERT, T. (1989). Wo beginnt der Weg der Doxa? Eine Textumstellung im Fragment 8 des "Parmenides". *Phronesis*, v. 34, n. 2, 121-138.

FALUS, R. (1960). Parmenides-Interpretationen. *Acta Antiqua Academiae Scientiarum Hungaricae*, v. 8, 267-294.

FATTAL, M. (2001). *Logos, pensée et verité dans la philosophie grecque*. Paris: L'Harmattan.

FINKELBERG, A. (1998). On the History of the Greek κόσμος. *Harvard Studies in Classical Philology*, v. 98, 103-136.

FINKELBERG, A. (1999). Being, truth and opinion in Parmenides. *Archiv für Geschichte der Philosophie*, v. 81, n. 3, 233-248.

FOLEY, J. M. (1997). Traditional Signs and Homeric Art. In: BAKKER, E.; KAHANE, A. (Eds.). *Written Voices, Spoken Signs: Tradition, Performance and the Epic Text*. Cambridge, MA; London: Harvard University Press.

FRÄNKEL, H. (1942). Zeno of Elea's Attacks on Plurality. *The American Journal of Philology*, v. 63, n. 1, 1-25.

FRÄNKEL, H. (1955). Parmenidesstudien. In: *Wege und Formen frühgriechischen Denkens*. [S.l.] Munich: C. H. Beck, 157-197.

FRÄNKEL, H. (1962). *Dichtung und Philosophie des frühen Griechentums: eine Geschichte der griechischen Epik, Lyrik und Prosa bis zur Mitte des fünften Jahrhunderts*. München: C. H. Beck.

FURLEY, D. (1989). *Cosmic Problems: Essays on Greek and Roman Philosophy of Nature*. Cambridge: Cambridge Univ. Press.

GADAMER, H. G. (1980 [1974]). Idea and Reality in Plato's Timaeus. In: *Dialogue and Dialectic*. New Haven/London: Yale University Press, 156-193.

GADAMER, H.-G. (1985 [1964]). Platon und die Vorsokratiker. In: *Griechische Philosophie*. II. Gesammelte Werke. Tübingen: Mohr Siebeck, 58-70.

GERNET, L. (1995 [1945]). Les origines de la philosophie. In: *Anthropologie de la Grèce Antique*. Paris: Flammarion, 239-258.

GERNET, L.; BOULANGER, A. (1970). *Le génie grec dans la religion*. Paris: Albin Michel.

GIGON, O. (1945). *Der Ursprung der griechischen Philosophie: von Hesiod bis Parmenides*. Basel: Brenno Schwabe.

GUTHRIE, W. K. C. (1965). *A History of Greek Philosophy: The Presocratic Tradition from Parmenides to Democritus*. 2. Cambridge University Press: Cambridge.

HALLIDAY, W. R. (1913). *Greek divination: a study of its methods and principles*. London: Macmillan.

HEATH, T. (1913). *Aristarchus of Samos, the ancient Copernicus: a history of Greek astronomy to Aristarchus, together with Aristarchus's treatise on the sizes and distances of the sun and moon*. Oxford: Clarendon Press.

HEIDEGGER, M. (2001). *Sein und Zeit*. 18. ed. Tübingen: Niemeyer.

HEINIMANN, F. (1945). *Nomos und Physis*. Basel: Friedrich Reinhardt.

HEITSCH, E. (1974). Evidenz und Wahrscheinlichkeitsaussagen bei Parmenides. *Hermes*, v. 102, n. 3, 411-419.

HERSHBELL, J. P. (1970). Parmenides' Way of Truth and B16. *Apeiron*, v. 4, n. 2, 1-23.

HÖLSCHER, U.; PARMENIDES (1986). *Vom Wesen des Seienden: Die Fragmente griechisch und deutsch*. Frankfurt am Main: Surkhamp.

JAEGER, W. (1947). *The theology of the early Greek philosophers*. Oxford: Clarendon.

JAUSS, H. R. (1978). *Pour une esthétique de la réception*. Tradução de Claude Maillard. Paris: Gallimard.

JOURNÉE, G. (2014). Les avatars d'une démone: à propos de Parménide fr. 28B13. *Elenchos*, v. 35, n. 1, 5-38.

KAHN, C. (1960). *Anaximander and the Origins of Greek Cosmology*. New York: Columbia University Press.

Bibliografia

KAHN, C. (1970). On Early Greek Astronomy. *The Journal of Hellenic Studies*, v. 90, 99-116.

KAHN, C. (2009 [1981]). *A arte e o pensamento de Heráclito: uma edição dos fragmentos com tradução e comentário*. São Paulo: Paulus.

KINGSLEY, P. (1999). *In the Dark Places of Wisdom*. Point Reyes: The Golden Sufi Center.

KURFESS, C. J. (2012). *Restoring Parmenides' Poem: Essays toward a New Arrangement of the Fragments Based on a Reassessment of the Original Sources*. Pittsburgh: University of Pittsburgh.

LAFRANCE, Y. (1999). Le sujet du Poème de Parménide: l'être ou l'univers? *Elenchos*, v. 20, 265-308.

LAKS, A. (2010). A emergência de uma disciplina: o caso da filosofia pré-socrática. *Questões & Debates*, v. 53, 13-37.

LESZT, W. (2006). Aristotle on the Unity of Presocratic Philosophy. A Contribution to the Reconstruction of the Early Retrospective View of Presocratic Philosophy. In: SASSI, M. M. (Ed.). *La construzione del discorso filosofico nell'età dei Presocratici (The Construction of Philosophical Discourse in the Age of the Presocratics)*. Seminari e convegni. Pisa: Ed. della Normale.

LINCOLN, B. (1996). Gendered Discourses: The Early History of "Mythos" and "Logos". *History of Religions*, v. 36, n. 1, 1-12.

LONG, A. A. (1963). The Principles of Parmenides' Cosmogony. *Phronesis*, v. 8, n. 2, 90-107.

LONG, A. A. (1996). Parmenides on Thinking Being. *Proceedings of the Boston Area Colloquium in Ancient Philosophy*, v. 12, n. 1, 125-151.

LONG, A. A. (1999). The Scope of Greek Philosophy. In: LONG, A. A. (Ed.). *The Cambridge Companion to early Greek Philosophy*. Cambridge: Cambridge University Press, 1-21.

MANSFELD, J. (1964). *Die Offenbarung des Parmenides und die menschliche Welt*. Assen: Van Gorcum.

MANSFELD, J. (1986). Aristotle, Plato and the Preplatonic Doxography and Chronography. In: CAMBIANO, G. (Ed.). *Storiografia e dossografia nella filosofia antica*. Biblioteca storico-filosofica. Torino: Tirrenia Stampatori, 1-59.

MANSFELD, J. (1990 [1988]). Historical and philosophical aspects of Gorgia's "On what is not". In: MANSFELD, J. (Ed.). *Studies in the historiography of Greek philosophy*. Assen, Maastricht: Van Gorcum, 243-271.

MANSFELD, J. (1999). Parménide et Héraclite avaient-ils une théorie de la perception? *Phronesis*, v. 44, n. 4, 326-346.

MANSFELD, J. (2015). Parmenides from Right to Left. *Études platoniciennes*, v. 12.

MANSFELD, J.; RUNIA, D. T. (2008). *Aëtiana: the method and intellectual context of a doxographer*. The Compendium. 2. Leiden: Brill.

MANSION, A. (1945). *Introduction à la physique aristotélicienne*. 2. ed. Paris: Vrin.

MARCINKOWSKA-ROSÓL, M. (2007). Zur Syntax von Parmenides fr. 1.31-32. *Hermes*, v. 135, n. 2, 134-148.

MARQUES, M. (1990). *O caminho poético de Parmênides*. São Paulo: Loyola.

MARTIN, R. P. (1989). *The language of heroes: speech and performance in the Iliad*. Ithaca: Cornell University Press.

MCDIARMID, J. B. (1953). Theophrastus on the Presocratic Causes. *Harvard Studies in Classical Philology*, v. 61, 85-156.

MORRISON, J. S. (1955). Parmenides and Er. *Journal of Hellenic Studies*, v. 75, 59.

MOST, G. W. (1999). The poetics of early Greek philosophy. In: *The Cambridge Companion to Early Greek Philosophy*. Cambridge: Cambridge University Press, 332-362.

MOURELATOS, A. P. D. (2008). *The route of Parmenides*. Las Vegas/Zurich/Athens: Parmenides Publishing.

MOURELATOS, A. P. D. (2011). Parmenides, Early Greek Astronomy and Modern Scientific Realism. In: CORDERO, N.-L. (Ed.). *Parmenides, Venerable and Awesome (Plato, Theaetetus 183e): Proceedings of the International Symposium*. Las Vegas/Zurich/Athens: Parmenides, 233-250.

NADDAF, G. (2008). *Le concept de nature chez les présocratiques*. Tradução de Benoît Castelnérac. Paris: Klincksieck.

NAGY, G. (1999). *The best of the Acheans: concepts of the hero in Archaic Greek poetry*. Rev. ed. Baltimore/London: The Johns Hopkins University Press.

NATORP, P. (1890). Aristoteles und die Eleaten. *Philosophische Monatshefte*, v. 26, 1-16; 147-169.

NESTLE, W. (1975). *Vom Mythos zum Logos: Die Selbstentfaltung des grieschischen Denkens von Homer bis auf die Sophistik und Sokrates*. 2. ed. Stuttgart: Alfred Kröner.

NEUGEBAUER, O. (1969). *The exact sciences in antiquity*. 2. ed. New York: Dover.

O'BRIEN, D. (1980). Temps et intemporalité chez Parménide. *Les Études philosophiques*, n. 3, 257-272.

ONIANS, R. B. (1951). *The origins of European thought about the body, the mind, the soul, the world, time and fate: new interpretation of Greek, Roman and kindred evidence, also of some basic Jewish and Christian beliefs*. Cambridge: Cambridge University Press.

OWEN, G. E. L. (1960). Eleatic Questions. The Classical Quarterly, New Series, v. 10, n. 1, 84-102.

OWEN, G. E. L. (1966). Plato and Parmenides on the Timeless Present. *The Monist*, v. 50, n. 3, 317-340.

OWEN, G. E. L. (1980). Tithènai ta phainòmena. In: *Aristote et les problèmes de méthode. Communications présentées au Symposium Aristotelicum tenu à Louvain du 24 août au Ier semptembre 1960*. 2. ed. Louvain: Institut Supérieur de Philosophie, 83-103.

PALMER, J. (1999). *Plato's reception of Parmenides*. Oxford: Clarendon Press.

PALMER, J. (2009). *Parmenides and Presocratic Philosophy*. New York: Oxford University Press.

PELLIKAAN-ENGEL, M. E. (1974). *Hesiod and Parmenides: a New View on Their Cosmologies and Parmenides' Poem*. Amsterdam: Adolf M. Hakkert.

PEREIRA, I. (2006). *Aspectos sagrados do mito e do logos: poesia hesiódica e filosofia de Empédocles*. São Paulo: Educ.

PULPITO, M. (2011a). Ta dokounta: oggetti reali di opinioni false. In: CORDERO, N.-L. (Ed.). *Parmenide scienziato?* Eleatica. [S.l.] Sankt Augustin: Academia Verlag, 113-121.

PULPITO, M. (2011b). Parmenides and the Forms. In: CORDERO, N.-L. (Ed.). *Parmenides, Venerable and Awesome (Plato, Theaetetus 183e): Proceedings of the International Symposium*. Las Vegas/Zurich/Athens: Parmenides, 191-212.

REALE, G. (2002). *Metafísica de Aristóteles*. III. Tradução de Marcelo Perine. São Paulo: Loyola.

REINHARDT, K. (1985 [1916]). *Parmenides und die Geschichte der griechischen Philosophie*. 4. ed. Frankfurt: Vittorio Klostermann.

RIVIER, A. (1952). *Un emploi archaïque de l'analogie: chez Héraclite et Thucydide*. Lausanne: F. Rouge.

ROBBIANO, C. (2006). *Becoming Being: On Parmenides' transformative philosophy*. Sankt Augustin: Academia Verlag.

ROSS, D. (1924). *Aristotle's Metaphysics*. I. Oxford: Clarendon.

SANDOZ, C. (1971). *Les noms grecs de la forme: étude linguistique*. Bern: Universität Bern Institut für Sprachwissenschaft.

SCHMALZRIEDT, E. (1970). *Peri physeōs: Zur Frühgeschichte der Buchtitel*. [S.l.] München: W. Fink.

SCHWABL, H. (1968 [1953]). Sein und Doxa bei Parmenides. In: GADAMER, H.-G. (Ed.). *Um die Begriffswelt der Vorsokratiker*. Darmstadt: Wissenschaftliche Buchgesellschaft.

SELIGMAN, P. (1974). *Being and not-being*. The Hague: Martinus Nijhoff.

SIDER, D. (1979). Confirmation of Two "Conjectures" in the Presocratics: Parmenides B 12 and Anaxagoras B 15. *The Phoenix*, 67-69.

SIMPSON, M. (1969). The Chariot and the Bow as Metaphors for Poetry in Pindar's Odes. *Transactions and Proceedings of the American Philological Association*, v. 100, 437-473.

SISKO, J. E.; WEISS, Y. (2015). A Fourth Alternative in Interpreting Parmenides. *Phronesis*, v. 60, n. 1, 40-59.

SNELL, B. (1992 [1975]). *A descoberta do espírito*. Lisboa: Ed. 70.

SORABJI, R. (Ed.) (2009). *Simplicius: On Aristotle On the Heavens 3.1-7*. Tradução de I. Mueller London/New York: Bloomsbury.

STOKES, M. C. (1971). *One and Many in Presocratic Philosophy*. Washington, D. C.: Center for Hellenic Studies.

SUSEMIHL, F. (1899). Zum zweiten Theile des Parmenides. *Philologus*, v. 58, 205-214.

TARÁN, L. (1965). *Parmenides: A text with translation, commentary, and critical essays*. Princeton: Princeton University Press.

THANASSAS, P. (2006). How many doxai are there in Parmenides? *Rhizai*, v. 3, n. 2, 199-218.

THANASSAS, P. (2007). *Parmenides, cosmos, and being: a philosophical interpretation*. Milwaukee: Marquette Univ. Press.

TIEDEMANN, D. (1791). *Geist der spekulativen Philosophie: von Thales bis Sokrates*. Marburg: Akademische Buchhandlung.

TOR, S. (2015). Parmenides' Epistemology and the Two Parts of his Poem. *Phronesis*, v. 60, n. 1, 3-39.

TRENDELENBURG, F. A. (1846). *Geschichte der Kategorienlehre: Zwei Abhandlungen*. Berlin: Bethge.

TRINDADE SANTOS, J. G. (2009). O sistema conceitual de einai: presença e efeito na teoria platônica das Formas. In: PERINE, M. (Ed.). *Estudos platônicos: sobre o ser e o aparecer, o belo e o bem*. São Paulo: Loyola, 27-48.

TUOMINEN, M. (2009). *The ancient commentators on Plato and Aristotle*. Berkeley: University of California Press.

UNTERSTEINER, M. (1958). *Parmenide: Testimonianze e frammenti*. 38. [S.l.] Firenze: La Nuova Italia.

UNTERSTEINER, M. (1993 [1967]). *Les Sophistes*. I. Tradução de Alonso Tordesillas. Paris: Vrin.

VERDENIUS, W. J. (1949). Parmenides' Conception of Light. *Mnemosyne, Fourth Series*. v. 2, n. 2, 116-131.

VERDENIUS, W. J. (1964 [1942]). *Parmenides, some comments on his poem*. Amsterdam: A. M. Hakkert.

VERNANT, J.-P. (1984). *As origens do pensamento grego*. Tradução de Ísis Borges B. da Fonseca. Rio de Janeiro: Difel.

VERNANT, J.-P. (1990 [1988]). *Mito e pensamento entre os gregos*. Tradução de Haiganuch Sarian. Rio de Janeiro: Paz e Terra.

VLASTOS, G. (1946). Parmenides' Theory of Knowledge. *Transactions and Proceedings of the American Philological Association*, v. 77, 66-77.

WERSINGER, A. G. (2008). *La sphère et l'intervalle. Le schème de l'harmonie dans la pensée des anciens Grecs d'Homère à Platon*. 12. Grenoble: Jérôme Millon.

WILAMOWITZ-MÖLLENDORFF, U. v. (1899). Lesefrüchte. *Hermes*, v. 34, n. 2, 203-230.

WOLFF, F. (1996). Dois destinos possíveis da ontologia: a via categorial e a via física. *Analytica*, v. 1, n. 3.

WOODBURY, L. (1958). Parmenides on Names. *Harvard Studies in Classical Philology*, v. 63, 145-160.

WOODBURY, L. (1986). Parmenides on Naming by Mortal Men. *Ancient Philosophy*, v. 6, 1-13.

ZELLER, E. (1869). *Die Philosophie der Griechen in ihrer geschichtlichen Entwicklung*. 1. Leipzig: Fues.

Índice de nomes

Aécio, 61, 67, 193, 198, 214, 217, 238, 243, 245, 247
Alexandre de Afrodísia, 38, 58, 80, 129, 139, 147, 148, 201-205, 209, 210, 214
Algra, K., 150
Altman, W. H. F., 200
Anaxágoras, 60, 105, 109, 142, 143, 206, 215, 216, 247
Anaximandro, 62, 100, 107, 154, 217, 218, 221, 242-244, 247
Année, M., 177
Aristóteles, 21, 22, 32, 33, 38, 60, 62-64, 66-68, 71, 72, 74-77, 79, 80, 82, 83, 88, 98, 102, 103, 111, 118, 126, 128-136, 138-151, 155, 179, 181, 184-186, 191, 192, 194, 195, 201-211, 213-216, 218, 221, 223, 242

Austin, N., 241
Baltussen, H., 27, 58-60
Barnes, J., 98, 103, 104, 107, 109, 176
Bäumker, C., 98, 103, 137, 140
Benveniste, E., 240
Berger, H., 245
Bernabé, A., 51, 232
Berti, E., 136, 137
Bollack, J., 26, 41, 50, 175, 193, 202, 230, 234, 235, 237, 241
Boulanger, A., 236
Bowra, C. M., 230
Brague, R., 75, 76, 83, 91, 92, 109, 173, 186, 196
Brandis, C. A., 28, 29, 104
Bredlow, L. A., 66, 211
Brémond, M., 145

Brisson, L., 134
Burckhardt, J., 236
Burkert, W., 237
Burnet, J., 95, 96, 99

Calogero, G., 164, 176
Calvo, T., 47
Casertano, G., 41, 52, 87, 155, 173, 234
Cassin, B., 161, 220
Cavalcante de Souza, J., 41, 43, 168, 223, 232-234
Chalmers, W. R., 45, 147, 154, 190
Chantraine, P., 155, 232
Cherniss, H. F., 129, 139, 147, 150
Clemente de Alexandria, 28, 111, 194, 202, 212, 213
Collobert, C., 130
Conche, M., 240
Cordero, N.-L., 26, 28, 33, 35, 41, 90, 91, 97, 99, 108, 111, 118-121, 123, 158-160, 210, 224, 234, 235
Cornford, F. M., 66, 117, 124, 161, 246, 247
Cosgrove, M. R., 26
Couloubaritsis, L., 88, 132, 159, 160
Coxon, A. H., 23, 237
Curd, P., 54, 100, 101, 133, 187, 192

Dehon, P., 46, 92
Denniston, J. D., 43, 147, 210
Detienne, M., 225
Dicks, D. R., 218, 243-245
Diels, H., 27, 30, 32, 33, 35, 38, 40, 41, 45, 48, 58, 165, 181, 203, 204, 241
Diès, A., 111, 124

Diller, H., 62, 66, 186
Diógenes de Apolônia, 101, 142, 206
Diógenes Laércio, 30, 37, 220
Dixsaut, M., 124, 125
Dodds, E. R., 51

Ebert, T., 176
Empédocles, 50, 60, 87, 101, 102, 106, 109, 112, 116, 120, 142, 143, 178, 206, 207, 221, 238

Falus, R., 41, 45, 91, 92, 173
Fattal, M., 225
Filopônio, 36, 38, 68, 104, 129, 133, 140, 147, 148
Finkelberg, A., 62, 66
Foley, J. M., 227, 228
Fränkel, H., 70, 89, 105, 138, 163, 230, 233, 245, 246
Fülleborn, G. G., 20, 28-31, 40, 90, 197
Furley, D., 189

Gadamer, H.-G., 111, 167
Gernet, L., 225, 236
Gigon, O., 246
Górgias, 34, 62, 111-113, 158
Guthrie, W. K. C., 66, 214, 235, 237

Halliday, W. R., 51
Heath, T., 217, 247
Heiberg, I. L., 85
Heidegger, M., 35
Heinimann, F., 107
Heitsch, E., 100, 187
Heráclito, 45, 62, 74, 106, 116, 120, 142, 154, 206, 207, 221, 228
Hershbell, J. P., 87

Hesíodo, 74, 101, 143, 212, 213, 215, 221, 222, 226, 239, 241, 244
Hípias de Élis, 111, 116, 212
Hölscher, U., 88
Homero, 100, 101, 107, 111, 116-118, 182, 186, 188, 221, 222, 224-227, 229, 232, 237, 240, 241, 244, 245

Jaeger, W., 155
Jauss, H. R., 223
Journée, G., 23, 203, 209, 212, 214

Kahn, C., 62, 101, 107, 218, 228, 242-244, 247
Karsten, S., 28, 29, 104, 185
Kingsley, P., 235
Kurfess, C. J., 37, 41, 104

Lafrance, Y., 96, 116
Laks, A., 33
Leszt, W., 208, 209
Lincoln, B., 50, 225
Long, A. A., 43, 66, 148, 155, 176, 198
Lucrécio, 88, 246

Mansfeld, J., 27, 49, 87, 111, 113, 130, 171, 172, 178, 183, 198, 213, 224, 229
Mansion, A., 131, 135
Marcinkowska-Rosól, M., 45, 66
Marques, M., 233
Martin, R. P., 50, 225
McDiarmid, J. B., 58, 202, 209
Melisso, 32, 60, 74, 75, 77-79, 81, 85, 98, 112, 117, 118, 128, 134, 136, 138-140, 144, 145

Morrison, J. S., 218
Most, G. W., 27, 58, 221, 222, 224
Mourelatos, A. P. D., 45, 49, 159, 226, 228, 233, 240, 242
Mueller, I., 23, 73, 85
Mutschmann, H., 234

Naddaf, G., 88, 115, 216
Nagy, G., 229
Natorp, P., 132, 135, 245
Nestle, W., 180
Neugebauer, O., 238, 243

O'Brien, D., 109, 164-166
Onians, R. B., 232
Owen, G. E. L., 26, 96, 105, 150

Palmer, J., 112, 123, 159, 177
Pellikaan-Engel, M. E., 241
Pereira, I., 51
Peyron, A., 28, 40, 90
Píndaro, 184, 224, 230-233
Platão, 21, 32, 33, 51, 59, 62, 79, 80, 88, 92, 93, 98, 101-103, 108-118, 120-122, 126, 131, 155, 159, 162, 166, 169, 173, 174, 182, 185, 192, 196, 206, 211-214, 216, 218, 225, 233, 238, 243
Plínio, 217
Plutarco, 28, 61, 65, 66, 68
Protágoras, 112, 113, 115-117, 131, 225
Pulpito, M., 45, 46, 48, 66, 171, 186, 192

Reale, G., 143, 145
Reinhardt, K., 25, 34, 35, 47, 48, 157, 158, 174, 189
Rivier, A., 181, 182

Robbiano, C., 44, 52, 222, 241
Ross, D., 135, 146
Runia, D. T., 27, 198

Sandoz, C., 185
Santoro, F., 41, 43, 232, 233
Schmalzriedt, E., 107, 131
Schwabl, H., 42, 171, 194
Sedley, D., 67
Seligman, P., 121, 122, 124
Sexto Empírico, 28, 34, 40, 41, 186, 220, 221, 224, 232, 234
Sider, D., 217
Simplício, 20, 23, 28, 35-42, 58-64, 66, 67, 69-71, 73-86, 89-94, 100, 103-107, 110, 117, 122, 129, 130, 136, 139, 140, 147, 155, 166, 167, 169, 170, 173, 184, 186, 187, 191, 192, 195, 196, 201-205, 209, 211, 216, 218
Simpson, M., 230
Sisko, J. E., 26
Snell, B., 107, 111
Stokes, M. C., 177
Susemihl, F., 34

Tarán, L., 41, 49, 164, 245
Temístio, 38
Teodoreto, 213, 214
Teofrasto, 28, 38, 47, 72, 85, 87, 89, 135, 139, 140, 146, 147, 202-204, 209, 210, 214, 238, 245

Thanassas, P., 26, 35, 135, 153, 154, 176, 177
Tiedemann, D., 31
Tor, S., 26
Trendelenburg, F. A., 138
Trindade Santos, J. G., 41, 43, 93, 94, 121, 233-235
Tuominen, M., 58

Untersteiner, M., 98, 103, 104, 106, 107, 115, 241

Verdenius, W. J., 48, 50, 53, 54, 66, 157
Vernant, J.-P., 224, 225, 241, 242
Vieira Pinto, A., 43
Vlastos, G., 87

Weiss, Y., 26
Wersinger, A. G., 106
Wilamowitz-Möllendorff, U. v., 33, 45
Wolff, F., 132
Woodbury, L., 117, 183, 190

Xenófanes, 32, 60, 100, 118, 119, 144, 145, 155, 203, 221

Zeller, E., 32, 50

Edições Loyola

editoração impressão acabamento

Rua 1822 nº 341 – Ipiranga
04216-000 São Paulo, SP
T 55 11 3385 8500/8501, 2063 4275
www.loyola.com.br